D1332720

Révision linguistique
Ginette LACHANCE

Graphisme
Line ROY

Couverture
Line ROY

Copyright © 1991
Les éditions Le Griffon d'argile
7649, boulevard Wilfrid-Hamel
SAINTE-FOY (Québec) G2G 1C3
(418) 871-6898 • Télécopieur (418) 871-6818

Les conceptions de l'être humain – ISBN 2-920922-59-9

DÉPÔT LÉGAL
Bibliothèque nationale du Canada
Bibliothèque nationale du Québec
3e trimestre 1991
IMPRIMÉ AU CANADA ©

LES CONCEPTIONS DE L'ÊTRE HUMAIN

GUIDE DE L'ÉLÈVE

BERNARD PROULX

AVEC LA COLLABORATION DE
MICHEL SERGERIE

Collection PHILOSOPHIE

les éditions
Le Griffon d'argile

À Anne-Marie et Jacinthe,
pour leur patience et leur soutien.

À François Savignac, *in memoriam*,
pour sa longue et fidèle participation.

Je remercie mon collègue Michel Vacher d'avoir lancé, lors d'une réunion départementale en 1973, les notions d'«images de l'homme» et de «conceptions de l'homme», notions qui devaient se révéler si importantes par la suite dans la création de la démarche de ce guide.

Je remercie les dirigeants pédagogiques du collège Ahuntsic qui ont eu, depuis le début, le discernement, l'ouverture d'esprit et le courage de permettre l'élaboration du matériel de ce livre et son expérimentation pédagogique, et qui continuent à nous offrir actuellement leur soutien, ceci malgré le fait que notre formule se situait et se situe encore en dehors des sentiers battus de l'enseignement traditionnel.

Je remercie mes collègues et amis, Roland Farès et François Savignac, qui, au cours des années, ont travaillé avec moi, pour leurs suggestions et leurs critiques.

Un merci tout spécial à mon collègue et ami, Michel Sergerie, qui, en plus de revoir avec moi l'ensemble de ce livre, a accepté si gracieusement de rédiger deux des résumés que ce dernier comporte (sur *L'art d'aimer* et *La vie après la vie*) à un moment où le temps était pour moi d'une grande rareté.

Bernard Proulx

AVANT-PROPOS

Le lecteur remarquera rapidement que le texte qui suit ne se présente pas sous la forme d'un livre conventionnel – traité ou essai – c'est-à-dire comme un ensemble de chapitres qui se succèdent et qui exigent d'être compris selon les capacités de chacun, sans direction précise.

Cet ouvrage est issu d'une longue démarche pédagogique et il s'est présenté dès le début comme un Guide de travail de l'élève, donc comme un instrument global permettant à tout élève de s'engager lui-même dans une authentique démarche philosophique complète, démarche dans laquelle il est continuellement actif au plan intellectuel du début à la fin.

Cette orientation s'explique elle-même par le choix d'une approche pédagogique qui se situe dans le contexte très large de l'enseignement individualisé, dans laquelle le tutorat joue un rôle important. Nous avons créé une formule pédagogique particulière (formule E.P.M.T.) – parmi des dizaines d'autres possibles – dans le contexte de cette approche. Par contre, il est évident que chaque professeur garde la liberté et le plaisir de dessiner lui-même une démarche pédagogique qui lui convienne.

L'aspect tutorial de cette formule peut sûrement être plus ou moins élaboré ou restreint et, à la limite, remplacé, au gré du professeur, par des méthodes actives variées; la démarche philosophique peut alors se faire en classe pour les deux premières étapes en utilisant le même rythme, soit en travaillant un texte par semaine. Quant à la troisième étape, des modalités particulières pourront sûrement être découvertes par chacun.

TABLE DES MATIÈRES

COORDONNÉES GÉNÉRALES

• LA DÉMARCHE GÉNÉRALE DU CONTENU   2

PREMIÈRE ÉTAPE:
DES IMAGES AUX CONCEPTIONS DE L'ÊTRE HUMAIN

• REMARQUES PÉDAGOGIQUES INITIALES   7

• PREMIER TEXTE:
DES IMAGES AUX CONCEPTS DE L'ÊTRE HUMAIN
Instrument de travail 10
Le texte 13
Instrument d'auto-évaluation 24

• DEUXIÈME TEXTE:
LA CONCEPTION MARXISTE DE L'ÊTRE HUMAIN
Instrument de travail 26
Le texte 29
Instrument d'auto-évaluation 38

• TROISIÈME TEXTE:
LA CONCEPTION FREUDIENNE DE L'ÊTRE HUMAIN
Instrument de travail 40
Le texte 45
Instrument d'auto-évaluation 59

• QUATRIÈME TEXTE:
LA CONCEPTION SARTRIENNE DE L'ÊTRE HUMAIN
Instrument de travail 62
Le texte 63
Instrument d'auto-évaluation 76

• CINQUIÈME TEXTE:
LA CONCEPTION PERSONNALISTE DE L'ÊTRE HUMAIN
Instrument de travail 78
Le texte 79
Instrument d'auto-évaluation 95

• CHOISIR SA TRADITION DE PENSÉE PHILOSOPHIQUE 96

• AUTO-ÉVALUATION DE VOTRE DÉMARCHE
INTELLECTUELLE 97

ok

1ᵉ examen.

DEUXIÈME ÉTAPE:
APPROFONDISSEMENT DE QUELQUES ASPECTS DE LA CONDITION HUMAINE

• REMARQUES PÉDAGOGIQUES 101

• PREMIER RÉSUMÉ DE LIVRE:
  R.M. BUCKE, *LA CONSCIENCE COSMIQUE*

   À propos de l'auteur 106

   Instrument de travail 107

   Le texte résumé 109

   Instrument d'auto-évaluation 124

   Bibliographie 125

• DEUXIÈME RÉSUMÉ DE LIVRE:
  A. ADLER, *LE SENS DE LA VIE*

   À propos de l'auteur 128

   Instrument de travail 129

   Le texte résumé 131

   Instrument d'auto-évaluation 144

   Bibliographie 145

• TROISIÈME RÉSUMÉ DE LIVRE:
  E. FROMM, *L'ART D'AIMER*

   À propos de l'auteur 148

   Instrument de travail 149

   Le texte résumé 151

   Instrument d'auto-évaluation 164

   Bibliographie 165

• QUATRIÈME RÉSUMÉ DE LIVRE:
  R. MOODY, *LA VIE APRÈS LA VIE*

   À propos de l'auteur 168

   Instrument de travail 169

   Le texte résumé 171

   Instrument d'auto-évaluation 190

   Bibliographie 191

• AUTO-ÉVALUATION DE VOTRE DÉMARCHE
  INTELLECTUELLE 193

TROISIÈME ÉTAPE:
CHOISIR SA CONCEPTION PERSONNELLE DE L'HOMME

• REMARQUES PÉDAGOGIQUES 197

    1. La démarche intellectuelle à suivre 198

    2. Les cinq concepts ou dimensions à préciser 199

    3. Les critères formels à respecter 200

    4. La rédaction sous forme d'essai 203

    5. La présentation matérielle à respecter 203

• AUTO-ÉVALUATION DE VOTRE DÉMARCHE
INTELLECTUELLE 207

ANNEXES

I LE MODÈLE DU Dᴿ J. PALKIEWICZ ET SON APPLICATION
DANS LA DÉMARCHE DU PRÉSENT GUIDE 211

II LES CORRIGÉS 225

    • Corrigé du premier texte 227

    • Corrigé du deuxième texte 229

    • Corrigé du troisième texte 231

BIBLIOGRAPHIE GÉNÉRALE 237

COORDONNÉES GÉNÉRALES

En nous-mêmes sommeillent tous les espoirs, toutes les sagesses, tous les devenirs: il suffit de s'écouter vivre pour en avoir la certitude. C'est cela la vraie révolution que chacun doit accomplir et nous pouvons tous la réaliser.

J.L. Victor

Il n'y a qu'un mal sans remède: c'est la complaisance obstinée en ses propres platitudes, c'est le refus de s'élever à des formes plus hautes de vie et de pensée.

S.G.

La démarche générale du contenu ou Manuel de croissance intérieure par la réflexion

Le sous-titre de ce texte se justifie tant par les activités intellectuelles que chaque lecteur déploiera en suivant la démarche du texte que par les informations concernant l'être humain qu'il rencontrera et qui déclencheront son étonnement face à lui-même et aux autres et approfondiront sa connaissance de soi. Voici, dans l'ensemble, la démarche intellectuelle qui sera parcourue…

La démarche du cours départage le contenu en trois étapes d'inégale longueur allant de la prise de conscience de ses lacunes dans la connaissance de soi, passant par diverses étapes d'approfondissement cognitif et se terminant par la capacité à énoncer une compréhension de soi plus approfondie, plus fondamentale.

Première étape

Des images aux conceptions de l'homme

Nous comprendrons d'abord que les premières représentations que nous nous faisons de nous-mêmes et des autres sont des «images de l'homme»; nous verrons pourquoi celles-ci sont très incomplètes et superficielles.

Nous verrons ensuite dans quelle direction nous devons aller intellectuellement pour approfondir notre compréhension de l'être humain en explicitant ce qu'est une «conception de l'être humain», en offrant les modèles les plus actuels et les plus influents de nos jours. Nous aborderons notamment les conceptions marxiste, freudienne, sartrienne et personnaliste.

Le travail d'analyse et de problématisation qui sera fait sur ces conceptions permettra à chacun de mettre en évidence, d'une part, la profondeur et l'originalité de compréhension de la condition humaine de chacun et, d'autre part, les *problèmes philosophiques* non résolus que leur coexistence et leurs divergences engendrent. C'est d'ailleurs cet étalement de problèmes qui donnera sa raison d'être à l'étape suivante.

Deuxième étape

Approfondissement de certains aspects de la condition humaine

Chacun pourra, après avoir réalisé la première étape, analyser certains aspects de la condition humaine en étudiant un certain nombre d'aspects particuliers de celle-ci, ceci afin d'approfondir les convictions philosophiques qu'il a identifiées, ou pour les mettre à l'épreuve en abordant des données nouvelles, ou encore pour résoudre certains problèmes qui se sont imposés à lui sans solution jusque-là.

Pour ce faire, nous vous proposerons *quatre résumés de livres* portant sur la condition humaine. Chacun correspond à un phénomène ou une dimension de la condition humaine, c'est-à-dire à une des facettes de l'être humain déjà abordée dans les conceptions de l'homme. Il s'agira d'utiliser ces nouvelles données afin de voir si ces dernières enrichissent votre conception de l'être humain ou la contredisent.

Plus précisément, ces quatre résumés porteront successivement sur les dimensions ou concepts suivants: les structures internes (Bucke, *La conscience cosmique*); le sens du développement intérieur (Adler, *Le sens de la vie*); l'intersubjectivité (Fromm, *L'art d'aimer*); la destinée absolue (Moody, *La vie après la vie*).

On peut espérer que ces nouveaux apports stimuleront chez chacun une réflexion plus approfondie sur la condition humaine.

Troisième étape

Choisir sa conception de l'être humain

Ici, chacun prendra position concernant la difficulté de définir adéquatement l'être humain dans le but de dépasser ou de régler les problèmes rencontrés à cet égard dans l'étape précédente.

Le *Guide de travail de l'élève* offrira à chacun des indications assez précises pour permettre à quiconque d'établir de façon rigoureuse mais personnelle sa propre conception de l'être humain.

Celle-ci sera faite selon le mode d'un essai de synthèse philosophique personnelle, ce qui laisse entendre que ce sera l'état de ce que l'on pensera à ce moment-là sur la question.

Ainsi la démarche réflexive de chacun aura atteint dignement son terme normal et complet. Cette démarche aura commencé par la constatation de la limite de nos connaissances; nous aurons puisé dans le riche patrimoine culturel de l'Occident pour dépasser celle-ci pour enfin faire le point sur nos progrès de compréhension dans le domaine de la connaissance de soi et des autres..

PREMIÈRE ÉTAPE

Des images aux conceptions de l'être humain

Remarques pédagogiques

Durant cette étape, vous aurez à travailler cinq textes philosophiques, à raison d'un texte par semaine (rythme minimal).

Chacun de ces textes:

a) sera précédé d'indications quant au travail à faire sur le texte (précision des objectifs pédagogiques);

b) sera suivi d'un questionnaire, sorte d'instrument de travail pour mettre à l'épreuve votre compréhension des concepts importants du texte.

Les *trois premiers textes* seront accompagnés de leurs corrigés, que vous pourrez vérifier, une fois votre travail fait, dans l'annexe de ce *Guide*.

Il y a une *double progression* dans la suite de ces cinq textes; une *progression philosophique* et une *progression pédagogique*.

La progression *philosophique* est la suivante: le premier texte part des représentations de l'homme les plus proches de nous, celles que nous nous faisons de nous-mêmes et des autres dans la vie de chaque jour spontanément; il nous montre à quel point ces premières représentations sont insuffisantes et nous indique comment la raison cherche à s'en forger d'autres qui soient plus rigoureuses.

Les quatre textes qui suivent décrivent des conceptions variées de l'être humain, conceptions qui se contredisent souvent violemment l'une l'autre. Ceci indique que, malgré le grand pas fait par la raison sur la conscience sensorielle ou perceptive, elle n'est tout de même pas au bout de ses peines... C'est sur cet état de fait que se termine la première étape.

La progression *pédagogique* des activités à faire sur les textes est conçue dans le sens de faire des activités intellectuelles de difficulté ou de complexité croissante:

Premier texte: analyse simple à partir de questions (avec corrigé)

Deuxième texte: analyse conceptuelle → résumé conceptuel (avec corrigé)

Troisième texte: analyse conceptuelle → résumé conceptuel → analyse comparative → problématisation (avec corrigé)

Quatrième texte: les mêmes opérations que le troisième texte (avec corrigé remis plus tard).

Cinquième texte: les mêmes opérations que le troisième texte.

La séquence de ces opérations intellectuelles – et la présentation de certains corrigés – a été conçue de façon à faciliter à chacun la compréhension approfondie de ces conceptions de l'être humain de même que la maîtrise progressive de certaines activités intellectuelles de base, activités nécessaires à la réflexion philosophique.

Il va de soi que quiconque éprouvera une difficulté sérieuse à un moment ou l'autre de son cheminement pourra consulter son professeur selon la méthode prévue dans le plan de cours.

PREMIER TEXTE

Des images aux concepts de l'être humain

INSTRUMENT DE TRAVAIL

Ce type de travail, axé sur la compréhension objective, a pour but d'accentuer de façon très approfondie la maîtrise intellectuelle complète des idées et du cheminement philosophique de l'auteur, et ceci jusqu'aux plus infimes détails.

Afin d'assimiler en profondeur les données psychologiques et philosophiques contenues dans ce premier texte, nous vous proposons de répondre, en lisant le texte, aux questions suivantes (vous faites ceci au brouillon):

a) Tout être humain tend à se définir; il fait ceci pour répondre à quels *besoins*?

b) Nommez les *sortes* d'images de l'homme que le texte vous décrit.

c) Quels sont les *deux effets* que produisent immédiatement les images de l'homme chez toute personne?

d) Comment expliquer que plus il y a d'images de l'homme dans un «groupement d'images», plus ce groupement s'applique à un *nombre réduit* de personnes? Comment expliquer le phénomène contraire?

e) À quel *moment de son existence*, les «images de l'homme» deviennent-elles non satisfaisantes pour la personne?

f) En quoi consiste la *première lacune* ou insuffisance des images de l'homme?

g) En quoi consiste la *seconde lacune* ou insuffisance des images de l'homme?

h) En quoi consiste la *troisième lacune* ou insuffisance des images de l'homme?

i) Pourquoi les images de l'homme sont-elles des représentations psychologiques si imparfaites en regard des *exigences de la raison*?

j) Que signifie le mot «conception»?

k) Quelles sont les *trois caractéristiques* de tout véritable «concept»?

l) Quel contenu possible peut comporter le concept de «structures internes»?

m) Quelle est la signification du concept «sens du développement individuel» ou croissance intérieure?

n) Que signifie le concept de «l'intersubjectivité»?

o) Que signifie le concept de «l'historicité»?

p) Que signifie le concept de «destinée absolue»?

Lorsque vous aurez répondu aux questions précédentes, vous pourrez vérifier la justesse de vos réponses à l'aide du corrigé du premier texte à la fin de ce *Guide*.

Par contre, si après avoir vérifié votre travail, certaines difficultés persistent concernant la compréhension de certaines des réponses du corrigé, *veuillez rencontrer votre professeur.*

Conservez votre *travail* (notes), il vous sera utile pour la *préparation de vos examens.*

PREMIER
TEXTE

Cours 1/2 **Des images aux concepts de l'être humain**

De tout temps, les hommes se sont définis, se sont situés par rapport aux êtres de la nature, soit dans le but de mieux se comprendre, soit dans le but de mieux se sécuriser ou enfin de mieux se valoriser.

De quelques images de l'homme

Tous les hommes normaux, sans exception, obéissent à ces besoins décrits plus haut, même ceux qui n'entendent jamais parler de philosophie, ni de conceptions philosophiques de l'homme. Que se passe-t-il alors chez ceux-ci? Ils créent des *images de l'homme.*

À partir du moment où ils atteignent la conscience de soi (tendre enfance), ils commencent à recueillir des détails concrets qui les *distinguent* des gens de leur entourage, détails qui en même temps les *caractérisent* mieux, les *individualisent.*

Les enfants se distinguent très vite d'abord en «garçons» et «filles», ceci à cause d'une toute petite différence anatomique qui deviendra vite grande de conséquences pour l'humanité. Cette première différenciation subsistera et s'amplifiera chez nombre d'adultes pour devenir la différence «homme-femme». Les «hommes» se diront les êtres forts, courageux, rationnels, agressifs, pratiques et verront les femmes comme des êtres d'une «charmante faiblesse», d'une sensibilité élevée, ce qui les rend moins pratiques, moins capables de calculs faits de sang-froid, plus timides, plus romantiques, etc.

Ces mêmes enfants ajouteront, selon le milieu où ils vivent, les différences raciales (le «Noir» et le «Blanc») et les différences sociolinguistiques («l'Anglais contre le Québécois»). L'enfant «blanc» considérera qu'il «appartient à une race supérieure, plus civilisée, plus intelligente, plus pratique en regard de la maîtrise de la nature, plus éduquée», etc., et verra au contraire le «Noir» comme un être capable seulement de tâches manuelles, un être moins développé intellectuellement, etc. L'enfant «noir» à son tour va dénigrer l'enfant «blanc» et l'accuser de raciste stupide, qui se prend pour un autre. Le Québécois aura des attitudes d'identification et de différenciation similaires sauf que celles-ci porteront sur les différences de langue, de mœurs, de culture, d'éthique, de préoccupations sociales et économiques.

En s'éveillant plus complètement aux réalités socio-économiques qui l'entourent, l'enfant, par la suite, accumulera d'autres caractéristiques propres à compléter son identification et à marquer davantage sa différenciation d'avec les «autres hommes».

Ainsi, il se verra en tant que fils ou fille d'ouvrier ou de «gens en moyens» avec ce que cela entraîne de différences dans les possibilités vestimentaires, culturelles ou mondaines. Certains iront jusqu'à penser que la valeur de leur personne dépend de ce prestige matériel, de l'argent.

Plus tard, l'adolescent se considérera peut-être différent des «citoyens ordinaires» s'il adopte l'attitude «punk»; ceux-là seront vus comme des conformistes hypocrites, des naïfs sans profondeur, des «hommes de compromis», des «esclaves heureux de payer leurs beaux habits, leur teint bronzé et leurs dents "blanches au Crest"» par l'abolition de leur liberté de penser et d'agir. Le punk par contre se considérera comme un pur; sa philosophie «idéaliste» est inattaquable par les réalités sociales qui l'entourent, comme un être qui a préféré «décrocher» de la société plutôt que de se laisser embrigader par celle-ci dans un réseau de besoins trop nombreux et trop artificiels et dans des tâches inhumaines et parcellaires.

Si l'adolescent est moins «marginal» par son idéologie – ou si l'on veut, plus intégré dans le système socio-économique – il trouvera de nombreux motifs pour se dissocier des «plus de trente ans» (dits «adultes») en ce sens que ceux-ci lui apparaîtront trop conformistes (manquant d'idéal), trop liés par leurs responsabilités, donc trop bourgeois, trop bornés à l'immédiat, etc. Les «adultes», quant à eux, verront dans les «jeunes» des «adultes partiels» ou «incomplets» qui n'ont pas encore suffisamment de maturité, c'est-à-dire de «sens des responsabilités»: ils sont instables, farfelus, romantiques, téméraires, dans les nuages...

De l'enfance à l'âge adulte, chacun accumule des *caractéristiques d'identification et de différenciation*, c'est-à-dire des *images de l'homme*; le nombre de celles-ci varie, bien entendu, selon chaque personne; leur variété dépasse amplement les quelques exemples décrits ici.

Chacun utilise dans sa vie quotidienne l'une ou l'autre de ces images de l'homme ou une synthèse de plusieurs («jeune fille québécoise de milieu aisé», «vieux monsieur anglais», etc.). On constate que moins il y a d'éléments dans un *groupement d'images* donné, plus celui-ci réfère à un nombre d'individus plus grand et l'inverse est aussi vrai; c'est d'ailleurs ce procédé que l'on emploie spontanément pour situer une personne, ou que les bureaucrates utilisent dans la conception des formulaires qu'ils demandent de remplir pour l'obtention d'un emploi, d'un prêt, etc. Par exemple, le groupement d'images «femme de race blanche» désigne beaucoup plus d'individus que le groupement plus nombreux suivant: «Femme blanche – jeune-adulte – qui a les yeux bleus – qui fait ses études au collège Ahuntsic en sciences pures – de milieu aisé».

Pourtant, chacun se rend compte un jour qu'en se servant de ces images de façon individuelle ou groupée, il demeure insatisfait lorsqu'il lui arrive de se demander ce qu'il est au fond, quelle est son essence d'homme, ou lorsqu'il ressent une nostalgie en s'interrogeant sur les liens profonds qui peuvent l'unir aux autres personnes humaines. Il se rend compte qu'utiliser une *seule image*, (et même quelques-unes à la fois) lui donne une vision, une impression *trop floue et incomplète* pour répondre à ces questions et qu'un groupement d'images ne permet de bien saisir qu'une *seule* personne à la fois.

Cette *insatisfaction intellectuelle* est ressentie seulement lorsque la personne en question commence à dépasser, par la conscience, le monde de la vie quotidienne, c'est-à-dire le monde des soucis immédiats, des habitudes journalières, des plaisirs concrets. Naturellement, beaucoup de personnes ne se rendent pas compte de cette insatisfaction parce qu'elles se laissent vivre au gré des jours, aux plans de la conscience perceptive, des besoins vitaux, des habitudes acquises.

Raisons immédiates de l'insatisfaction

En proie à cette insatisfaction, l'esprit humain peut se poser une foule de questions, mais celle qui revêt le plus d'importance pour nous est celle qui s'attaque directement au problème et qui demande qu'est-ce qui fait défaut à ces images de l'homme en tant que représentations mentales de celui-ci? Examinons donc les images précédemment décrites dans cette optique.

D'abord nous remarquons aisément qu'aucune d'elles ne désigne *tous les êtres humains...* Prenons une image par groupe: «l'homme-mâle», «l'homme-blanc», «l'homme-anglais», «l'homme-ouvrier», «l'homme-adulte», «l'homme-punk»... Aucune de ces images ne peut être choisie pour décrire tous les hommes sans exception, c'est-à-dire *n'importe quel* individu au sein de l'humanité puisque la «femme», le «Noir», le «Québécois», le «patron», l'«enfant», etc., ne peuvent à ce moment-là faire partie – au niveau de la description impliquée par chacune – du genre humain, ou de l'humanité; ce qui est *absurde*. On ne peut même pas se sortir de l'impasse en prétextant – comme beaucoup l'ont fait dans le passé – que les «images-exclues parce-que contrastantes» désignent des catégories de «sous-humanité» (c'est-à-dire femme, Noir, adolescent, etc.), ce qui est encore plus aberrant.

On nous dira, pour nous aider dans nos difficultés, que nous n'avons qu'à combiner les groupes d'images pour désigner le genre humain, par exemple dire que «l'humanité se compose d'hommes et de femmes». Devant cette tentative de définition, on constate au moins *deux difficultés* importantes:

a) ce groupe d'images – si on l'utilise sérieusement pour définir l'homme – «disqualifie» les autres groupes d'images que nous avons décrits; on serait en droit de se demander pour quelle(s) raison(s) ce groupe d'images devrait avoir une priorité logique sur les autres;

b) la deuxième difficulté me semble encore plus grave; les images utilisées («hommes» et «femmes») sont des termes *différents* qui ont pour fonction de désigner deux organismes différents et deux fonctions sexuelles différentes, complémentaires mais non inter-changeables ni identifiables.

Nous devons conclure, au terme de cette première observation, que chaque image ou groupe d'images est incapable de désigner le phénomène humain *de façon universelle* (c'est-à-dire *tous* les indivi-dus composant le groupe d'êtres en question). De là, une première cause d'insatisfaction.

On remarque aussi le nombre impressionnant d'images de l'homme; il semble y en avoir pour toutes les circonstances susceptibles d'être vécues par un être humain et, la plupart du temps, leur usage – au niveau de la conscience immédiate – est *exclusif*, c'est-à-dire qu'il *exclut* dans l'immédiat l'usage des autres images. L'usage des «images de l'homme» sera *synthétique* lorsqu'on entreprendra de connaître *une* personne particulière de façon précise et seulement dans ce cas. superficielle

Or pour définir «les êtres humains», on se rend compte que le *nombre considérable* d'images en présence est une *faiblesse*; cela signifie qu'aucune n'a assez de puissance significative pour rendre inutile l'emploi des autres images pour définir l'homme.

Lorsqu'on passe en revue les images que nous avons décrites précédemment, on remarque que les images «homme-femme» portent sur les aspects physique, physiologique et psychologique de la sexualité humaine principalement; les images «Noir-Blanc» mettent surtout en valeur l'aspect racial et socioculturel de l'homme en laissant plutôt dans l'ombre les autres dimensions de l'existence humaine; les images «Anglais-Québécois» mettent surtout en évidence les aspects linguisti-que, ethnique et socioculturel des êtres humains.

On ne peut se contenter d'une seule image.

Les images «ouvrier-patron» ont une coloration socio-économique évidente, les images «adulte-jeune» mettent l'accent sur les dimensions psychobiologique et sociale, et ainsi de suite...

Tout se passe comme si chaque image révélait un aspect de l'être humain et que chacune, de façon isolée et autonome, semblait compléter l'ensemble des images de l'homme déjà créées et «accumulées» dans la conscience mais non utilisées dans l'instant.

Ainsi, lorsqu'on s'intéresse au *contenu* (aspect représentatif) de ces images, on constate – en les comparant les unes avec les autres – que ce contenu est *incomplet*, en ce sens qu'il ne décrit pas tous les aspects de l'être humain. En plus, on n'est pas sûr que l'aspect mis en valeur dans chacune soit nécessairement le plus essentiel.

Enfin, lorsqu'on examine la *nature du contenu* de chaque image, on s'aperçoit que celui-ci est *souvent subjectif*, qu'il relève de l'individu qui examine, c'est-à-dire *partial* ou plus exactement qu'il contient des éléments d'ordre représentatif pur et certains autres qui ont une *charge affective* plus ou moins prononcée.

Prenons comme exemple le groupe d'images «Noir-Blanc»:
- *Pour le Blanc non raciste:* le Noir est quelqu'un qui appartient à un groupe racial différent, couleur d'épiderme plus brun, traits faciaux plus camus, capacités physiques (sport) et harmonie physique (danse) supérieures, talents artistiques prononcés, etc.
- *Pour le Blanc raciste:* être inférieur au plan intellectuel, malpropre, primitif, lent, très sensuel, borné, insouciant, aucun sens des responsabilités...
- *Pour le Noir émancipé:* «Black is beautiful»; les défauts reprochés à sa race ne seront pour lui que des résultats d'un esclavage et d'une oppression déshumanisante dont le blâme revient au Blanc.

Il est évident que la tonalité affective est bien différente d'un cas à l'autre; la charge émotionnelle fait fluctuer le contenu représentatif de l'image dans une large mesure.

Pourquoi un tel état de choses? Il faut répéter nos remarques du début et se rappeler que les images de l'homme sont créées tant par les individus que par les groupes, non seulement dans le but désintéressé de se connaître, mais aussi dans le but de *se sécuriser face aux autres* (en confirmant l'originalité de son être) et aussi de *se valoriser* le mieux possible.

Le processus de *sécurisation* et de *valorisation* de soi sont des *attitudes actives*; celles-ci ont un fondement affectif qui est l'amour et l'estime de soi.

Ainsi, chacun aura une tendance plus ou moins accentuée à «charger» de façon affective positive toute image de l'homme qu'il applique à lui-même, afin de s'identifier de façon valorisante et de créer en même temps des *images contrastantes* plus ou moins*péjoratives qui s'appliqueront aux autres; le même phénomène peut se dire des groupes.

*défavorables

✗ **Donc, les images de l'homme – lorsqu'elles sont vécues et partagées – ont rarement un contenu purement représentatif, elles véhiculent une coloration affective plus ou moins intense, ce qui enlève plus ou moins d'exactitude à leur contenu représentatif.**

Si nous jetons un regard rétrospectif sur notre démarche, nous nous apercevons que le caractère *insatisfaisant* des images de l'homme vient d'abord du fait que leur portée significative est insuffisante parce que particulière et non universelle, ensuite que leur contenu n'est pas global ou essentiel mais partiel et superficiel, enfin que ce contenu est rarement objectif mais la plupart du temps déformé de diverses façons par l'affectivité.

✗ resumé de l'insuffisance des images.

La question fondamentale

À ce moment de notre analyse critique, il est important de poser une dernière question qui pousse plus loin notre investigation: *Pourquoi les images de l'homme sont-elles des représentations psychologiques si imparfaites en regard des exigences de la raison?*

L'explication est simple au fond; les images de l'homme ne sont pas créées par la raison selon ses exigences, mais sont formées au niveau de la perception à partir de l'accumulation progressive des données sensorielles.

La conscience perceptive ne fait qu'organiser en un tout (un ensemble organisé) ces données concrètes venues des sens, et c'est cette unité psychologique que l'on nomme «l'image de quelque chose».

La raison (c'est-à-dire la *conscience réflexive*) qui obéit à des exigences de compréhension illimitée (autant globale que radicale) se sent donc mal à l'aise en présence de représentations psychologiques aussi restreintes que les images de l'homme.

Lorsqu'une telle situation se produit, la raison entre en état de recherche afin de se former une représentation qui convienne à ses exigences internes et qu'il est convenu de nommer une *conception de l'homme* parce qu'elle est constituée de plusieurs «concepts» produits par la raison; ceux-ci se complètent l'un l'autre de façon à former un tout organisé et cohérent.

conception

Les *concepts* sont des «produits» intellectuels qui ont les caractéristiques suivantes:

1. de pouvoir, une fois formés, s'appliquer à *tout être humain* et ceci, en tout temps et en tout lieu, c'est-à-dire d'avoir une *portée universelle*;

2. d'être découverts à la suite d'une démarche d'analyse dépourvue de toute émotion négative (mépris, haine, etc.) ou positive (admiration naïve, enthousiasme délirant); donc à la suite d'une démarche libre de tout préjugé ou opinion subjective qui ne serait pas fondée sur des faits réels;

3. d'avoir une signification assez générale pour décrire totalement un aspect important de l'être humain; les concepts se complètent lorsqu'ils sont cohérents les uns par rapport aux autres.

Tout au long de l'histoire, les philosophes ont travaillé à préciser les «aspects essentiels» (c'est-à-dire communs à tout être humain) de l'homme afin d'édifier – malgré les controverses et disputes fréquentes – des *conceptions de l'homme*… Donc il importe maintenant d'énumérer ces aspects *de façon neutre* afin de pouvoir mieux les identifier dans n'importe laquelle des conceptions que nous serions susceptible de rencontrer à l'avenir.

Avant de préciser les implications de chacun des concepts, le lecteur voudra bien me permettre de donner une vue d'ensemble à l'aide du schéma qui suit; on pourra ainsi mieux voir en quoi chacun est *différent* des autres et en quoi il est *complémentaire* en regard des autres aspects de la condition humaine…

On peut nommer ces «aspects essentiels» soit des «dimensions» de toute existence humaine, soit des «catégories» ou «concepts» permettant de décrire ou de définir les caractéristiques communes à tout être humain.

Vous pouvez maintenant passer au schéma suivant qui illustre ceux-ci.

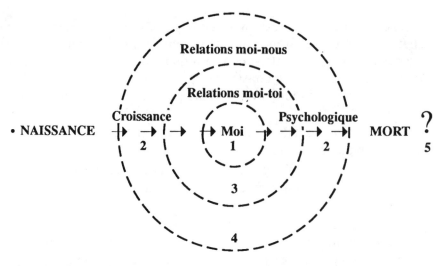

1. Structures internes.
2. Sens du développement individuel
   (croissance intérieure).

3. Intersubjectivité.
4. Historicité.
5. Destinée absolue.

1. *Les structures internes*

L'être humain est un être complexe… et, de tout temps, les philosophes ont tenté de comprendre quel était le «principe fondamental» ou la «structure fondamentale» qui explique l'existence et le fonctionnement des divers organes du corps et des facultés de la conscience les unes par rapport aux autres de façon cohérente.

Comment définir une «structure interne» qui est appliquée à l'être vivant?

✦ **C'est un ensemble comportant plusieurs éléments organisés ou réunis en une unité fonctionnelle par un principe ou une énergie interne à l'ensemble. Ainsi, par exemple, le système nerveux.**

Si l'on se place en dehors des querelles de philosophes, on peut proposer l'existence de *trois sortes de structures internes* possibles (du moins à titre d'hypothèse):

a) La structure physiologique

C'est l'ensemble des organes physiques externes et internes dont le fonctionnement est organisé par un principe directeur qui en fait partie: le *cerveau* et ses terminaisons nerveuses que l'on nomme le système nerveux.

Certains considèrent que cette structure organise même les facultés et les activités psychologiques.

b) La structure psychologique

Il s'agit de l'ensemble des fonctions psychologiques et des états de conscience produits par celles-ci. Ces fonctions (perception, imagination, intelligence, etc.) sont agencées les unes par rapport aux autres en une unité cohérente par la *conscience du je* ou *moi*.

c) La structure spirituelle

Un certain nombre d'auteurs (les penseurs spiritualistes) considèrent qu'il existe un principe interne d'organisation plus profond que le *cerveau* et la *conscience*, lequel rend possible l'existence et le fonctionnement unifié des structures corporelles (physiologiques), des structures psychologiques de la conscience ainsi que des facultés spirituelles supramentales.

On nomme ce principe spirituel l'âme, le Soi ou l'Esprit selon les auteurs.

Lorsqu'on cherche la catégorie «structures internes» dans le texte d'une conception, on essaie d'abord de voir laquelle ou lesquelles sont présentes dans la conception et ensuite on tente de préciser laquelle de celles-ci explique l'existence et le fonctionnement des autres structures.

2. *Sens du développement individuel, à savoir: la croissance intérieure*

Toutes les conceptions de l'homme considèrent l'être humain comme un être en devenir, un être-à-faire, c'est-à-dire de façon dynamique. Toutes les conceptions tentent de décrire comment tout être humain change de l'enfant à «l'âge adulte». Les penseurs ne s'intéressent pas tellement au côté physique du développement, car diverses sciences positives ont déjà recueilli toutes les informations utiles; ce qui intéresse les philosophes, c'est le *développement psychologique, moral* et *spirituel* de l'enfance à l'âge adulte.

Il s'agit donc d'observer «l'entité» humaine *individuellement* et d'observer l'apparition de plus en plus élaborée et maîtrisée du *principe dynamique interne* à chacun. C'est ce principe qui «pousse» le développement individuel jusqu'à sa maturité.

Note: Le penseur décrira en général la *nature* du principe dynamique dans les «structures internes» et décrira le *développement de son activité* dans la présente catégorie.

Lorsqu'on cherche cette catégorie dans une conception donnée, on cherche à savoir de quelle façon la «structure interne prédominante» évolue ou se développe dans chaque être humain de la naissance à l'âge adulte.

3. L'intersubjectivité

Le mot «intersubjectivité» signifie «relations entre deux subjectivités» ou, plus simplement, «relations *psychologiques* entre deux êtres humains au plan individuel ou personnel». Souvent, on utilise dans le même sens le synonyme suivant: «relations interpersonnelles».

Comme l'indique le schéma précédent, il s'agit des *rapports interindividuels*. De nombreux auteurs estiment que chaque être humain a besoin d'entretenir des rapports chaleureux et signifiants au plan individuel avec d'autres individus ou personnes; ceux-ci vont jusqu'à prétendre que ces rapports sont essentiels à son épanouissement; par contre, d'autres pensent que l'homme naît *seul*, vit *seul* et meurt *seul*; donc, qu'aucune relation psychique *profonde* n'est possible; c'est le solipsisme.

Les rapports interpersonnels peuvent êtres plus ou moins profonds ou superficiels selon les auteurs, allant de la solitude la plus profonde jusqu'à l'amour le plus total.

Lorsqu'on cherche cette catégorie dans une conception, on se demande s'il existe des relations entre le moi et d'autres moi (considérés individuellement) et, si oui, *jusqu'à quelle profondeur* ces relations sont-elles possibles selon l'auteur?

Et, plus tard, lorsqu'on comparera deux conceptions de l'homme dans le but de problématiser et que les deux parleront *d'amour* et *d'amitié*, on devra se demander si ces mêmes mots décrivent chez chaque penseur la même réalité psychologique.

Les relations intersubjectives sont *tout à fait différentes* des relations «moi-groupe» ou «groupe-groupe», lesquelles sont des *relations sociales* (catégorie suivante).

4. L'historicité

Il s'agit de la *dimension sociohistorique* de l'homme. On peut expliquer celle-ci en disant que: 1) *l'homme est un être social,* inconcevable sans un certain nombre de rapports nécessaires avec un nombre considérable de groupes humains durant sa vie (famille, école, milieu de travail, parti politique, etc.); 2) *l'ensemble des rapports* sociaux (moi-groupes; groupes-groupes) *change continuellement* aux plans *des attitudes et comportements psychologiques collectifs* (mentalité, mœurs, coutumes, culture, institutions politiques, économiques, etc.).

De ceci, il importe de se demander dans quelle direction, ou «sens», l'humanité (relations moi-groupes) évolue-t-elle?

Lorsqu'on cherche cette catégorie dans une conception de l'homme, *il faut* subdiviser celle-ci, pour plus de clarté, en deux sous-questions:

1. Selon l'auteur, l'humanité, ou les sociétés, est-elle (ou sont-elles) en évolution et, si oui, *vers quel avenir ou quelle société future* (vue négativement ou positivement) s'oriente-t-elle?
2. *Quel(s) rôle(s)* est assigné à l'homme individuel ou à certains sous-groupes (parents, classe sociale, etc.) dans le développement de l'humanité tel que précisé dans la question précédente?

5. *La destinée absolue*

La destinée absolue est ce qui arrive à l'être humain lorsque celui-ci est mort physiquement. Évidemment, selon que l'on est matérialiste, rationaliste ou spiritualiste, on aura une opinion très différente sur cette destinée, à savoir si elle existe ou non.

Lorsqu'on cherchera cette catégorie dans une conception de l'être humain, on se demandera si, dans celle-ci, la mort est une fin totale ou un passage à un autre plan d'existence, c'est-à-dire un «changement d'état d'existence».

Conclusion

Nous pouvons dire que, dans toute conception de l'homme, il y a un *lien de cohérence* très fort entre ces *cinq concepts* ou dimensions essentielles de l'être humain de sorte que, dès que l'on précise les «structures internes», on peut déduire le sens des quatre concepts suivants.

Même si le contenu précis manque cruellement à ce moment-ci pour chacune des dimensions présentes habituellement dans une conception de l'homme, chacun peut déjà deviner quelque peu quel type de projet la raison humaine a tenté de réaliser incessamment, des Grecs de l'Antiquité jusqu'à nos jours afin de dépasser les limites que nous imposent la conscience perceptive (ou sensorielle), l'imagination et la mémoire, toutes tributaires des sensations particularisantes, souvent subjectives et incomplètes...

Il faudra vous efforcer de discerner dans la présentation des conceptions qui vont suivre les *cinq concepts* que nous avons tenté ici d'expliciter; ceci vous permettra de situer clairement chacune de ses articulations intimes et de les comparer entre elles... ce qui devrait mettre votre raison en état de recherche, une recherche qui ait du *sens* pour vous.

AUTO-ÉVALUATION
de la compréhension du texte

Vous pouvez évaluer la qualité de votre compréhension objective du texte selon que vous êtes capables de comprendre sans hésitation la *signification* et la *fonction logique* de chaque terme au sein du texte.

Cochez tout terme qui ne vous apparaît pas clair:

- ❑ image de l'homme
- ❑ processus d'identification
- ❑ processus de différenciation
- ❑ groupement d'images
- ❑ portée universelle
- ❑ charge émotionnelle

- ❑ conception de...
- ❑ concept
- ❑ structures internes
- ❑ sens du développement individuel
- ❑ intersubjectivité
- ❑ historicité
- ❑ destinée absolue

Identifiez la cause:

Si votre performance est moyenne ou faible, il vous faut déterminer quelle en est la cause:

- • lecture trop superficielle? (le relire)
- • lecture attentive non assimilée? (en faire l'analyse)
- • lecture et analyse faites, mais les liens logiques demeurent difficiles à préciser? (faire un schéma d'ensemble à partir de l'analyse)

DEUXIÈME TEXTE

La conception marxiste de l'être humain

INSTRUMENT DE TRAVAIL

Précisions concernant l'analyse et le résumé conceptuels

Vous connaissez déjà la fonction du travail de l'analyse simple. Le résumé conceptuel que vous allez faire consiste à vous apporter un matériel précis et concis qui vous permettra par la suite de faire des *analyses comparatives* dans les textes suivants et des *problématisations*.

Analyse conceptuelle

Pour faire celle-ci, chacun utilise les *cinq concepts* qui font partie habituellement de toute conception de l'être humain et tente de les localiser dans le texte qui suit.

Si vous ne vous souvenez pas du contenu de ces concepts:
- structures internes
- sens du développement individuel
- intersubjectivité
- historicité
- destinée absolue

Ils sont expliqués à la fin du texte précédent (p. 20 à 23).

Si vous ne savez pas comment trouver ces concepts dans le texte qui suit: utilisez le Questionnement» qui suit cet instrument de travail; à l'aide de ces questions, vous pourrez localiser chaque concept dans le texte.

Comment faire l'analyse?

À l'aide de ces cinq concepts (se référer au «Questionnement»), commencez à lire le texte qui suit et *repérez dans la marge du texte* chacun de ces concepts.

Pécisions à connaître:

- Vous pourrez trouver des éléments d'information, même dans l'introduction à la conception, à savoir dans les thèses de la tradition de l'*homo faber.*
- Certains concepts sont très peu développés; d'autres le sont énormément; cela dépend de l'intérêt de l'auteur et des limites du résumé que nous avons fait. Tous sont présents.

Résumé conceptuel

Lorsque votre analyse sera terminée, il sera temps de résumer les concepts qui ont été identifiés dans l'analyse, du moins ceux qui sont très développés dans le texte.

Comment?

Créez-vous une *feuille de résumé conceptuel* sur des «feuilles volantes» et résumez chaque concept en une ou quelques phrases *rapides, du moins ceux qui sont exposés longuement dans le texte.*

Vous pouvez noter ceux-ci dans vos propres mots ou en utilisant certaines «phrases clés» de l'auteur selon le contexte.

Lorsque vous aurez terminé le résumé conceptuel vous pourrez vérifier la validité et la précision de celui-ci avec le corrigé du deuxième texte dans l'annexe de ce *Guide*.

Mais si, après cette vérification, vous éprouvez encore des difficultés à comprendre comment élaborer votre résumé conceptuel, *veuillez rencontrer votre professeur.*

voir la feuille.

QUESTIONNEMENT

pour analyse et résumé conceptuels

Structures internes:

On essaie d'abord de voir laquelle ou lesquelles des structures internes est ou *sont présentes* (mentionnées ou décrites) dans la conception et ensuite on tente de préciser laquelle de celles-ci explique l'existence et le fonctionnement des autres structures.

Sens du développement individuel:

On cherche à savoir de quelle façon la «structure interne prédominante» (ou le processus actif de base) *évolue* ou *se développe* dans chaque être *de la naissance à l'âge adulte.*

L'intersubjectivité:

On se demande s'il existe des relations entre le moi et d'autres moi (considérés individuellement) et, si oui, *jusqu'à quelle profondeur* ces relations sont-elles possibles selon l'auteur?

Historicité:

a) Selon l'auteur, l'humanité ou la société est-elle (ou sont-elles) en évolution et, si oui, *vers quel avenir ou quelle société future* (vue négativement ou positivement) s'oriente-t-elle ou devrait-elle s'orienter idéalement?

b) Quel rôle ou quels rôles sont assignés à l'homme individuel ou à certains sous-groupes (parents, éducateurs, classes sociales, etc.) dans le développement de l'humanité tel que précisé dans la question précédente?

Destinée absolue:

On se demande si, dans cette conception, la mort est une *fin totale* ou un *passage* à un plan d'existence différent, c'est-à-dire un changement d'état d'existence.

DEUXIÈME
TEXTE

La conception marxiste de l'être humain

Avec cette conception, nous entrons dans le cadre d'une première tradition de pensée, celle de l'*homo faber* tout en demeurant toujours dans le contexte des conceptions prométhéennes. Ici «faber» signifie «adroit» (épithète) et «ouvrier» (substantif).

Origine de la tradition de l'homo faber

Cette tradition remonte à la fin du Moyen Âge avec Guillaume d'Ockham; celui-ci jeta le discrédit sur les *idées universelles et abstraites* tellement estimées par Aristote et les principaux penseurs du Moyen Âge. Sa thèse centrale consista à dire que ces idées ne sont que des représentations plus floues et plus imprécises que les perceptions ou images mentales des êtres connus. Donc dire «homme» au lieu de «Napoléon Bonaparte» est une façon moins précise de parler et de penser. Il y a un éloignement de l'expérience sensorielle tout à fait nuisible à ce type de connaissance.

Les empiristes anglais (Bacon, Hobbes, Locke, Berkeley, Hume) continuèrent ce type d'approche en faisant successivement la critique de la méthode aristotélico-thomiste de la déduction, la critique de notions telles que les «idées abstraites», les notions de «substance», de «matière», de «causalité». Par ailleurs, les premières découvertes scientifiques en astronomie, en médecine, etc., précisèrent et favorisèrent l'emploi de plus en plus répandu de la méthode scientifique (plus inductive). De là, l'approche est *objective* parce que les phénomènes sont investigués en tant *qu'objets*.

Tous ces faits donnèrent naissance progressivement à la science et à l'approche objective, même en philosophie. L'homme aussi deviendra un *objet d'étude* pour le philosophe de cette tendance, pour l'homme de science...

Thèses principales de cette tradition

On peut comprendre dans cette optique que les activités telles que «la raison» et «l'amour psychologique» de même que la «création des valeurs» soient considérées comme des *épiphénomènes*, c'est-à-dire des phénomènes résiduels ou des phénomènes de reflet inefficace provenant de certains processus biologiques. Ainsi, l'intelligence ne serait qu'un phénomène résiduel, explicable vraiment (c'est-à-dire tirant son existence réelle) par la complexité des structures du cerveau.

Il en résulte que l'humanité n'est qu'une *espèce biologique ou animale différente* des autres par une plus grande complexité dans l'arrangement de ses éléments physiologiques (principalement du système nerveux). L'homme n'est considéré que comme un chimpanzé aux mécanismes plus complexes, mené comme lui par ses tendances instinctives. Au plan du comportement, l'homme sera un animal ayant une capacité d'adaptation plus grande au point de pouvoir *fabriquer* des *outils* et des *signes* (langages) en plus grand nombre et de pouvoir modifier son environnement.

Voilà en très bref les thèses principales de cette tradition concernant la *nature humaine.* Il résulte de ceci que la situation de l'homme dans le monde sera assez différente de celle de l'«homo sapiens». Ici il n'y aura qu'une *différence de degré* entre l'homme et l'animal, non une différence de nature. ——Sartre : homme = pensant.

«Différence de degré...» Ce que l'homme a en commun avec les animaux c'est le *même* genre d'*organisation* biologique et la *même énergie* biologique. La seule différence se situe dans le degré de complexité plus grand des arrangements nerveux et aussi dans le fait que l'homme utilise une plus grande part de son énergie biologique totale pour le travail cérébral. Tout ceci (en particulier l'existence d'un appareil nerveux central) explique les différences opératoires déjà mentionnées (outils, signes, etc.) qui démontrent l'existence chez l'homme d'une capacité d'adaptation plus développée que chez l'animal. De là, on peut comprendre que l'expression «homo faber» appliquée à cette tradition de pensée traduit bien cette *supériorité adaptative* de l'homme sur l'animal; c'est l'animal *le plus adroit...*

À la lumière de ceci, on peut comprendre ce que ces penseurs affirment du mental, et de ses «produits psychologiques»: ce ne sont que des développements plus prononcés d'aptitudes que l'on rencontre déjà chez le singe anthropoïde, à savoir *l'intelligence technique,* cette capacité de s'adapter activement aux situations nouvelles par une anticipation des structures objectives du milieu.

2ᵉ concept La plupart des théoriciens de cette tendance ont donc voulu pousser les recherches de compréhension de l'homme en tentant de préciser la *direction de sa genèse individuelle* (c'est-à-dire son développement). Comme, pour eux, l'homme n'est qu'une sorte d'animal un peu original, ils ont conclu qu'il *devait être un être vivant mené par ses tendances.* C'est ce qui explique l'apparition de diverses *psychologies des tendances* (drives) qui, *toutes,* essaient de préciser le sens de l'existence humaine individuelle et, par extension, le sens de l'évolution collective (historique).

De ces tentatives sont apparus – à cause des divergences de vues – *trois types de théories,* ceci parce que chacune a tenté de préciser laquelle des tendances était plus *fondamentale* que les autres et pouvait ainsi conditionner la production des autres[1]…

a) groupe de théories qui accordent la priorité à la tendance *nutritive*…   Darwin, Spencer, K. *Marx*, etc.

b) groupe de théories qui accordent la priorité à la tendance *reproductrice* (sexuelle)…   Ratzemhofer, Gobineau, Gumplowicz, S. *Freud,* etc.

c) groupe de théories qui accordent la priorité à la *tendance à la croissance et la puissance,* etc.   Krauss, Hobbes, Machiavel, Lorenz, Nietzsche, *Adler,* etc.

Il est évident que les deux conceptions que nous allons traiter par la suite se situent dans cette tradition. La description de la nature humaine et de sa situation dans le monde vaut pour toutes deux; nous ne la répéterons pas à chaque fois… Passons maintenant au premier groupe de théories des tendances, dans lequel figure la conception marxiste.

Conception marxiste de l'être humain
(Karl Marx: Trèves (All.) 1818-Londres, 1883)

Très près en cela de Darwin, Marx affirme que l'humanité est placée devant la nécessité d'assurer sa survie nutritive en compétition avec les autres espèces animales, c'est-à-dire dans le «struggle for life» (la lutte pour la vie). Remarquez qu'il s'agit ici de l'humanité, non de l'homme en tant qu'entité isolée; la raison de ceci est que l'usage du terme «humanité» laisse entendre que l'homme est essentiellement un être social: *(différence avec Sartre)*

> La conscience est donc d'abord un produit social et demeure tel, aussi longtemps que les hommes existent. La conscience sensible de l'environnement sensible, immédiat, conscience du lien borné avec d'autres personnes et d'autres choses extérieures à l'individu conscient de soi. Elle est aussi conscience de la nature qui, au début, s'oppose à l'homme comme une puissance étrangère, toute-puissante, inexpugnable, avec laquelle les hommes ont un rapport purement animal, et qui s'impose à eux comme à un troupeau[2]…

En résumé, on peut dire que l'homme est, *à l'origine,* dans une double relation: une relation de coopération limitée avec ses semblables et une relation dialectique (c'est-à-dire d'opposition) brutale avec la nature.

intersubjectivité

---

1. Max Scheler, *L'homme et son histoire*, p. 49-52.

2. Karl Marx, *L'idéologie allemande,* in *Morceaux choisis*, t. I, p. 3-32.

lien + et créateur entre la nature et lui →TRAVAIL

2ᵉ concept L'humanité sort vraiment de son statut d'espèce animale lors-qu'elle parvient à établir un lien positif et créateur entre elle et la nature; ce lien c'est le *travail*. Le trait qui fait de l'espèce humaine une espèce à la fois supérieure et originale, c'est le fait que l'homme soit un être de travail, un être *économique*. Cette évolution est immense car lorsque l'homme se nourrit par la cueillette et la chasse, il *dépend* de la nature; la nature seule est créatrice. Lorsque les hommes commencent à *travailler*, ils inversent les rapports. Expliquons...

Le travail est une activité *d'appropriation*; l'appropriation, c'est *d'adapter à soi* ce qui ne l'est pas en le *transformant*. Donc, le travail est un acte de transformation, acte créateur qui «humanise la nature», c'est-à-dire la rend adaptée aux besoins humains.

Dans cette nouvelle situation, c'est l'humanité qui prend l'initia-tive et la nature devient (en comparaison) passive, c'est-à-dire objet de changement. Ici, l'humanité est vraiment «homo faber», c'est-à-dire «homme-ouvrier». L'humanité est la seule espèce animale capable de travail, c'est-à-dire de transformer la nature.

La description que nous venons de faire précise la *situation fonda-mentale* de l'homme; on parle alors du *matérialisme dialectique* de Marx.

«Matérialisme» réfère à l'idée que l'humanité n'est qu'une *espèce biologique* qui n'a qu'un but biologique (celui de survivre) dans un environnement qui n'est que *naturel*. «Dialectique»... laisse entendre que les rapports entre l'homme et la nature sont des *rapports de lutte*, de tensions réciproques; d'une part, les efforts transformateurs de l'espèce humaine (thèse) et d'autre part, la résistance passive de la nature (antithèse). Il résulte de ces interactions souvent pénibles des progrès lents, entrecoupés de périodes où l'homme croit avoir atteint les limites de ses capacités transformatrices, lesquelles sont suivies de succès techniques surprenants (synthèse). Mentionnons que l'activité transfor-matrice de l'homme (travail) implique l'utilisation de la connaissance scientifique et des techniques (méthodes de travail, outils, machines, etc.).

L'éclosion des aliénations → *adaptation*

La situation fondamentale que nous venons de décrire correspond à celle de l'entrée de l'animal-homme dans le *monde humain* proprement dit. *2ᵉ concept* En développant son «intelligence technique» l'homme a développé sa capacité de travail mais en même temps ses capacités de ruse, son esprit de possessivité, son égoïsme. En même temps que le pouvoir de créer des marchandises plus nombreuses et variées est apparu le phénomène du *commerce* (échanges directs de produits d'abord, ensuite échanges indirects par la monnaie). Donc, à l'origine, la capacité progressive de travail a revêtu un aspect social, où les relations entre les humains sont de nature essentiellement économique, c'est-à-dire d'échanges et d'intérêts.

Très tôt, les plus forts et les plus rusés inaugureront la *première accumulation de capital* par le *vol*; les premiers par le vol brutal (guerres, invasions, razzias, etc.) et les seconds par le vol subtil et habile (échanges inégaux frauduleux, mensonges, etc.). Quel que soit le genre de ces comportements, ils demeurent des *faits extraordinaires*. En effet, dans le monde des espèces, l'humanité est la seule *espèce animale* déchirée violemment et en permanence par des luttes internes de ce genre. Voilà le scandale fondamental spécifique de la condition humaine selon Marx.

C'est cette situation économique qui a donné lieu, en se dégradant, à *l'aliénation économique*, c'est-à-dire à une situation de soumission, d'*étrangeté*, de *distance*, de *méfiance* entre les hommes. Les possesseurs du capital ont augmenté celui-ci par leur puissance militaire ou commerciale acquise et les démunis le furent davantage au point de devenir des esclaves (après une conquête, vente de ses enfants, de son travail). Ces opprimés, Marx les nomme des *prolétaires*, terme qui signifie: «ceux qui n'ont pour toute richesse que leurs enfants». Il s'agit de ceux qui vendent leur force de travail à quelqu'un (bourgeois) en échange d'un salaire: argent ou biens matériels, afin de survivre. Le bourgeois est celui qui détient les moyens de production: usines, matières premières, outils... et qui emploie le prolétaire afin d'augmenter sa plus-value et par le fait même augmenter son hégémonie de classe bourgeoise sur la classe prolétaire (ou ouvrière).

Cette situation économique s'est doublée très tôt – avec la concentration des populations dans les villes – *des aliénations sociale et politique*. Ainsi les groupes économiques se sont rassemblés de façon à former graduellement des *classes sociales*, où les individus pouvaient s'identifier comme participant au même mode de vie, aux mêmes valeurs, aux mêmes intérêts, aux mêmes idéaux ainsi qu'aux mêmes problèmes. La méfiance et le mépris engendrés par la violence et le vol chez les opprimés étaient compensés chez les «oppresseurs» par la peur d'être volés à leur tour, par le dédain à l'égard des faibles, etc.

Les hommes sont devenus économiquement «aliénés», ce qui signifie étrangers ou frères ennemis. Le fait d'être rassemblés en classes sociales *accentua* le malaise parce que chacun, en s'associant à ceux qui sont dans la même situation économique, s'identifia plus fortement au groupe et en même temps se dissocia davantage des autres couches sociales. Ce fut là l'apparition de la «conscience de classe». Pour Marx les sociétés humaines de l'époque sont divisées en deux classes sociales principales: la bourgeoise et la prolétaire. Entre ces deux classes se trouvent des couches sociales intermédiaires qui tendent vers la bourgeoisie ou vers le prolétariat, soit par volonté personnelle, soit par les contraintes de la situation sociale.

Ces classes sociales entrent en lutte; les unes voulant revendiquer plus de droits, d'avantages ou de privilèges et les autres – les plus puissantes – tentent de «stopper» ces revendications. Ces luttes de classes, lorsqu'elles n'aboutissent pas directement à l'affrontement violent, se font par le moyen du *pouvoir politique*; de là *l'aliénation politique*. C'est, d'après Marx, ce qui caractérise l'histoire de l'humanité (dialectique historique).

Historiquement parlant, la classe la plus puissante économiquement et socialement tente de prendre le pouvoir en se payant une armée ou par la fraude et le patronage; dans le premier cas, c'est la tyrannie, la royauté ou l'aristocratie; dans le second cas, c'est la démocratie. La classe sociale la plus puissante prend toujours le pouvoir d'une façon ou d'une autre. Ce pouvoir qui, en théorie, devrait servir les intérêts et les aspirations de tous, est utilisé par la classe possédante pour sauvegarder ou accroître le plus possible sa sécurité et celle de son capital, accroître ses privilèges économiques et sociaux, ceci sans égard à la situation et au bien-être de la classe et des couches «inférieures». Dans ce contexte, il est normal que la majorité des citoyens de l'État ait l'impression qu'il existe une distance infinie (aliénation) entre l'autorité politique et eux; cette autorité est ou bien indifférente ou oppressive à leur égard; elle est *partiale*. La dialectique historique de Marx nous indique aussi que les classes sociales ont à refaire indéfiniment des ententes socio-économiques qui satisfont superficiellement et temporairement les classes en lutte. Il s'établit alors un cercle vicieux qui ne peut être brisé que par une révolution armée. Cette révolution donnerait le pouvoir politique et économique (entre autres les moyens de production) au prolétariat et déposséderait du même coup la bourgeoisie de tous ses biens et privilèges.

Ces aliénations concrètes (économique, sociale, politique) sont donc très liées mais elles ne sont pas les seules; elles sont accompagnées des aliénations théoriques (idéologiques ou culturelles), à savoir la *philosophie* et la *religion*. La philosophie – Marx pensait particulièrement à Hegel – veut expliquer de façon radicale la réalité entière, or en cela elle ne fait qu'expliquer ce qui existe sur le moment, c'est-à-dire un État qui donne à la puissance en place la valeur d'un *fait*, de quelque chose de *normal* puisque c'est la réalité... Qu'il le veuille ou non, le philosophe est un pion de la classe au pouvoir, un avocat pour convaincre le peuple que «l'état de fait», c'est la réalité essentielle. Par ailleurs, la religion, nous dit Marx, est aussi aliénante. Lorsqu'elle est associée à

5ᵉ concept l'État (c'est-à-dire la religion d'État), elle laisse entendre que celui-ci est d'origine divine. Même sans ce lien, elle n'a pas de meilleurs effets… Elle encourage les opprimés à la *résignation* en regard de leur situation misérable, de leurs souffrances physiques et morales en leur présentant le *faux espoir* d'un monde meilleur (c'est-à-dire le paradis) au-delà de cette «vallée de larmes». Ceci a pour effet de tuer dans l'œuf toute tentative de révolte qui pourrait les libérer de leur *esclavage* et clivage. C'est ce qui fait dire à Marx que la religion est un narcotique; c'est «l'opium du peuple». Donc, directement ou indirectement, la religion *renforce* la puissance de la classe dominante.

TABLEAU CAUSAL DES ALIÉNATIONS CHEZ MARX

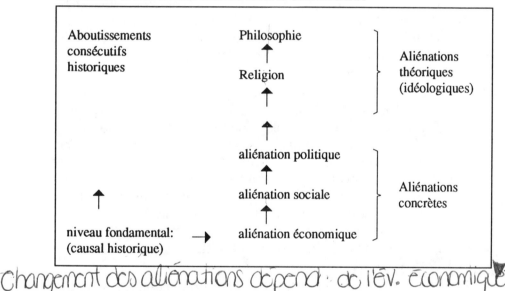

Changement des aliénations dépend de l'év. économique

L'histoire de l'humanité n'est que l'évolution de ces aliénations (c'est-à-dire luttes, contradictions et clivages). Celles-ci changent de forme à mesure que la situation économique (infrastructure) évolue. Selon que les «moyens de subsistance» (façon de travailler, outils techniques, organisation de la production, etc.) changent de forme, les classes sociales n'auront plus la même puissance les unes par rapport aux autres, la nouvelle classe *économiquement puissante* prendra le pouvoir politique (qui changera de structure) et la nouvelle classe se donnera une nouvelle idéologie pour justifier la nouvelle situation qu'elle crée. Toutes les aliénations vont changer de figure.

WP

Cette situation est tout à fait anormale et scandaleuse puisque seule l'espèce humaine est dans cette situation de déchirement général; toutes les autres espèces animales vivent selon le mode d'une certaine unité;

seule l'espèce humaine a réussi ce «tour de force» atroce et impensable de la division interne contre elle-même.

Le philosophe marxiste entend corriger cela. Pour Marx, la philosophie ne doit pas être seulement une *critique idéologique* du monde actuel mais elle doit être *transformatrice*, instigatrice de tâches révolutionnaires afin de changer le monde actuel. C'est cette dernière dimension qui fait de la philosophie une «praxis» (c'est-à-dire action transformatrice). Donc pour Marx, la philosophie ne peut pas être seulement «explication», mais «programme d'action».

Le monde actuel peut être changé par les hommes; non *pas* par *tous* les hommes mais par certains, ceux qui ont des raisons de le changer; ces derniers sont les *opprimés*, les *prolétaires*; les autres ont trop peur de perdre leurs possessions et leurs privilèges pour vouloir quelque changement que ce soit. La première tâche de la philosophie sera d'informer à fond les défavorisés afin de faire naître en eux la révolte, ensuite les orienter dans le sens de la révolution prolétarienne à faire. Les tâches révolutionnaires seront les suivantes:

1. La création de la *dictature du prolétariat ou État populaire* dont les représentants seront élus non à cause de leur appartenance à une classe sociale quelconque mais selon leurs capacités personnelles. Cette dictature sera un régime politique autoritaire qui imposera par la force à tous les citoyens les valeurs et les structures proposées par le marxisme et qui prendra tous les moyens (police secrète, espionnage, détention, torture s'il le faut) pour éviter la possibilité d'une *contre-révolution*, c'est-à-dire d'une révolution fomentée par la classe bourgeoise dépossédée qui voudrait reprendre le pouvoir politique perdu lors de la révolution. C'est cette dictature populaire qui réalisera les tâches suivantes.

2. Abolir la propriété *privée* des *moyens de production* (usine, outils, matières premières, etc.) de façon à les rendre collectifs, gérés par l'État populaire. En abolissant cette sorte d'économie, on abolira l'existence sociale du capitalisme, c'est-à-dire du capitalisme *en tant que classe sociale*. En fait, il s'agira d'une *société sans classes*. En supprimant le capital privé, il n'y aura plus d'intérêts et de privilèges particuliers de certains aux dépens des autres; ceci sera remplacé par l'égalité des droits de tous les citoyens.

3. Création d'une idéologie sociale vécue (dont le marxisme entend être l'inspiration centrale) qui mettra en évidence l'idéal ultime du mouvement révolutionnaire, celui de la *société communiste* où la justice (égalité des droits et des chances), la *liberté* (absence de restrictions provenant de la situation privilégiée de certains) et la *fraternité* (communauté de buts, d'intérêts) prévaudront de façon à redonner réellement à l'humanité son unité si longtemps perdue.

Pour réaliser son communisme, Marx disait que chacun de nous doit être conscient de sa classe sociale et des conditions dans laquelle elle existe. Ces prises de conscience peuvent nous amener à choisir librement la révolution prolétarienne. Chaque individu s'éduque et se développe en fonction du meilleur être de la collectivité dans laquelle il vit et de laquelle il dépend fondamentalement. Ainsi chaque individu est libre et doit choisir librement son adhésion au mouvement prolétarien. Toutefois, cette liberté est en fonction du bien de la classe prolétarienne et du bien-être collectif.

Pour Marx, l'histoire humaine est l'histoire des luttes de classes qui aboutissent à des synthèses (ententes) nouvelles. Or la synthèse finale provoquée par la révolution armée sera l'aboutissement du prolétariat au pouvoir de façon définitive.

BIBLIOGRAPHIE

CLAVEZ, J.Y. *La pensée de K. Marx*, Paris, Seuil, 1956, 663 p.

LEFEBVRE, H. *Le matérialisme dialectique*, Paris, P.U.F., 1957, 153 p. (Nouvelle encyclopédie philosophique)

LEFEBVRE, H. *Le marxisme*, Paris, P.U.F., 1966, 127 p. (Que sais-je?)

MARX, K. *Œuvres choisies*, t. I et II, Paris, Gallimard, 1963. (Idées)

MARX, K. *Manifeste du Parti Communiste*, 1962, 189 p. (10/18)

MARX, K. *L'Idéologie allemande*, Paris, Éd. Sociales, 1966, 154 p.

SCHELER, Max. *L'homme et l'histoire*, Paris, Aubier/Montaigne, 1955, 183 p. (Philosophie de l'esprit)

AUTO-ÉVALUATION
de la compréhension du texte

Vous pouvez évaluer la qualité de votre compréhension objective du texte selon que vous êtes capables de comprendre sans hésitation la *signification* et la *fonction logique* de chaque terme au sein du texte.

Cochez tout terme qui ne vous paraît pas clair:

- ❏ *homo faber*
- ❏ épiphénomène
- ❏ différence de degré
- ❏ intelligence technique
- ❏ travail
- ❏ matérialisme dialectique
- ❏ aliénation

- ❏ aliénation économique
- ❏ aliénation sociale
- ❏ aliénation politique
- ❏ aliénation philosophique
- ❏ aliénation religieuse
- ❏ praxis
- ❏ matérialisme historique
- ❏ société communiste

Identifiez la cause:

Si votre performance est moyenne ou faible, il vous faut déterminer quelle en est la cause:

- • lecture trop superficielle? (le relire)
- • lecture attentive non assimilée? (faire l'analyse)
- • lecture et analyse faites, mais les liens logiques demeurent difficiles à préciser? (faire un schéma d'ensemble à partir de l'analyse)

TROISIÈME TEXTE

La conception freudienne de l'être humain

«Être en fonction de sa libido»

Jamais nous nous rendrons maître de la nature ; notre organisme qui en est lui-même un élément, sera toujours périssable et limité dans son pouvoir d'adaptation, de même que dans l'amplitude de ses fonctions.

Sigmund FREUD

INSTRUMENT DE TRAVAIL

Précisions concernant l'analyse comparative et la *problématisation*

Vous faites d'abord *l'analyse* et le *résumé conceptuels* du texte qui suit en appliquant les mêmes procédés que dans le texte précédent.

Les opérations (c'est-à-dire l'analyse comparative et la *problématisation*) vont vous permettre de réaliser une *compréhension radicale* de toutes les conceptions de l'homme, c'est-à-dire non seulement une compréhension du contenu de chacune, mais aussi de leurs *limites respectives*.

Bref, en poussant cet effort jusqu'au terme des cinq textes, il vous sera possible de vous assurer une maîtrise compréhensive et critique du champ entier des représentations de la raison.

Analyse comparative

Vous avez en main vos «feuilles de résumé conceptuel» des conceptions marxiste et freudienne; chacune résume les cinq concepts de chaque conception.

a) *Vous comparez les deux conceptions, concept par concept*:
EXEMPLE:

concepts des: structures internes (dans la conception marxiste)
concepts des: structures internes (dans la conception de Freud)
et ainsi de suite.

b) *Vous faites ceci pour trouver le genre de rapport qu'ont entre eux les deux concepts que l'on compare.*

Il faut se rappeler qu'il peut y avoir *trois sortes de rapports logiques possibles* entre deux concepts:

l'identité: ressemblance totale entre les deux concepts; les deux affirmations disent au fond la même chose.

EXEMPLE:
concept 1 (st. int.): l'homme est un être rationnel
concept 2 (st. int.): l'homme est un être doué de raison.

la contradiction: différence totale; un concept affirme le contraire absolu par rapport à l'autre, ce qui fait qu'ils s'opposent dans leur contenu.

EXEMPLE:

concept 1 (d.a.): l'homme est immortel

concept 2 (d.a.): l'homme est mortel.

la divergence: différence partielle; deux concepts ont une partie semblable et commune mais affirment certains aspects différents.

EXEMPLE:

concept 1: l'homme est un être totalement libre

concept 2: l'homme est un être libre de façon limitée.

La problématisation

Une fois que vous avez identifié le rapport précis qui existe entre deux concepts, vous pouvez savoir s'il existe ou non un *problème* entre les deux.

Si le *rapport* est celui de *l'identité*: il n'y a pas de problème à formuler.

Si le *rapport* est celui de *la contradiction* ou de *la divergence*: il y a un problème à formuler.

Comment formuler un problème?

Nous allons vous indiquer comment procéder dans le cas d'une «contradiction» et ensuite dans le cas d'une «divergence».

Formuler une contradiction

On indique d'abord le rapport (ici: contradiction) et ensuite on formule le rapport entre les deux concepts de façon à faire apparaître la *différence totale* entre eux.

EXEMPLE:

Il y a contradiction entre la conception «X» et la conception «Y» car l'une affirme que l'homme est mortel alors que l'autre affirme le contraire, à savoir que l'homme est immortel.

Formuler une divergence:

On indique d'abord le rapport (ici: divergence); ensuite on formule *le point similaire* entre les deux conceptions et enfin, on formule *la différence* entre les deux.

EXEMPLE:

Il y a divergence entre la conception «K» et «M» parce que les deux s'entendent pour affirmer que la croissance de la personne se fait à partir d'un principe biologique; par contre la conception «K» affirme que ce principe est *libidinal* alors que la conception «M» affirme que ce principe est *nutritif*.

Maintenant que vous comprenez ceci, nous allons vous indiquer les *points de comparaison* à utiliser pour chacun des cinq concepts afin d'identifier les problèmes possibles, sur les points importants seulement.

POINTS DE COMPARAISON
à utiliser pour *problématiser*

Structures internes:

Est-ce la même structure interne qui prédomine sur les autres dans les deux concepts? En d'autres mots, l'individu est-il la *même sorte* d'être dans les deux cas?

Sens du développement individuel:

Le développement individuel se produit-il à partir de la même sorte de «principe dynamique interne»? Si oui, est-ce le même principe?

L'intersubjectivité:

Les relations avec autrui sont-elles de *même nature* et de *même profondeur* dans les deux cas?

Historicité:

a) La société future prévue ou souhaitée est-elle nouvelle dans les deux cas et, si oui, celle-ci traite-t-elle ses citoyens de la même façon?

b) L'action sociale des individus et/ou des groupes pour établir la société future est-elle ou doit-elle être *transformatrice* dans les deux cas? S'agit-il de la même sorte d'action?

Destinée absolue:

Position sur l'existence d'une vie après la mort; la même ou non?

Résumé conceptuel et problématisation

Utilisez des feuilles volantes pour inscrire vos réponses.

Vous pouvez noter vos réponses dans vos propres mots ou en utilisant certaines «phrases clés» de l'auteur ou des auteurs, selon le contexte.

Lorsque vous aurez terminé le résumé conceptuel et votre *problématisation*, vous pourrez vérifier la validité et la précision de ceux-ci avec le corrigé du troisième texte dans l'annexe de ce *Guide*.

Par contre, si après avoir vérifié votre travail, certaines difficultés persistent concernant la compréhension de certaines des réponses du corrigé, *veuillez rencontrer votre professeur*.

TROISIÈME
TEXTE

La conception freudienne de l'être humain

Il faut d'abord rappeler que la conception freudienne se situe elle aussi dans le cadre de la tradition de l'*homo faber* comme le marxisme. On peut donc dire que les idées générales de cette tradition concernant la nature humaine et la situation de l'homme dans le monde (deuxième texte) sont adoptées ici comme toile de fond par Freud.

supériorité adaptive.

On peut comprendre pourquoi on place Freud dans ce contexte idéologique en rappelant certains faits de la première tranche de sa vie intellectuelle s'étalant de 1873 à 1886.

À la fin de ses études collégiales, il s'orienta vers la faculté de médecine de l'Université de Vienne, conséquence de son grand intérêt pour les sciences naturelles. Il y étudia huit ans. Il travailla beaucoup en laboratoire, en anatomie comparée, en physiologie et en histologie, dont six ans sous la direction d'Ernst Brücke qui devint son professeur adulé.

Brücke avait été formé à une approche scientifique de type «mécaniciste», selon laquelle l'organisme vivant est une sorte de «machine» qui fonctionne par l'entremise de ses divers organes; Brücke tendait à réduire les processus psychologiques à des lois physiologiques, qui, à leur tour étaient expliquées par des lois physiques et chimiques. Freud fut de toute évidence très influencé par cette démarche.

Cette longue formation scientifique et médicale en neurologie et sur l'hystérie masculine le convainquit pour toujours du *rôle fondamental* que joue la structure physiologique chez l'homme. Ce n'est que plus tard qu'il s'intéressa aux effets que certains événements psychologiques négatifs (traumatisants) peuvent déclencher dans le fonctionnement psychophysiologique de base des gens.

1re concept

Il fut le premier à comprendre que dans le rapport «corps-conscience», il y a non seulement une relation du corps sur la conscience, mais une relation causale de la conscience sur le corps par l'entremise d'expériences psychologiques négatives, ce que nous nommons de nos jours les phénomènes de somatisation (soma = corps).

Le texte qui suit va donc décrire comment Freud en arriva à découvrir, avec l'aide de ses patients, la structure du psychisme humain, son dynamisme normal et anormal de même que ses répercussions sur le corps.

Le dynamisme psychologique de l'homme

L'être humain est un ensemble de trois processus plus ou moins harmonisés (unifiés) les uns avec les autres. Il ne s'agit pas de *structures*, mais de *processus*. Le mot «structures» laisse entendre l'idée de «nombreux éléments statiques» qui seraient organisés statiquement en un *complexe stable*; or la vie intérieure est tout entière mouvement continuel; de là le mot «processus», par son *caractère actif*, convient beaucoup mieux à cette réalité mouvante, dynamique.

Ces trois processus en interrelation sont le *«ID»* (ça), *«l'EGO»* (moi) et le *«SUPEREGO»* (surmoi). Décrivons d'abord la nature de ces processus et nous cernerons plus loin leurs relations mutuelles.

Le ID (ça)

Il est la source de l'énergie psychique indifférenciée (c'est-à-dire vitale). C'est un processus émotionnel (instinctif) profondément enraciné dans le psychisme humain et dont la plus grande part est inconsciente (non perceptible par la conscience normale).

Le but continuellement poursuivi par ce processus est la *satisfaction* ou le *plaisir*. Dans sa définition la plus générale, la «satisfaction» est atteinte par la décharge d'une quantité d'excitations dans l'organisme à la suite d'une stimulation interne ou externe.

En ce sens, tous les êtres vivants ont un *ID* et celui-ci a la même fonction de base. Seules les sortes d'excitations vont varier *en nombre* selon la complexité du psychisme (animal ou humain).

Ce but (satisfaction) est inscrit dans le *ID*; à ce titre, il se nomme le *principe de plaisir*; c'est la tendance à ramener dans l'organisme un état d'équilibre ou de «confort intérieur» par l'élimination de toute tension intérieure ou extérieure. Cette recherche est toujours *spontanée* et *aveugle* parce que le *ID* n'est pas en contact directement avec le monde extérieur. Le *ID* demeure toujours identique à lui-même, il ne change jamais.

L'EGO (moi)

Il s'agit de la conscience perceptive et intellectuelle (l'intelligence concrète). Il s'agit d'un processus dont l'activité est *consciente* quoique beaucoup de ses résultats (ses données psychologiques) sont ou bien *oubliés temporairement* (préconscient) et peuvent être rappelés à la conscience ou bien *refoulés* (inconscient dynamique) et *ne* peuvent être rappelés directement sinon avec l'aide du psychanalyste.

La fonction du *moi* est d'identifier les êtres réels afin de découvrir ceux qui peuvent satisfaire les besoins du *ID*. Le moi se définit comme une capacité de *résoudre des problèmes d'action*, problèmes posés par les besoins du *ID* qui demandent à être satisfaits.

Le but de l'*EGO* (connaître la réalité telle qu'elle est) étant inscrit dans sa structure d'opération, on le nomme le *principe de réalité*.

La direction de son développement s'explique par l'hérédité et est guidée par la croissance naturelle (la maturation). «Toute éducation a comme objectif principal d'enseigner aux gens à penser de façon efficace» (C.S. Hall, p. 31).

Le SUPEREGO (surmoi)

Ce processus représente la dimension morale ou «judiciaire» de la personnalité. Il représente plutôt *l'idéal* que le réel; il tend davantage vers la *perfection* que vers la réalité ou le plaisir. Il est le *code moral* de la personne.

Ce processus, contrairement aux deux autres, se forme entièrement par la voie de l'éducation et de l'imitation. Par le système de récompenses et de punitions et le besoin d'imiter ou de s'identifier à l'un ou l'autre de ses parents, l'enfant assimile les notions de «bien» et de «mal» des parents. C'est dans ce sens que Freud distingue ce processus en deux sous-systèmes:

- l'*EGO*-idéal: la conception que l'enfant se fait de ce que ses parents considèrent *bien* moralement;
- la conscience (morale): la conception que l'enfant se fait de ce que ses parents considèrent moralement *mauvais*.

Inutile de dire que ces deux sous-systèmes sont complémentaires. Si les punitions et récompenses des parents sont tant physiques (fessée, etc., bonbons, jouets...) que psychologiques (colère, menace, etc.), le pouvoir que le *SUPEREGO* exerce sur la personnalité (sur l'*EGO*) sera de même nature. Récompense physique (permission de s'accorder un bon repas, une vacance, etc.) ou psychologique (estime de soi, fierté...) ou punitions physiques (maux d'estomac, perte d'objet, accident) ou psychologique (remords, sentiment de culpabilité).

Le *SUPEREGO* est le «policier» de la personnalité et il agit toujours sur l'*EGO* parce que c'est lui qui exécute les caprices du *ID*, donc qui est responsable.

L'évolution de la personnalité

Nous venons de décrire les trois processus qui forment l'être humain dans l'abstrait, c'est-à-dire hors du temps et sans référence à ce qui se passe dans chaque individu.

Dans chaque personne, on constate une évolution et une interaction progressives de ces processus. L'originalité de Freud consiste à affirmer que l'évolution de chaque personne est *primordialement* (dès sa plus tendre enfance) *sensuelle* ou *libidinale* (libido = désir).

Progressivement, chaque enfant ressent la présence du *ID* dans son corps; le *ID* fait sentir sa présence en tant que centre dynamique de besoins (tensions ou excitations irritantes) à certains endroits précis du corps, endroits que l'on nomme «zones érogènes» (éros = plaisir; gène = provocateur de...). Toute zone érogène devient périodiquement un centre d'excitations irritantes qui ne peuvent être abolies que par une action appropriée sur la région en question. Cette «action» provoque le plaisir.

Si nous disons qu'il y a une *évolution* dans ce domaine, cela signifie qu'à la naissance le bébé a une sensibilité diffuse et indifférenciée et que progressivement celle-ci se localise dans certaines zones corporelles précises; ces zones apparaissent chronologiquement les unes après les autres...

L'ordre chronologique est le suivant: la phase orale (bouche) entre 0 et 1 1/2 an environ; la phase anale (intestin, anus) entre 1 1/2 et 2 1/2 environ; la phase phallique (sensibilité des organes génitaux) entre 3 et 5 ans; (période de latence: 6 ans et puberté); phase génitale (besoin sexuel) entre 11 et 13 ans approximativement.

Chaque «phase» (ou période d'acquisition d'une sensibilité localisée) se vit par la personne dans certaines *situations* concrètes qui occasionnent des *gestes* concrets et s'accompagnent de certaines *attitudes* psychologiques.

Prenons un exemple:

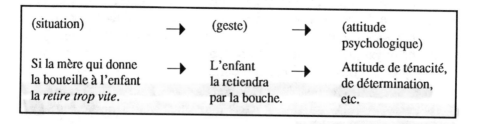

(situation) →	(geste) →	(attitude psychologique)
Si la mère qui donne la bouteille à l'enfant la *retire trop vite*. →	L'enfant la retiendra par la bouche. →	Attitude de ténacité, de détermination, etc.

Si cette «situation» se produit *presque à chaque fois,* la répétition du «geste» (retenir...) va laisser certaines traces dans le psychisme; «l'attitude de détermination» va s'accroître et demeurera par la suite une composante *forte* du tempérament tout au long de la vie ultérieure. Si, au contraire, c'est l'inverse qui se produit, l'attitude de détermination ne sera pas dominante.

Pour la phase orale, Freud isole cinq gestes principaux qui sont des *prototypes* d'attitudes psychiques précises:

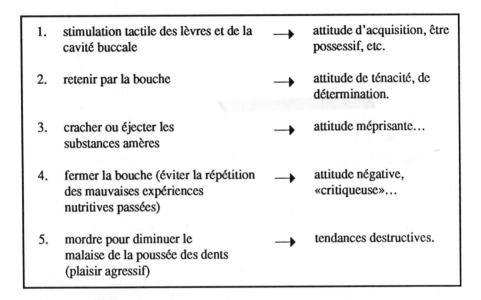

1.	stimulation tactile des lèvres et de la cavité buccale →	attitude d'acquisition, être possessif, etc.
2.	retenir par la bouche →	attitude de ténacité, de détermination.
3.	cracher ou éjecter les substances amères →	attitude méprisante...
4.	fermer la bouche (éviter la répétition des mauvaises expériences nutritives passées) →	attitude négative, «critiqueuse»...
5.	mordre pour diminuer le malaise de la poussée des dents (plaisir agressif) →	tendances destructives.

Le fait que ces traits se développeront par la suite de façon importante ou non dépendra du degré de frustration et d'anxiété ressenties durant la phase orale.

La phase anale apparaît lorsque la personne (l'enfant) commence à ressentir des tensions à cause de l'accumulation de la matière fécale sous forme de pression sur les parois du côlon (partie moyenne du gros intestin) et sur le sphincter anal; quand la pression sur le sphincter atteint un certain niveau, celui-ci s'ouvre et la matière fécale est éliminée. L'enfant devient conscient que l'élimination produit un soulagement (un plaisir) parce qu'il réduit rapidement la tension.

L'élimination expulsive devient le prototype des réactions émotionnelles violentes, les crises de rage, etc.

L'événement crucial de cette période: l'apprentissage de la propreté; période de conflits entre l'instinct (*ID*) et l'autorité parentale (*SUPEREGO*). Les méthodes utilisées par la mère dans ce domaine détermineront l'influence de cet apprentissage sur le développement de la personnalité de l'enfant.

La phase phallique est la période durant laquelle l'enfant est préoccupé par ses organes génitaux. Comme les organes du mâle et de la femelle sont structurellement différents, on distingue donc l'évolution de cette phase selon la spécificité de chaque sexe.

La phase phallique masculine

Avant la phase phallique, le garçon aime sa mère et s'identifie à son père; quand la pulsion sexuelle augmente, l'amour du garçon devient *en intention* incestueux envers sa mère et il devient jaloux de son rival, le père; il s'agit là du *complexe d'Œdipe*.

Le développement de ce complexe crée un nouveau danger pour le garçon, du moins le pense-t-il; si son attraction persiste, il court le risque d'être malmené par son rival (père), il risque d'être puni par où il pèche; de là, apparaît *l'anxiété de la castration.* Celle-ci sera accentuée s'il voit le sexe d'une fillette qui lui apparaîtra, dans son ignorance, comme un garçon *déjà castré*.

Le garçon réprime donc cette tendance libidinale envers sa mère et le complexe d'Œdipe disparaît de même que l'anxiété qui l'accompagne. Certains facteurs faciliteront – selon le cas de chacun – cette disparition: la conscience de l'impossibilité de satisfaire ce désir sexuel symbolique, la désillusion en regard de sa mère (c'est-à-dire mère «indigne»), le phénomène de la maturation personnelle.

À la suite de cette phase, le garçon pourra s'identifier soit avec son objet érotique perdu (mère) soit avec son père. Tout dépendra de la prédominance au niveau du *ID* de la tendance féminine (anima) ou de la prédominance de la tendance masculine (animus). Tout être possède les deux aspects (anima et animus) de la libido; selon sa constitution à la naissance, sa libido sera davantage féminine que masculine (ou l'inverse) et ceci *indépendamment de ses organes génitaux.* Il y a ici le fondement d'une théorie explicative de l'homosexualité masculine et féminine.

La phase phallique féminine

Comme pour le garçon, la fille aime sa mère; mais contrairement au garçon, elle ne s'identifie pas rapidement avec le père. Lorsqu'elle découvre qu'elle ne possède pas l'organe sexuel mâle, elle se sent «castrée»; elle blâme sa mère et ainsi son attachement libidinal pour sa mère en est diminué; de là, s'amorce l'attachement pour le père dans la mesure où il possède un «objet» dont elle manque; il s'agit là de «l'envie du pénis», forme féminine de l'anxiété de la castration. C'est donc ainsi que le complexe d'Œdipe prend forme chez la petite fille.

Ce complexe féminin s'affaiblit progressivement pour les mêmes raisons que nous avons notées chez le petit garçon. Ces trois phases rassemblées se nomment la *période prégénitale* (cinq premières années); cette période est suivie d'une période de *sexualité latente* jusqu'à l'âge de la puberté (12 ans environ). La puberté inaugure la dernière phase: la phase sexuelle génitale.

5 concd.

La phase génitale

Le commencement de l'attraction sexuelle proprement dite à l'égard d'autrui apparaît: cette attraction pousse chacun à amorcer un certain nombre de conduites variées à l'égard des personnes érotiquement désirées et de celles pour lesquelles l'on éprouvera diverses formes de tendresse (camaraderie, amitié, amour fraternel, amour parental, etc.). Toutes ces conduites forment ce qu'on nomme le *processus de socialisation*. Ce processus tend chez la personne normale à la *stabilisation*: établissement d'amitiés durables, choix d'un partenaire sexuel par amour (attirance physique et psychique globale) pour la vie, établissement dans un travail stable, engagements sociaux responsables, etc. Toute personne qui sera anormale ne pourra pas atteindre à cette stabilité émotionnelle. Plus le refoulement (cause de l'anormalité) sera grave, plus l'instabilité émotionnelle aura des répercussions dans la vie de cette personne au point d'affecter tous les aspects de celle-ci.

Les interactions entre les processus

Si nous avons accordé un développement aussi détaillé à l'explication de l'évolution du *ID*, c'est que les répercussions sur la vie totale de chacun s'expliquent par la façon de vivre cette période-là. Le degré de normalité ou d'anormalité de chacun s'expliquera par les événements de cette période. Tout événement dramatique qui se produira durant cette période (0-6 ans) sera *refoulé* dans l'inconscient faute de pouvoir être raisonné par l'*EGO* (moi).

1. La personne équilibrée

La personne dite équilibrée ou normale sera celle chez qui on constate que l'*EGO* réussit à maintenir une harmonie entre les pulsions égoïstes et démesurées du *ID* et les exigences morales (bien et mal) essentiellement sociales du *SUPEREGO*. Lorsque cette situation existe, on remarque que la personne en question est capable de s'accepter, c'est-à-dire «d'être bien dans sa peau» (acceptation des pulsions du *ID*) et en même temps capable d'entretenir des relations signifiantes, chaleureuses et respectueuses avec ses semblables. De plus, une telle personne peut se sentir à l'aise en famille, à l'école, dans le monde du travail et ceci au point de contribuer au progrès de la société dans laquelle elle vit. Il découle de ceci que les personnes moins équilibrées ou vraiment anormales seront des cas où cet équilibre sera faible ou temporaire ou inexistant parce que perturbé

2. *La personne anormale*

Toute anomalie de la personne proviendra donc de deux sortes de désordres: 1) ceux dans lesquels le *ID* exerce un pouvoir tyrannique sur l'*EGO* (moi) et sur le *SUPEREGO* (surmoi); 2) ceux dans lesquels c'est le *SUPEREGO* qui tyrannise les deux processus (*ID* et *EGO*). Dans le premier cas, l'on constate toutes les attitudes et les comportements exagérément égoïstes (asociaux et antisociaux); le second groupe nous laisse voir des personnes qui vivent de façon incomplète, diminuée parce que certaines pulsions (surtout la pulsion sexuelle) du *ID* sont «bloquées» psychologiquement par le surmoi (mécanisme de censure) quant à leur expression.

Afin de décrire ces répercussions, on peut citer les exemples suivants concernant la pulsion sexuelle:

Frigidité: absence d'attirance ou d'attrait pour les expériences sexuelles par incapacité d'éprouver du désir. →	Refoulement de la pulsion par le surmoi, c'est-à-dire qui fut formé par une éducation trop autoritaire.
Nymphomanie: attrait irrésistible, démesuré, pour la satisfaction sexuelle (égoïste), sans souci des partenaires, des réserves d'énergie, de la fréquence des rapports. Obsession dans cette recherche.... →	Expression tyrannique du *ID* à la suite de certaines expériences traumatisantes...
Hystérie: ambivalence entre l'exigence sexuelle et les règles morales. Approches séductrices intenses et agressives avant l'acte sexuel et refus total de consommer l'acte sexuel après les premières caresses. →	Neutralisation partielle d'une «partie» de chaque processus par l'autre, ce qui cause une «conduite d'échec».

Conscience et inconscient

Ce qui rend la tâche difficile à ceux qui s'occupent de traiter les «désordres» de la personnalité, c'est le fait que la *cause réelle* du désordre est *refoulée*, donc inconsciente.

Un désir intense défendu violemment par les parents donnera lieu à un sentiment de culpabilité insupportable pour la conscience. Comme la conscience (le moi) tend toujours à maintenir une sorte de calme intérieur, cette culpabilité sera *refoulée* (oubliée) par la conscience. Cette culpabilité formera – avec tout ce qui est déjà refoulé – *l'inconscient dynamique*. Comment expliquer un tel phénomène? Le *ID* est à la fois la source de l'énergie vitale et l'inconscient (pour le moi); c'est là que l'émotion insupportable (refoulée) se «logera». Ceci crée une *perturbation* (contradiction) *inconsciente* au sein du *ID* qui veut s'en débarrasser en le renvoyant à la conscience (*EGO*) qui a pour mission constante de régler les problèmes. Mais le surmoi, en bon policier, établit un barrage (une censure psychologique) qui interdit cette réapparition au plan conscient. La censure psychologique se situe entre le moi (*EGO*) et le ça (*ID*), laquelle empêche, bloque les représentations inconscientes du ça (*ID*) de surgir, de passer au niveau conscient du moi quand ces représentations vont à l'encontre du surmoi. La seule issue pour le *ID* sera de se soulager de ses perturbations de façon incomplète en faisant apparaître *indirectement* (symboliquement) l'émotion refoulée à la conscience. Ceci se produira sous forme de *rêve*, de *lapsus*, d'*actes manqués*, etc., qui *révèlent tout en cachant* l'émotion refoulée. La psychanalyse veut éliminer de tels refoulements en faisant échec au mécanisme de censure; il s'agit de faire remonter consciemment le patient dans son passé jusqu'à l'événement refoulé de façon à le faire réapparaître à la conscience.

La plupart des refoulements se produisent durant la période pré-sexuelle (0-6 ans) et ceci parce que l'*EGO* (moi) n'est pas assez formé et assez fort à ce moment-là pour *assumer* ou *relativiser* les expériences douloureuses au plan émotionnel... De là, il ne peut pas les supporter lorsqu'elles sont trop «souffrantes», de là, le refoulement...

L'homme et la société

On a vu que chaque enfant dépend pour sa formation humaine globale du milieu familial; les parents forment le *SUPEREGO* (surmoi) de l'enfant, c'est-à-dire sa dimension sociale et fournissent par leur exemple un modèle pratique d'imitation. Les parents eux-mêmes ont subi cette même influence de leurs parents, et ainsi de suite.

Qu'en est-il maintenant de la civilisation et de son rapport avec l'individu? Pour résumer celui-ci, l'on peut dire que la civilisation engendre un malaise chez tous les individus qui y vivent. En ce sens, la civilisation est *un mal nécessaire*... Expliquons-nous.

Toute personne mature prend conscience qu'il existe trois sources de souffrances qui viennent contredire plus ou moins violemment son aspiration constante au bonheur: la puissance écrasante de la nature, la constitution fragile et éphémère de notre corps et enfin les difficultés et problèmes venant de nos rapports avec les humains. Le déroulement de la vie de chacun consiste tout de même à rechercher, sous l'impulsion du «principe du plaisir», différents moyens de nous assurer le bonheur, ceci avec un succès relatif (isolement des contacts humains, transformation technique de la nature, l'intoxication chimique, les yogas, sublimation des instincts dans l'amour, l'art, la science ou la religion, etc.). Voilà en gros la situation intérieure des individus vivant en société, c'est-à-dire dans la civilisation.

Pour sa part, la «civilisation désigne la totalité des œuvres et organisations dont l'institution nous éloigne de l'état animal de nos ancêtres et qui servent à deux fins: la protection de l'homme contre la nature et la réglementation des relations des hommes entre eux»[3]. Le premier trait de celle-ci est tout à fait merveilleux: on n'a qu'à constater les inventions techniques de toutes sortes qui rendent notre vie quoti-dienne plus facile et qui décuple nos pouvoirs de perception et d'action. Et pourtant l'homme d'aujourd'hui ne se sent pas heureux!

On peut trouver la source de cet état malheureux dans la façon dont la civilisation règle les rapports des hommes entre eux. L'organisation des rapports interpersonnels a été rendue nécessaire pour éliminer la loi individuelle du plus fort, lequel serait tenté d'organiser le groupe dans le sens de son propre intérêt et de ses pulsions instinctives (sa volonté de puissance). Ainsi la communauté prend une force supérieure à tout individu puissant et limite sa force brutale à l'intérieur de certaines règles. Ainsi alors que l'individu isolé ne rencontre aucune limite à ses instincts, les individus membres d'une communauté doivent limiter leurs possibilités de plaisir de façon à ce que l'ordre légal ne soit jamais violé au profit d'un seul. Donc la civilisation, c'est-à-dire l'ordre social, réduit la marge de la liberté individuelle de tous et chacun...

La tâche constante de la civilisation est «de trouver un équilibre approprié, donc de nature à assurer le bonheur de tous, entre les revendications de l'individu et les exigences culturelles de la collecti-vité»[4]. Et on doit dire que cet équilibre est à faire et à refaire constam-ment. Cette restriction des instincts vitaux provoque souvent la *sublimation* de ceux-ci chez beaucoup de personnes; «c'est elle qui permet aux activités psychiques élevées, scientifiques, artistiques ou idéologiques, de jouer un rôle si important dans la vie des être civilisés»[5].

---

3. Sigmund Freud, *Malaise dans la civilisation*, p. 37.

4. *Ibidem*, p. 45.

5. *Ibidem*, p. 47.

Mais elle provoque aussi simplement leur répression ou leur refoulement. C'est ce qui explique l'hostilité ou le ressentiment plus ou moins manifeste des individus à l'égard de la civilisation...

La civilisation restreint les pulsions sexuelles et agressives (c'est-à-dire l'instinct de mort). Pour les premières, on défend la sexualité infantile, homosexuelle, extra-génitale et, dans l'amour hétérosexuel et génital, on le limite à la monogamie et au mariage. Quant à nos pulsions agressives, nous devons continuellement les refouler car la civilisation, par le biais des grands hommes religieux ou philosophes, nous enjoint «d'aimer notre prochain comme nous-mêmes».

Le problème avec cette dernière tendance, c'est que lorsqu'on la refoule vers l'intérieur, elle risque de se tourner contre la personne elle-même. Lorsque l'agressivité est «introjectée» ou intériorisée, elle est reprise par le moi et devient le surmoi, c'est-à-dire «la conscience morale» qui sera le juge du moi. La tension entre les deux engendrera «le sentiment conscient de culpabilité», lequel se manifestera sous forme de «besoin de punition». Ainsi «la civilisation domine donc la dangereuse ardeur agressive de l'individu en affaiblissant celui-ci, en le désarmant, et en le faisant surveiller par l'entremise d'une instance en lui-même», à savoir le surmoi[6].

Le paradoxe est le suivant: plus on restreint sa tendance agressive en la refoulant, plus on augmente l'énergie psychique du surmoi, lequel va dans la même mesure augmenter sa sévérité et son intolérance envers le moi et augmenter subséquemment le sentiment de culpabilité (qui en est la conséquence). Le paradoxe vient du fait que plus on se restreint plus on se rend malheureux alors qu'on cherche au contraire à être mieux accepté par notre milieu ambiant, par l'autorité[7]. Dans cette situation, on se sentira aussi coupable d'avoir une *intention* agressive, même si celle-ci n'est pas mise à exécution.

> Comme la civilisation obéit à une poussée érotique interne visant à unir les hommes en une masse maintenue par des liens serrés, elle ne peut y parvenir que par un seul moyen, en renforçant toujours davantage le sentiment de culpabilité[8].

En résumé, le programme de la civilisation et celui des individus sont *contraires* l'un à l'autre. La tendance de chacun est la poursuite égoïste du bonheur dans la satisfaction de ses pulsions vitales «alors que la tendance civilisatrice se contente d'un rôle restrictif»[9]. Au profit de

---

6. *Ibidem*, p. 80.

7. *Ibidem*, p. 86.

8. *Ibidem*, p. 91.

9. *Ibidem*, p. 101.

l'ensemble. De là, ce sont deux processus antagonistes qui s'affrontent continuellement et sont toujours en équilibre instable.

Ainsi, la civilisation forme un «surmoi de la communauté civilisé»[10] que les hommes religieux expriment dans la morale religieuse et les sages dans l'éthique. Ce surmoi collectif forme depuis le début le surmoi des individus de chaque génération. Or le problème constant est que tout surmoi, par la sévérité de ses ordres et interdictions, ne se soucie pas suffisamment du bonheur du moi, de ses réticences ou de sa faiblesse relative par rapport au monde extérieur. De là le malaise profond que toute personne lucide ressent de sa situation au sein de la civilisation, malaise qui peut tourner à la névrose obsessionnelle lorsque le pouvoir du surmoi sur le moi dépasse certaines limites acceptables.

> Le commandement: «Aime ton prochain comme toi-même» est à la fois la mesure de défense la plus forte contre l'agressivité et l'exemple le meilleur des procédés antipsychologiques du surmoi collectif. Ce commandement est inapplicable, une inflation aussi grandiose de l'amour ne peut qu'abaisser sa valeur, mais non écarter le péril[11].

Le sens de la religion

Freud a consacré plusieurs ouvrages à son effort pour élucider le rôle social de la religion et sa valeur dans le cadre de la vie sociale. Il est intéressant de noter que Freud ne s'en est jamais pris à l'existence de Dieu puisqu'il était déjà athée tout jeune suite à son éducation parentale. Il s'en est pris surtout à la religion, qu'il considère comme une *névrose obsessionnelle collective.* Freud considère que toute religion est une expression du «complexe paternel», lequel est aussi à la source de la névrose obsessionnelle.

Dans son livre *Totem et Tabou*, Freud propose l'hypothèse de l'origine de ce complexe dans le fait suivant. Dans le clan primitif préhistorique, le «père» régnait sur ses fils auxquels il inspirait une dure discipline; de plus il s'arrogeait exclusivement l'usage des femmes, la richesse du groupe; en un mot, il détenait toute la puissance. Ses fils, jaloux de sa puissance et frustrés dans leurs exigences sexuelles, le tuèrent pour s'arroger ces avantages même si par ailleurs ils l'aimaient et l'admiraient. Fait à noter dans cette situation primitive hypothétique: lorsqu'ils s'unirent sexuellement aux femmes du père, ils commirent *l'inceste* puisque celles-ci étaient soit leur mère soit leurs sœurs.

---

10. *Ibidem*, p. 103.

11. *Ibidem*, p. 104-105.

Lorsqu'ils l'eurent supprimé, ils éprouvèrent un sentiment de culpabilité immense et, s'étant identifiés à lui en adoptant sa situation, se livrèrent à des manifestations intenses de tendresse. On créa alors le *totem* qui était la présence divinisée du père et qui, selon un mode plus subtil (c'est-à-dire spirituel), recouvrait la puissance illimitée qu'on lui avait volée.

En même temps, rongés par la culpabilité, ils vont multiplier les interdits ou tabous (défense de tuer, défense de l'inceste, défense du vol, etc., fautes commises par eux), les actes rituels ou cérémonies religieuses, lesquels visaient à revivre le crime originel et à lui offrir des marques démesurées d'affection, soit l'adoration afin d'attirer la bienveillance du père tout-puissant et d'éviter la réapparition des sentiments hostiles envers lui.

C'est donc sur ce souvenir inconscient que vont s'édifier toutes les sociétés humaines. Ainsi, pour Freud, «la civilisation et la religion, tout comme la névrose, sont des manifestations déguisées d'un événement traumatisant du passé»[12].

Dans les religions actuelles, on nourrit encore les hommes d'espérance en leur disant «qu'il y a quelque part un père (divin), à la fois menaçant et protecteur, mais dont le rôle protecteur est mis au premier plan comme étant plus conforme au désir manifeste. Ce père, sage, juste, bon, comble son enfant, lui donne la sécurité, exalte sa vie au-delà de la mort et le récompense pour le bien qu'il fait»[13]. Ce qui fait que Dieu est une *illusion* vient du fait qu'il ne correspond pas à une réalité mais à un *désir de sécurité* issu de l'enfance. En ce sens, les idées religieuses ont leur utilité, correspondent à un besoin: «la nécessité de se défendre contre l'écrasante suprématie de la nature»[14].

En fait, la détresse adulte prolonge la détresse et le sentiment de vulnérabilité (fragilité) de l'enfant. «Et quand l'enfant, en grandissant, voit qu'il est destiné à rester à jamais un enfant, qu'il ne pourra jamais se passer de protection contre les puissances souveraines de la nature, alors il prête à celles-ci les traits de la figure paternelle, il se crée des dieux dont il a peur, qu'il cherche à se rendre propices et auxquels il attribue cependant la tâche de le protéger[15].» Voilà ce qui engendre la religion.

---

12. Pierre Pelletier, «Freud, le juif infidèle», *Critère*, p. 197.

13. *Ibidem*, p. 198.

14. Sigmund Freud, *L'Avenir d'une illusion*, p. 29.

15. *Ibidem*, p. 33.

Freud croit qu'il serait avantageux d'en arriver un jour à avouer à tous l'origine purement humaine des institutions, des règles et interdictions culturelles. Les hommes arriveraient à comprendre que celles-ci ont été créées non pour les brimer mais pour faciliter l'harmonie entre les hommes; que ces règles, n'étant pas sacrées, ne sont pas rigides et inchangeables. Cette situation serait un progrès important dans la réconciliation des individus à l'égard des pressions de la civilisation, pense Freud.

Ainsi, de même que l'enfant passe à travers des névroses obsessionnelles durant sa tendre enfance (par exemple le complexe d'Œdipe), ainsi l'humanité primitive, ne pouvant renoncer à ses instincts vitaux, a créé la religion qui est «la névrose obsessionnelle universelle de l'humanité»[16]. Or les névroses obsessionnelles de l'enfant disparaissent d'elles-mêmes lorsqu'il grandit; on peut donc prévoir que l'abandon de la religion sera une étape future de la croissance culturelle de l'humanité. Ce n'est qu'à cette condition que l'humanité dépassera l'état culturel infantile où elle se trouve actuellement. Pour cette fin, il faudra instituer une éducation non religieuse, une «éducation en vue de la réalité»[17].

BIBLIOGRAPHIE

FREUD, Sigmund. *Essais de psychanalyse*, Paris, Éditions Payot, 1966, 280 p. (Petite Bibliothèque Payot, n° 44)

FREUD, Sigmund. *Introduction à la psychanalyse*, Paris, Éditions Payot, 1966, 426 p. (Petite Bibliothèque Payot, n° 6)

FREUD, Sigmund. *Totem et Tabou*, Paris, Éditions Payot, 1975, 186 p. (Petite Bibliothèque Payot)

FREUD, Sigmund. *Malaise dans la civilisation*, Paris, P.U.F., 1976, 110 p. (Bibliothèque de psychanalyse)

FREUD, Sigmund. *L'Avenir d'une illusion*, Paris, P.U.F., 1976, 80 p. (Bibliothèque de psychanalyse)

HALL, C.S. *A Primer of Freudian Psychology*, New York, Mentor Books, M 271, 1954, 126 p.

PELLETIER, Pierre. «Freud, le juif infidèle», *Critère*, Montréal, Collège Ahuntsic, n° 30, 1981, p. 195 à 211.

PESCH, E. *La psychologie affective*, Paris, Bordas, 1947, 476 p.

---

16. *Ibidem*, p. 61.

17. *Ibidem*, p. 70.

AUTO-ÉVALUATION

de la compréhension du texte

Vous pouvez évaluer la qualité de votre compréhension objective du texte selon que vous êtes capables de comprendre sans hésitation la *signification* et la *fonction logique* de chaque terme au sein du texte.

Cochez tout terme qui ne vous paraît pas clair:

- structures
- processus
- le *ID* (ça)
- l'*EGO* (moi)
- le *SUPEREGO*
- principe de plaisir
- oubli
- refoulement
- préconscient
- inconscient dynamique
- principe de réalité
- l'*EGO-idéal*
- processus de socialisation
- conscience morale
- libido
- zone érogène
- phase orale

- phase anale
- phase phallique
- complexe d'Œdipe
- anxiété de la castration
- phase génitale
- mécanisme de censure
- équilibre psychique
- anormalité psychique
- tabou
- frigidité
- nymphomanie
- hystérie
- civilisation
- sublimation
- culpabilité
- névrose obsessionnelle
- sens de la religion

Identifiez la cause:

Si votre performance est moyenne ou faible, il vous faut déterminer quelle en est la cause:

- lecture trop superficielle? (le relire)
- lecture attentive non assimilée? (faire l'analyse)
- lecture et analyse faites mais les liens logiques demeurent difficiles à préciser? (faire un schéma d'ensemble à partir de l'analyse)

QUATRIÈME TEXTE

La conception sartrienne de l'être humain

«*Être en fonction de sa liberté*»

L'homme, tel que le conçoit l'existentialisme, s'il n'est pas définissable, c'est qu'il n'est d'abord rien. Il ne sera qu'ensuite, et il sera tel qu'il se sera fait.

Jean-Paul Sᴀʀᴛʀᴇ

INSTRUMENT DE TRAVAIL

Les objectifs des activités suivantes consistent à atteindre une compréhension approfondie de cette conception de même que la perception de ses limites en regard des autres conceptions déjà analysées; en deuxième lieu, vous préparer intellectuellement aux divers examens qui sont prévus dans le calendrier du cours.

Il s'agit de faire ici les mêmes opérations que sur les textes précédents, à savoir:

- analyse conceptuelle du texte;
- résumé conceptuel de celui-ci.

Une fois que vous aurez acquis, par ces opérations mentales, une bonne compréhension de cette conception, vous pourrez alors réaliser les activités suivantes:

- une analyse comparative de la présente conception avec chacune des conceptions de l'être humain qui la précèdent (conceptions marxiste et freudienne);
- identifier les problèmes (problématisation) qui se posent entre elles.

La façon de faire toutes ces opérations intellectuelles vous a été expliquée dans l'instrument de travail des textes précédents; n'hésitez pas à les consulter au besoin.

Toutefois, si certaines difficultés persistent toujours à comprendre l'élaboration de votre résumé conceptuel et de votre ou de vos problématisations, *veuillez rencontrer votre professeur*.

TEXTE

La conception sartrienne de l'être humain

Avant d'aborder cette conception, il nous semble important de la situer dans le contexte de sa tradition de pensée, celle de l'*homo sapiens*, expression qui signifie «homme pensant», expression qui est le noyau de la tradition rationaliste.

Origine de la tradition de l'homo sapiens

Cette tradition remonte à la pensée grecque. C'est même, comme le dit Max Scheler[18], «*une invention des Grecs*» faite d'abord par Anaxagore, Platon et Aristote aux Ve et IVe siècles avant Jésus-Christ.

Aristote a été, à l'origine, celui qui a le plus précisément développé la conception rationaliste de l'homme. C'est à lui que nous devons la célèbre définition: «l'homme est un animal raisonnable».

Celui-ci, pour expliquer l'existence des êtres vivants (autant les végétaux, les animaux que les humains), recourt à deux principes: la matière et la forme. La «matière», principe inerte, passif et inorganique, est «organisée» par la «forme» qui est un principe actif, énergétique et intelligent, lequel donne la vie à celle-ci.

Lorsqu'on observe les êtres concrets, on remarque que ces deux principes sont entièrement fusionnés: le «corps vivant» représente la «matière» en tant qu'elle est organisée par la «forme» ou le principe énergétique. Aristote appela «âme» la «forme» particulière de chaque corps vivant. Ainsi, le principe énergétique (la forme) qui est, à l'état pur, illimité, infini se fait limiter et multiplier à divers degrés par la «matière», c'est-à-dire par la variété des corps végétaux, animaux et humains. C'est par ces limitations variées que les «âmes» seront capables d'un nombre plus ou moins grand d'activités dans les différents genres d'êtres matériels qui existent sur cette terre.

Ainsi les végétaux ont un corps qui limite tellement «l'âme» (le principe énergétique) que celle-ci est capable d'opérer quelques activités physiques et vitales simples telles la croissance biologique, la nutrition et la reproduction. Les animaux, possédant un corps plus complexe et moins limitatif, sont capables de ces mêmes activités de façon plus polyvalente et jouissent d'un certain nombre d'activités psychiques de premier niveau telles que les sensations, les capacités d'action et les émotions. Chez l'être humain, le corps est ainsi fait qu'il permet l'existence d'une âme immatérielle capable de toutes les activités précédentes de façon plus complexe et qui peut en plus produire les

---

18. Max Scheler, *op. cit.*, p. 28.

activités psychiques de deuxième niveau telles que la pensée conceptuelle et raisonnante, la conscience de soi, la prévision à long terme, la volonté libre, les sentiments, la création des valeurs, les créations techniques et artistiques. Toutes ces activités psychiques étaient regroupées par Aristote sous le terme *raison*. De là la définition spécifique à l'espèce humaine: *animal raisonnable.*

Selon lui, tous les individus de chaque espèce incarnent une «structure d'être pourvue d'un certain nombre d'activités»; celle-ci est *la même* pour tous les individus de l'espèce et sa nature ou configuration demeure *stable* pour toute la durée de l'espèce… (Aristote n'avait pas découvert l'évolution biologique). Platon et Aristote, les premiers, considéraient que toutes les espèces sont donc des «moules» ou «recettes» précises (c'est-à-dire des essences) conçues par une Intelligence Première qui s'en inspire pour créer, génération après génération, les nouveaux individus de chaque espèce.

Ces penseurs ont été à l'origine d'une longue lignée de penseurs qui ont défini les êtres selon ces lignes directrices: on compte dans ceux-ci tous les penseurs néoplatoniciens et néo-aristotéliciens, les stoïciens, tous les philosophes-théologiens du Moyen Âge (saint Albert le Grand, Duns Scot, saint Thomas d'Aquin, etc.). Les rationalistes de l'époque moderne suivirent la même voie: Descartes, Malebranche, Leibniz, Spinoza. Ainsi de nombreux penseurs idéalistes tels Kant, Fichte, Shelling et Hegel, E. von Hartmann pour ne nommer que les plus importants.

Une deuxième tendance dans cette tradition

Celle-ci est une tendance rationaliste qui, tout en conservant la conception de l'homme telle que définie antérieurement, ne croit pas en l'existence d'un Dieu qui créerait l'être humain à son image, en tant qu'être rationnel. On assista à l'arrivée des libres penseurs de l'Encyclopédie, dont Voltaire, Diderot et Fontenelle, qui considéraient qu'il était impossible de prouver l'existence de Dieu de façon convaincante tant à partir des faits (de façon inductive) que par des raisonnements logiques (de façon déductive), donc qu'il ne fallait plus en tenir compte en philosophie.

À peu près au même moment, Emmanuel Kant arrive à la conclusion, à la fin d'une longue analyse des processus de la pensée (dans *La critique de la raison pure*) que les idées de «Dieu» «d'âme» et de «nature» sont des *idées vides de signification* parce que nos sens sont incapables d'acquérir des données sensorielles à partir desquelles on pourrait se former un contenu. Par contre, il nous conseillera de *croire* en Dieu même sans preuve; d'en faire un *acte de foi*; cette foi donnerait un sens à l'existence humaine.

Au XXᵉ siècle, sont apparus les penseurs «prométhéens», qui, dans la lignée des «libres penseurs» vont poursuivre la même démarche athée ou agnostique.

L'épithète «prométhéen» tire son origine d'une légende grecque où figure le héros Prométhée qui aurait désobéi aux dieux en apportant le feu aux hommes; c'est donc le héros de la *révolte* qui symbolise l'effort de l'homme pour conquérir son entière liberté en s'opposant violemment à toute autorité qui se voudrait supérieure à lui.

Les penseurs prométhéens iront plus loin en affirmant que le même fait de conserver la «foi en Dieu» dans le contexte philosophique est mauvais au plan pratique (ou moral). Il s'agit ici non d'un athéisme intellectuel mais d'un *athéisme moral* ou *méthodologique*. Cet athéisme moral s'explique dans le sens suivant: 5ᵉ concept

> Croire en Dieu crée une attitude de *dépendance* de l'homme envers Lui; cette attitude, à son tour, engendre une diminution du sens de la responsabilité de l'homme envers lui-même, diminution de son autonomie (liberté), du sens de ses devoirs d'homme. L'homme devient un pantin parce qu'il n'ose plus se prendre en charge lui-même. Voilà les inconvénients moraux de la foi. Par contre, l'attitude inverse peut rendre possible l'avènement du surhomme, c'est-à-dire l'apparition d'une humanité psychologiquement et matériellement supérieure à celle du présent[19].

Si l'on essaie maintenant de cerner les traits importants de cette tradition de l'*homo sapiens* concernant sa conception de l'homme malgré les divergences énoncées, nous aurons le portrait suivant:

Thèses principales de cette tradition

1. L'être humain possède en lui un processus psychique dont il est le seul à être conscient; ce processus a pratiquement toujours été nommé «raison», on le nomme souvent de nos jours «conscience réflexive». Ce processus est capable de connaissance et d'action de façon indéfinie. Ses multiples activités ont déjà été énoncées.

2. La tradition «orthodoxe» (c'est-à-dire fidèle aux fondateurs) a considéré que la «raison» est d'essence divine (créée par l'Intelligence Divine à son image) mais qu'elle existe de façon plus limitée; la tradition «prométhéenne» considère que ce niveau de conscience est simplement le fruit d'un hasard inexplicable.

3. Tous admettent par contre que ce niveau de conscience propre à l'être humain le place dans une catégorie *tout à fait distincte et supérieure* à tous les autres êtres biologiques. Il y a donc une

---

19. *Ibidem*, p. 76 à 84.

différence de nature entre l'homme et l'animal; ce qui signifie qu'ils sont dans des catégories d'«être» totalement différentes.

4. Cette distinction totale vient du fait qu'en possédant à lui seul la raison ou conscience réflexive, il est le seul à prendre conscience de soi comme individu distinct et il est aussi le seul à pouvoir dépasser le «ici-et-maintenant» de l'animal au plan conceptuel et au plan de la prévision de ses actes.

5. Tous admettent qu'on ne peut pas expliquer l'existence et l'activité rationnelle par le physique et le physiologique puisqu'il s'agit d'une activité dont les propriétés dépassent celles de la matière; la matière se situe toujours dans le présent, l'individuel et la situation immédiate alors que la pensée rationnelle dépasse amplement ces limites au plan psychologique; comme exemple, pensons aux propriétés du concept analysé dans le premier texte.

6. L'être humain est conséquemment le seul à pouvoir réaliser ses concepts et idées dans le monde de façon scientifico-technique, de façon esthétique (ou artistique), de façon culturelle et morale.

Maintenant que nous avons couvert ces généralités, nous allons vous exposer un modèle de conception rationaliste tirée de «l'aile prométhéenne» de cette tradition: à savoir la conception de l'homme de Jean-Paul Sartre. Pourquoi celle-ci? C'est parce qu'elle représente un exemple très actuel et très important de cette tradition et qu'elle se démarque très clairement des autres conceptions présentées dans ce *Guide*.

La conception sartrienne de l'être humain

Jean-Paul Sartre vécut en France de 1905 à 1980. Il fut acclamé comme le champion de l'existentialisme athée non seulement en France mais à travers le monde. Le rayonnement de sa pensée a été particulièrement intense de 1945 à 1970. Son athéisme est vraiment prométhéen dans le sens décrit précédemment.

L'approche que Sartre a choisie pour observer et décrire la condition humaine n'est pas théorique et conceptuelle comme nombre de ses prédécesseurs; en d'autres mots, il n'a pas essayé de définir avec des concepts universels la réalité humaine de tous (comme Aristote et sa définition d'animal rationnel) mais selon une approche existentielle ou psychologique vécue (phénoménologique). En d'autres mots, il a tenté de décrire, à partir de son expérience de vie comme humain, tous les aspects de l'existence humaine qu'on retrouve chez tous les humains. Ainsi sa conception de l'être humain est surtout une description de la *condition* humaine vécue de tout être humain lorsque celui-ci la vit sans la déformer par la fuite ou la mauvaise foi (c'est-à-dire par mensonge à lui-même).

Or «décrire la condition humaine de façon vécue» signifie la décrire comme un «ensemble d'expériences conscientes», c'est-à-dire *de façon psychologique* et non comme un «objet d'observations» à distance de soi.

Dans cette ligne de pensée, la tentative de Sartre a été de décrire les caractéristiques communes et universelles de l'être humain approché comme être conscient.

être humain ⟶ être conscient.

L'être humain: une subjectivité *1ᵉ concept.*

Donc contrairement aux conceptions précédentes qui définissent l'être humain de façon *objective*, Sartre va définir l'être humain de façon *subjective*, c'est-à-dire comme un *sujet* (*Je* ou *EGO*) existant, dont l'existence est d'être conscient de soi-même comme conscience (sa vie intérieure formée de ses *états* de conscience, de ses *actes* conscients et de ses qualités conscientes, de soi-même comme corps-vécu ou conscient, de soi-même comme engagé dramatiquement dans diverses situations concrètes dans le monde, c'est-à-dire par rapport à d'autres personnes, des choses, des groupes sociaux, etc.

Dans l'ouvrage *La transcendance de l'ego*, Sartre nous dessine les structures conscientes de la personnalité humaine de la façon suivante…

On trouvera à la page suivante un *schéma* qui représente les différents niveaux de conscience de l'être humain. Ce schéma met en évidence le fait que l'être humain est un être ou subjectivité *réflexive* (ou rationnelle), qu'il est un «psychisme» en plus d'être une «conscience» alors que les autres êtres vivants ne se situent tout au plus qu'à un niveau quelconque de «conscience»…

Voilà de façon très concise la structure de l'être humain perçu comme un être conscient du monde et de soi, en tant que subjectivité. Il faut ajouter que cette structure est en continuel mouvement:

• *niveau immédiat*: la conscience réfléchie reçoit continuellement de nouvelles impressions du monde extérieur ou du corps, lesquelles modifient son expérience immédiate;

• *niveau plus profond*: la conscience réflexive fait continuellement la navette entre la conscience réfléchie et le *Je* réflexif.

C'est cette «oscillation» continuelle qui fait dire à Sartre que la conscience ou la subjectivité est dynamique; le *Je* lui-même participe à ce dynamisme: il est *spontanéité pure*, il est le foyer instable d'unité des états, des actions et qualités psychologiques de la subjectivité.

| *Je* + | conscience réflexive | → | conscience réfléchie | → | conscience irréfléchie | → | réalité extérieure |

[conscience perceptive]
ex.: conscience attirée et fascinée par un beau paysage

[conscience réfléchie (passive)]
ex.: on se rend compte qu'on est en train d'observer un beau paysage

[conscience réflexive (active)]
ex.: *Je* constate que ce paysage que je suis en train d'admirer est le plus beau si je le compare avec mes autres souvenirs du même genre, etc.

Lorsque l'état de conscience atteint le *Je* réflexif (ou conscience réflexive), celui-ci peut faire certaines activités avec celui-ci: prendre conscience que je le trouve très beau, décider de le regarder encore ou non, de le photographier, l'aimer ou le détester, etc.	On devient conscient qu'on est en train de vivre une expérience perceptive précise. Ce niveau est l'aspect psychologique du moi concret.	Cette conscience perceptive est corporelle. À ce niveau, mon corps est vécu comme désir, souffrance ou jouissance physique, percevant lui-même ou d'autres êtres, etc. Ce niveau immédiat en interaction avec le monde, c'est l'aspect physique du moi concret.

C'est le *Je* transcendantal

(C'est-à-dire qui dépasse tous les états ou actes de conscience.)

C'est le moi psycho-physique

C'est le niveau de surface de mon être en continuelle interaction avec le monde par l'entremise de mon corps vécu (organes de perception et d'action) qu'on ressent plus ou moins sensible, sain, robuste au moment où on perçoit.

Ce *Je*, tout en étant très conscient, ne comporte pas de propriété concrète: c'est comme un point de conscience pur qui semble permanent même si on ne le voit pas toujours à ce niveau.

Conscience

Psychisme

un sujet "je" dont l'existence est d'être conscient de soi-même comme conscience.

Dans *L'Être et le Néant*, Sartre développe son analyse psychologique de l'être humain qu'il oppose à tous les autres êtres puisque ceux-ci n'ont pas de conscience réflexive ni de *Je*. Il développe ainsi une «science de l'être» (c'est-à-dire ontologie) à sa façon, c'est-à-dire à partir des apparences objectives et subjectives que ces deux catégories d'êtres présentent. Il en arrive à développer la double équation suivante):

trou d'être

| Tout être humain | = être conscient de façon réflexive | = existe *pour soi* | = Néant (être immatériel) |
| Les autres êtres | = êtres sans conscience ou conscients de façon irréfléchie | = existent *en soi* | = Être (êtres matériels) |

conscience de soi

Seul l'homme *existe pour soi*, c'est-à-dire «pour lui-même» et cela du fait de son activité *réflexive*; il est le seul être à pouvoir réfléchir. L'être matériel (minéral), prototype le plus achevé du mode d'exister en soi, est présent bêtement, sans raison, dans toute la densité de sa matérialité inerte *sans* pouvoir être présent à lui-même.

Le mode d'être pour soi se caractérise par le fait de son instabilité constante, par la non-coïncidence avec soi, comme une sorte de décompression d'être, «trou d'être», manque ontologique, *néant d'être*. Par contre, «l'en-soi est plein de lui-même et l'on ne saurait imaginer plénitude plus totale, adéquation plus parfaite du contenu au contenant: il n'y a pas le moindre vide dans l'être, la moindre fissure par où pourrait glisser le néant»[20]. Son identité (en lui-même) est totale et synthétique; c'est le «plein d'être», l'*être*.

On peut résumer les remarques précédentes sur le *pour-soi*, mode qui désigne bien la *condition humaine* par la réflexion suivante de Sartre:

> L'être de la conscience c'est d'exister à distance de soi en tant que présence à soi, séparé de soi par le Néant, c'est-à-dire par rien[21].

La situation fondamentale de l'être humain

Comme Sartre est prométhéen, il n'accepte pas qu'un artisan divin ait façonné une «structure d'être» (c'est-à-dire une essence) que chacun devrait progressivement réaliser durant sa vie; pour lui, au contraire, tout être humain *arrive à l'existence sans raison*, sans explication possible, par hasard.

---

20. Jean-Paul Sartre, *L'Être et le Néant*, p. 116.

21. *Ibidem*, p. 120.

2ᵉ concept

Au point de départ, l'homme *n'est rien... de précis*, c'est une «existence» ouverte à une infinité de possibilités, de choix et de valeurs à réaliser mais n'en est aucune à la naissance et durant l'enfance. Donc, l'homme doit *réaliser lui-même son essence*, «il n'est rien d'autre que ce qu'il se fait»[22]. C'est par ses choix qu'il deviendra «quelqu'un». C'est une situation qui fait dire à Sartre, dans *L'existentialisme est un humanisme*, que chez l'être humain «l'existence précède l'essence»[23].

C'est cette situation fondamentale qui crée le *tragique* de l'existence humaine. L'homme, en tant que manque d'être (néant), ressent continuellement au plus profond du *Je* la *nostalgie de la plénitude de l'être* (que seul l'en-soi possède); cette nostalgie explique pourquoi l'homme est radicalement un *être-en-projet*. Le *tragique* de cette situation vient du double fait que ce but ultime est à la fois *impossible à préciser et à atteindre*, ce qui est absurde. Le tragique dans cette situation constitue cet absurde.

«Impossible à préciser»... Il faut se rappeler que l'option prométhéenne de Sartre donne une vision du monde où l'homme apparaît *par hasard* et est voué à une extinction totale tôt ou tard (mort). Ce monde n'est pas régi par quelque magnifique plan directeur qui orienterait tous les êtres (incluant l'homme) vers un terme précis propre à chacun, plan qui serait l'œuvre d'un artisan divin. Il n'y a pas d'artisan divin pour un penseur prométhéen... De là, l'homme doit choisir son destin *seul sans aucun point de référence*; *seul*, parce que *tout* homme est privé de critères qui seraient à la fois permanents et valables pour tous (universels). Ceci génère une expérience de *solitude* et d'*angoisse* que seuls les «lâches» et les «salauds»[24] peuvent refouler par mauvaise foi (c'est-à-dire mensonge à soi). C'est d'ailleurs dans ce contexte qu'on peut comprendre que l'homme soit condamné à être *totalement libre* et *totalement responsable* de sa destinée individuelle et aussi de *tous les hommes* parce que tous nos actes en nous créant nous-mêmes, créent une image de l'homme, tel que nous pensons qu'il doit être[25].

Donc l'homme crée absolument les valeurs et est le seul à donner un sens à sa vie. Toute mention de déterminismes (inconscient, passions, hérédité, etc.) constitue une attitude de mauvaise foi voulant abolir les souffrances de la solitude et de l'angoisse existentielles.

5ᵉ concept

---

22. Jean-Paul Sartre, *L'existantialisme est un humanisme*, p. 22.

23. *Ibidem*, p. 12.

24. *Ibidem*, p. 28-29.

25. *Ibidem*, p. 25.

La deuxième cause de l'absurde vient du fait que le but ultime visé est *impossible à atteindre* de façon adéquate. La «plénitude d'existence» se situe dans l'en-soi comme nous l'avons vu; or l'en-soi *pur* est *l'être matériel* (substances physiques et chimiques). L'homme ne peut devenir un en-soi pur à moins de s'abolir en tant que subjectivité (c'est-à-dire cadavre…). L'absurde vient de ce qu'un «être-de-manque» devrait se détruire pour se *réaliser* (se compléter)…

Le «pour-autrui» 3ᵉ concept

L'expression «pour-autrui» est simplement la manière originale que prend Sartre pour désigner «l'intersubjectivité», c'est-à-dire les rapports psychologiques entre les personnes.

La condition humaine étant ce que nous venons de la décrire, l'homme est dans une situation *solipsiste*, c'est-à-dire dans une situation de *solitude* totale à l'égard des autres subjectivités. 3ᵉ concept

Le fondement de cette impossibilité de communion avec autrui vient du fait que je ne peux pas le connaître *comme subjectivité* (pour-soi) mais seulement comme *objet* (en-soi). Tout acte de connaissance (perception ou réflexion) *fige* pour le saisir le phénomène-à-connaître. Lorsqu'on réfléchit sur les activités d'une de nos journées, ce qui se produit c'est qu'on *arrête* le mouvement de sa conscience et on choisit un par un (ou groupe par groupe) les faits conscients (les souvenirs) qui constitueront la trame de cette journée, une fois qu'ils auront été classés chronologiquement par la réflexion un peu comme des «choses psychiques». Même à l'égard de soi, on *chosifie* sa propre intériorité; on fait donc de même à l'égard d'autrui. Or si l'on «chosifie» autrui, on se condamne à ne pas pouvoir le saisir comme subjectivité, ou spontanéité pure. Le «regard» nous permet de connaître autrui comme *corps*, donc comme «objet» parce que *vu* de l'extérieur et *non senti*. Si je tente de saisir autrui comme un «je pense» (c'est-à-dire cogito), je le saisis comme un cogito statique selon le modèle de mon cogito. Dans le sens inverse, la même chose se produit, il y a une différence constante entre mon *être-pour-soi* et mon *être-pour-autrui*; le seul aspect qui varie, c'est la marge de différence[26].

Pourtant, chaque subjectivité fait certaines expériences où elle peut dire *nous*. Ceci ne contredit pas les affirmations précédentes puisque lorsque nous disons: «nous résistons», «nous regardons tel spectacle», nous admettons l'existence d'une même relation entre plusieurs

---

26. Jean-Paul Sartre, *L'Être et le Néant*, p. 120.

subjectivités (incluant la mienne) et une action commune, une perception commune, etc. Ce qui se passe c'est que nous *reconnaissons* autrui, nous supposons qu'il existe une même relation entre lui et l'action qu'entre moi et la même action *sans savoir* vraiment si tel est le cas. Donc ici, nous ne connaissons pas autrui, nous supposons l'existence d'expériences ressenties par la subjectivité d'autrui de façon semblable à nos expériences.

L'humanité et son avenir: les mécanismes généraux

Jusqu'en 1958, on aurait pu penser que, selon Sartre, l'humanité aurait à créer son avenir simplement par le concours isolé des projets de chacun, projets absolument libres et impossibles à préciser de l'extérieur de façon commune. Or dans *Existentialisme et marxisme* qui deviendra, avec quelques modifications *Question de méthode*, Sartre écrit:

> [...] Je considère le marxisme comme l'indépassable philosophie de notre temps et parce que je tiens l'idéologie de l'existence et sa méthode «compréhensive» pour une enclave dans le marxisme lui-même qui l'engendre et la refuse tout à la fois[27].

L'humanité est inscrite dans un mouvement historique qui est essentiellement *un mouvement de totalisation dialectique* obéissant à la double exigence de la connaissance et de l'être. Ceci demande explication...

Dans le matérialisme historique de Marx adopté ici par Sartre, l'histoire est un mouvement évolutif progressif qui doit un jour aboutir à l'avènement d'une humanité *unifiée* dont les éléments primordiaux (à savoir les hommes) seront dans un contexte objectif (c'est-à-dire société communiste) capables de favoriser un mode de vie inspiré par les valeurs de l'*égalité* des chances, la *liberté* et la *fraternité* humaines. «Mouvement de totalisation» doit donc s'entendre dans cette optique de *l'unité humaine.*

Or ce mouvement de totalisation se déroule *de façon dialectique.* Au plan concret, cela signifie que le mouvement historique se fait sous forme de *luttes*, de tensions entre forces *antagonistes*, luttes qui sont génératrices à long terme de progrès pour l'humanité. Pour les marxistes, *évolution* historique est synonyme de *progrès* historique. Ces antagonismes se situent à tous les plans: l'effort transformateur de l'homme affrontant les résistances de la nature, lutte entre classes sociales pour le pouvoir, lutte des idéologies...

L'homme, nous l'avons vu, se fait «une essence» dans le temps par ses *choix* quotidiens. L'humanité se fait une essence progressivement

---

27. Jean-Paul Sartre, *Critique de la raison dialectique*, p. 9-10.

par l'harmonisation douloureuse et toujours renouvelée des tensions intestines qui la travaillent. Ces tensions se situent concrètement dans la *lutte des classes* (classe dominante contre classe montante), luttes qui se déroulent *en général* dans une société donnée non de façon guerrière (c'est-à-dire guerre civile) ou révolutionnaire *mais de façon idéologique.*

Donc, dans la plupart des cas, les classes entrent en lutte au plan idéologique de façon soit *à justifier* leurs positions, leurs privilèges, leur structure de pouvoir (pour la classe dominante) soit à *critiquer et dénoncer* ces positions, etc., à la lumière de principes idéologiques différents ou antagonistes (pour la classe montante). Selon Sartre, cette lutte se fait fondamentalement par les *philosophies* dans une lutte pour influencer et monopoliser les classes tierces qui n'entrent pas à ce moment dans la lutte en cours:

> [...] le philosophe opère l'unification de toutes les connaissances en se réglant sur certains schèmes directeurs qui traduisent les attitudes et les techniques de la classe montante devant son époque et devant le monde[28].

Il y a donc une lutte des idéologies, solidaire de la lutte des classes et cela jusqu'à la totalisation finale...

Vers quoi doit s'orienter l'humanité  4ᵉ concept

Les divers combats que Sartre a menés tant en France qu'à l'étranger soit en intervenant pour défendre certains citoyens indûment molestés par l'État, soit lors de tournées de conférences où il exposait ses idées sur les problèmes locaux et/ou internationaux ou dans ses écrits (*Situations. Rapport du Tribunal Russell, Revue Les Temps Modernes*) nous ont permis de dessiner un portrait de ses aspirations pour l'humanité. Nous nous sommes inspirés de l'imposante biographie de Sartre écrite par Anne Cohen-Solal[29].

Sartre est vraiment un intellectuel de gauche qui a toujours détesté les bourgeois, à savoir leur arrogance basée sur la richesse, leur égoïsme, leur indifférence en regard des inégalités et injustices sociales. Pour lui, le bourgeois est le cas type du «salaud». Il s'est résolument toujours placé au service des humbles, des petits, des opprimés, que ceux-ci soient des citoyens des classes ouvrières ou des pays colonisés. On peut donc ici le situer comme un intellectuel des classes montantes.

Au niveau des pays et des nations, il a critiqué fortement la formation, après la dernière Grande Guerre, des deux «blocs politiques»:

---

28. *Ibidem*, p. 15.

29. Anne Cohen-Solal, *Sartre, 1905-1980*, 721 p.

le bloc soviétique et le bloc américain, ce qui forçait les pays européens à s'engager pour l'un ou l'autre, créant ainsi une situation d'affrontement accru. Cette situation rendant plus lointaine et incertaine la possibilité d'une humanité unifiée.

Il a très tôt acquis une aversion à l'égard des États-Unis comme puissance économique et politique. Il lui reprochait d'être le lieu privilégié du capitalisme, donc d'être un paradis pour les bourgeois (aspect économique); au plan politique, il lui reprochait sa domination économique et son impérialisme économique tant à l'égard des pays asiatiques qu'à ceux du Tiers-Monde. Il a dénoncé notamment son programme d'aide financière et l'installation de bases militaires un peu partout dans le monde. Il ne s'est pas gêné pour critiquer et dénoncer les atrocités de la présence dominatrice des États-unis au Viêt-nam en tant que coprésident du Tribunal Russell.

Il a flirté pendant quelques années avec le régime communiste soviétique qu'il défendit envers et contre tous; on l'accusa alors d'être un ultra-bolcheviste. Sans aucun doute qu'il voyait là la réalisation la meilleure de ses idéaux socialistes, de l'émancipation des classes opprimées. Il changea complètement d'idée lorsqu'il apprit l'existence des «camps de travail» où l'on déportait tous les opposants du régime de même que les limites imposées à la liberté d'expression de la presse écrite et parlée.

4e concept Sartre va donc dorénavant se mettre au service, en dehors des grandes idéologies en place, d'un *idéal socialiste universel* où il n'y aurait plus désormais d'impérialisme de grandes puissances; celui-ci comporterait l'élimination des différences économiques entre les pays riches et les pays pauvres, où partout les classes opprimées (ouvriers, fermiers, étudiants, femmes, minorités ethniques et culturelles) prendraient le pouvoir des mains des bourgeois, des nantis (les riches) et inventeraient une nouvelle culture, de nouvelles valeurs, une nouvelle humanité libre. C'est cet idéal qui nous permet de comprendre ses luttes au côté des étudiants révolutionnaires de mai 68 et son appui à divers groupes maoïstes durant les années suivantes.

BIBLI◉GRAPHIE

COHEN-SOLAL, Anne. *Sartre, 1905-1980*, Paris, Gallimard, 1985, 721 p.

SARTRE, Jean-Paul. *La transcendance de l'Ego*, Paris, Vrin, 1966, 134 p.

SARTRE, Jean-Paul. *L'Être et le Néant*, Paris, Gallimard, 1957, 722 p.

SARTRE, Jean-Paul. *L'existentialisme est un humanisme*, Paris, Nagel, 1964, 141 p. (Pensées)

SARTRE, Jean-Paul. *Critique de la raison dialectique*, tome 1(précédé de *Question de méthode*), Paris, Gallimard, 1960, 755 p.

SCHELER, Max. *L'homme et l'histoire*, Paris, Aubier/Montaigne, 1955, 185 p.

AUTO-ÉVALUATION
de la compréhension du texte

Vous pouvez évaluer la qualité de votre compréhension objective du texte selon que vous êtes capables de comprendre sans hésitation la *signification* et la *fonction logique* de chaque terme au sein du texte.

Cochez tout terme qui ne vous paraît pas clair:

❑ *homo sapiens*
❑ matière
❑ forme
❑ essence
❑ raison
❑ prométhéen
❑ subjectivité
❑ conscience réflexive
❑ conscience réfléchie
❑ conscience irréfléchie
❑ moi psycho-physique
❑ le *Je* réflexif
❑ psychisme
❑ la conscience

❑ l'être
❑ le néant
❑ le pour-soi
❑ l'en-soi
❑ être-en-projet
❑ le tragique de l'existence
❑ l'angoisse existentielle
❑ le pour-autrui
❑ le solipsisme
❑ mouvement de totalisation dialectique

Identifiez la cause:

Si votre performance est moyenne ou faible, il vous faut déterminer quelle en est la cause:

• lecture trop superficielle? (le relire)
• lecture attentive non assimilée? (faire l'analyse)
• lecture et analyse faites mais les liens logiques demeurent difficiles à préciser? (faire un schéma d'ensemble à partir de l'analyse)

CINQUIÈME TEXTE

La conception personnaliste de l'être humain

*«Être avec autrui
en fonction de sa spiritualité»*

*L'être humain est une énergie
incommensurable qui manifeste par degrés
ses possibilités illimitées.*
Richard Bach, Jonathan le Goéland

INSTRUMENT DE TRAVAIL

Les objectifs de ces activités consistent à atteindre une compréhension approfondie de cette conception de même que la perception de ses limites en regard des autres conceptions déjà analysées; en deuxième lieu, vous préparer intellectuellement aux divers examens qui sont prévus dans le calendrier du cours.

Il s'agit de faire ici les mêmes opérations que sur les textes précédents, à savoir:

- analyse conceptuelle du texte;
- résumé conceptuel de celui-ci.

Une fois que vous aurez acquis, par ces opérations mentales, une bonne compréhension de cette conception, vous pourrez alors réaliser les activités suivantes:

- une analyse comparative de la présente conception avec chacune des conceptions de l'être humain qui la précèdent;
- identifier les problèmes (c'est-à-dire la *problématisation*) qui se posent entre elles.

La façon de faire toutes ces opérations intellectuelles vous a été expliquée dans l'instrument de travail des textes précédents; n'hésitez pas à les consulter au besoin.

Mais si certaines difficultés persistent toujours dans l'élaboration de votre résumé conceptuel et de votre ou de vos *problématisations, veuillez rencontrer votre professeur.*

CINQUIÈME
TEXTE

La conception personnaliste de l'être humain
(Existentialisme chrétien et personnalisme)

L'origine de cette tradition pour l'Occident remonte aux textes bibliques mais elle n'a vraiment pris une forme articulée qu'avec les grandes synthèses des philosophes-théologiens du Moyen Âge, notamment celle de saint Thomas d'Aquin qui a bénéficié d'une attention particulière dans l'aire culturelle occidentale. Celui-ci a utilisé à fond la conception de l'homme d'Aristote mais de façon à placer celle-ci dans le contexte global du judéo-christianisme.

On sait que la pensée judéo-chrétienne considère que le monde a été créé par un Être tout-puissant, un Être qui est parfait en tout; on nous dit que l'homme est une création spéciale de Dieu, «fait à son image et à sa ressemblance». On nous apprend que le monde est créé selon un *plan divin* qui est inscrit dans les fibres de tous les êtres et qu'on nomme les *lois naturelles*. Dans un tel contexte, la définition aristotélicienne est tout à fait de bon ton. La description de l'âme humaine comme immortelle, immatérielle et libre sera tout à fait pertinente à ce cadre métaphysique judéo-chrétien.

La modification importante consistera à transformer le *caractère rationnel* de l'être humain de façon à le considérer dorénavant comme *un être spirituel*. La raison de cette transformation peut s'expliquer à peu près comme ceci: il s'agit d'une transformation du caractère «immatériel» de l'âme humaine. Dorénavant, «l'esprit, au sens composite du spiritualisme moderne, désigne à la fois la pensée, l'âme et le souffle de vie, qui fusionnent dans l'existence avec le corps»[30].

Pour Aristote, *l'immatérialité* de l'âme est une façon *négative* de parler d'une sorte d'énergie naturelle (ou vitale) qui est *autre* que l'activité matérielle, qui est supérieure à elle dans l'ordre des forces de la nature. Pour les théoriciens chrétiens, l'immatérialité devient «spiritualité» principalement parce que l'âme humaine est une création divine «qui lui ressemble»… Or comme Dieu est, en tant qu'être, une forme d'énergie *surnaturelle*, il fallait donc trouver un terme, à la fois pour Lui et l'homme, qui marque bien la distinction sans mesure qui sépare le divin (c'est-à-dire l'Esprit) et les formes d'énergie naturelle. De plus, seulement un être «spirituel» pourrait éventuellement jouir d'un destin divin (salut), à un plan d'existence supérieur au-delà de la vie présente.

---

30. E. Mounier, *Le personnalisme*, p. 20.

Le personnalisme est apparu en France vers 1930 avec les premières recherches de la revue *Esprit* et de quelques groupes voisins autour de la crise des valeurs spirituelles et politiques en Europe. Ce mouvement philosophique voulait s'opposer au communisme qui s'était imposé par la force en Russie dès 1917 et à la montée des idéaux fascistes en Europe. Dans un cas comme dans l'autre, on prônait la supériorité de l'État-nation sur la personne, laquelle était réduite au statut d'individu.

Voilà en très résumé *l'arrière-fond* sur lequel se présentent les positions philosophiques que l'on nomme l'existentialisme chrétien (Kierkegaard, G. Marcel) et le personnalisme (E. Mounier, J. Lacroix, N. Berdiaeff, F.-L. Landberg, M. Scheler, Chestov, Soloviev, Laberthonnière, Max Scheler, W. Stern,...).

Ces deux mouvements, malgré leur appellation différente, affirment dans leurs thèses essentielles une même vision de l'homme; les seules différences mineures se retrouvent au niveau du vocabulaire et de l'accent que chacun met sur l'un ou l'autre des aspects de l'existence. Dans ce contexte, nous adopterons la perspective personnaliste principalement tout en nous réservant la possibilité d'intégrer certaines réflexions éclairantes des penseurs «existentiels chrétiens».

La conception personnaliste de l'homme

Avant d'aborder de plain-pied cette position philosophique sur l'homme, il est important de préciser le type d'approche qui lui est propre. Il s'agit d'une approche *subjective* ou *réflexive* qui se veut opposée à l'approche objective de la science et de disciplines similaires. La raison centrale en est que la personne humaine est l'être qui, par excellence, ne peut pas être considéré comme un *objet*:

> La personne n'est pas le plus merveilleux objet du monde, un objet que nous connaîtrions du dehors, comme les autres. Elle est la seule réalité que nous connaissions et que nous fassions en même temps du dedans.[...] Elle est une activité vécue d'auto-création, de communication et d'adhésion, qui saisit et se connaît dans son acte, comme un *mouvement de personnalisation* [31].

On peut trouver déjà dans cette réflexion la raison centrale de la distinction entre «personne» et «individu», entre «ce qu'il est vraiment» et «la manière dont on le voit souvent», entre l'approche authentique de l'être humain et l'approche dégradée, réductive.

---

31. *Ibidem*, p. 8.

vie intérieure   créatrice et libre ; dimension spirituelle.

Personne et individu; une triple distinction

L'être humain est en soi (c'est-à-dire en tant que tel) *personne, non individu*; ceci parce qu'il est une *intériorité créatrice originale,* non une chose, un objet, un «numéro» ou un instrument. L'être humain est «corps» mais aussi – en même temps – *vie intérieure* ou *esprit.* «L'homme est un corps au même titre qu'il est esprit, tout entier "corps" et tout entier "esprit"[32].» C'est donc cette vie intérieure créatrice et libre que l'on nomme «dimension spirituelle» ou «esprit» qui donne à l'être humain son caractère d'être personnel, libre, absolu.

Par contre, même si l'être humain n'est pas surtout un individu, il arrive souvent qu'il se comporte psychologiquement envers lui-même et envers les autres comme tel. Aussi lorsque l'homme ne s'assume pas, qu'il se laisse bercer par les conformismes, qu'il se laisse vivre au gré de ses habitudes bourgeoises, l'être humain en question se «conduit comme un individu». On peut dire la même chose de celui qui considère les autres comme des «cela» au lieu de les considérer comme des «toi». Toutes ces réflexions reposent sur la définition du mot «individu» (individus = non divisé). Dans le contexte des *êtres vivants,* un «individu» sera une «unité de vie» ou un *organisme vivant;* chaque fois que l'on considère les êtres humains uniquement sous l'angle de leur dimension biologique, on les réduit au statut d'individus. CONTROVERSE.

 Ainsi, il est possible de considérer les êtres humains de façon inauthentique chaque fois qu'on adopte une attitude *objectivante* à leur égard, attitude qui consiste à se «distancer» des personnes, à les considérer comme des «objets» ou choses à connaître ou à manipuler de l'extérieur comme si elles ne possédaient pas de vie intérieure essentiellement créatrice (c'est-à-dire imprévisible) et libre. Que ce soit le psychologue behavioriste qui considère son patient comme une unité de comportement à cerner, ou le bureaucrate qui s'occupe des statistiques, naissances et décès, ou de l'architecte-urbaniste qui calcule le taux de population actuel et possible de tel quartier ou du «don juan» qui examine une jolie fille comme un objet-de-plaisir-à-«posséder», tous ont ceci en commun qu'ils considèrent la ou les personnes comme un ou des individus[33], c'est-à-dire comme des *objets anonymes* (c'est-à-dire tous semblables et tous égaux), comme des *moyens* ou instruments (et non des fins en soi) ou comme des *parties* d'un tout (famille, classe, État, nation, humanité). Donc:

---

32. *Ibidem,* p. 19.

33. N. Berdiaeff, *Cinq méditations sur l'existence,* p. 93-130. Nombreuses analyses intéressantes sur cette double attitude dans la méditation.

Cette dispersion, cette dissolution de ma personne dans la matière, ce reflux en moi de la multiplicité désordonnée et impersonnelle de la matière, objets, forces, influences où je me meus, c'est d'abord cela que nous appelons l'*individu*[34].

On peut donc dire que l'être humain *sera aperçu comme individu* lorsqu'on le considère *prioritairement* (c'est-à-dire «d'abord» et «surtout») sous l'angle de son aspect physique, vital et intellectuel (sa capacité d'adaptation) et qu'on lui voit les caractéristiques correspondantes de «possessivité», d'avarice, de vie insouciante à l'égard des autres, de poursuite égocentrique de buts vitaux propres à soi (ses désirs), d'agressivité et de lutte contre toute concurrence de l'extérieur (autrui).

Par contre, l'être humain sera vu comme *personne* lorsqu'on *mettra l'accent surtout* sur la *dimension spirituelle* de son être, c'est-à-dire sur la profondeur «supraconsciente et supratemporelle»[35] de sa vie intérieure. Celle-ci se présente comme «l'unification progressive de tous mes actes et par eux de mes personnages [...]; c'est la découverte progressive d'un principe spirituel de vie qui ne se réduit pas à ce qu'il intègre, mais [...] l'accomplit en le recréant de l'intérieur. Ce principe vivant et créateur est ce que nous appelons en chaque personne sa *vocation*[36]». À l'inverse de «l'individu», les caractéristiques de la «personnalité» seront la maîtrise de soi et la fidélité au-delà de la dispersion de la vie superficielle (par le recueillement), la générosité par opposition à la crispation sur soi et à l'égocentrisme individualiste par l'engagement.

On peut donc conclure que l'être humain peut se voir et voir les autres comme individus (perspective superficielle) ou comme personnes (perspective profonde), selon son optique psychologique; cette double possibilité s'explique par le fait que «la personne, chez l'homme, est substantiellement incarnée, mêlée à sa chair tout en la transcendant»[37].

Partant du fait que l'être humain est *essentiellement* une personne il peut être intéressant de préciser à ce moment-ci la situation de l'homme dans le monde, situation que nous avons effleurée seulement dans le texte qui précède.

La personne humaine, avons-nous dit, se révèle à nous comme un *absolu* ou une *fin en soi*, jamais comme un instrument ou un moyen.

34. E. Mounier, *op. cit.*, p. 525.
35. *Ibidem*, p. 529.
36. *Ibidem*, p. 528.
37. *Ibidem*, p. 526.

«Absolu» doit s'entendre ici non au sens de *l'Absolu* (Dieu) mais dans la mise en relation avec les êtres concrets qui coexistent avec l'homme. De là, découle son «éminente dignité».

Par rapport aux êtres matériels (c'est-à-dire la nature), on affirme que la personne les *transcende* (surpasse) même si elle est immergée dans la matière ou plutôt dans la nature. Cette «transcendance» vient du fait que l'homme, au niveau de sa vie intérieure profonde, non seulement échappe au réseau des trajectoires mécaniques inscrites dans toute matière organisée mais est capable de régir et de transformer cet univers en accord avec ses projets de personnalisation, de création, projets en conflit avec une tendance à la dépersonnalisation comme l'indique l'évolution de la matière qui tend à la disparition, au nivellement, à l'inertie, à l'habitude[38]...

Donc cette «transcendance», qu'on peut expliquer statiquement en parlant de l'existence dans les hommes d'une *qualité* d'énergie spirituelle dépassant de loin les formes de l'énergie vitale, se vérifie encore mieux au plan dynamique, au plan des activités de personnalisation de l'homme dans «sa nature» et dans la nature.

À cause de cette dimension spirituelle, la personne doit aussi être un *absolu pour les autres hommes et pour les institutions créées par eux*; nulle personne ne peut et ne doit ramener une personne à un statut d'instrument ou de moyen pour atteindre ses fins. Si elle le fait, elle considère la personne comme un individu et viole ainsi son *éminente dignité d'être*. Il en va de même pour quelque État que ce soit, ou classe sociale ou nation qui proclameraient leurs droits à *diriger* leurs «membres» dans quelque «droit chemin». En effet, cette dimension spirituelle la rend «fin en soi»; elle est liberté parce que créatrice.

IMP.

La personne, en tant qu'être spirituel, n'est donc même pas un «quelque chose» de plus éthéré que les êtres matériels parce qu'elle n'est pas un objet. Elle est tout le contraire d'un état; c'est une intériorité créatrice, mouvement toujours inachevé de personnalisation.

Sens du développement personnel   2ᵉ concept.

Lorsque l'être humain parvient jusqu'à la profondeur de son moi, il éprouve en même temps un sentiment aigu de solitude et simultanément un besoin de dépasser cette expérience douloureuse de manque[39].

---

38. E. Mounier, *op. cit.*, p. 24-34.

39. N. Berdiaeff, *op. cit.*, p. 97.

Cette expérience de la solitude s'explique par la distance psychologique qui s'établit entre la profondeur du moi et le monde des choses, des relations fonctionnelles, des camarades, la mode, etc. C'est toute la distance imaginable entre mon expérience de moi comme sujet et les *autres êtres* qui semblent être des objets pour moi. Cette expérience douloureuse appelle une *exigence de transcendement*, un besoin de *surpasser* ce manque douloureux afin d'établir avec un «autre moi» une intimité, une familiarité, une présence qui dépasse en richesse qualitative le moi solitaire.

Gabriel Marcel a bien su distinguer entre *transcendement* et *dépassement*:

> transcendement: *sur*-passement (verticalité) dans la *qualité* de son être...

> dépassement: *dé*-passement (horizontalité) au plan objectif, au niveau des besoins vitaux et intellectuels, dans le domaine de l'avoir *habituellement* [40].

Donc l'exigence de transcendement est un «besoin» de «plus-être» au niveau de sa vie intérieure qui cherche à réaliser une *plénitude* à ce plan; cette plénitude ne peut vraiment être réalisée et vécue qu'avec une autre personne (une autre intériorité); jamais de satisfaction ne peut être anticipée avec des objets... Par contre, il arrive souvent que de nombreuses personnes méconnaissent cette exigence de personnalisation et la confondent avec l'exigence du dépassement, du plus-avoir. *marxisme.*

Cette distinction demande à être éclaircie et explicitée. On peut le faire en recourant aux modes d'exister de *l'avoir* et de *l'être*.

Lorsqu'on veut comprendre ceux-ci comme modes de croissance ou de développement de soi, on constate que tout être humain se développe, qu'il le veuille ou non, selon ces deux modes du «plus-être» et du «plus-avoir»; la raison en est que nous existons en ressentant des besoins corporels, affectifs, intellectuels, moraux et spirituels.

La vie quotidienne force chacun à rechercher des «objets» qui puissent combler un certain nombre de besoins ressentis dans son corps. En ce sens, je cherche à «avoir» de la nourriture, des vêtements, un abri, de l'argent. Par contre, le mode de l'avoir peut vite déborder ce domaine. On veut obtenir (c'est-à-dire avoir) plus de connaissances, plus de prestige, on veut même posséder un homme ou une femme. Dans tous ces cas, on se perçoit comme une sorte de «contenant» vide, à remplir, donc comme un objet qui peut contenir d'autres objets, c'est-à-dire comme un individu.

---

40. G. Marcel, *Le mystère de l'être,* t. I, 3e méditation.

Lorsqu'on s'oriente vers un plus-avoir, on évolue dans le sens du *dépassement* (dans un sens horizontal), on accroît ou on remplace les possessions dont on a besoin pour continuer à vivre biologiquement dans l'espace et le temps.

On peut parler d'un développement objectif, extérieur à l'être humain dans l'ordre de la quantité. On ne peut pas parler de croissance intérieure, l'accroissement se faisant toujours au même niveau; posséder plus d'argent, plus de maisons, de terres, d'automobiles, de vêtements. Ces avoirs supplémentaires ne changent que les apparences extérieures (c'est-à-dire le paraître) non l'être intérieur. En d'autres mots, ceci affecte notre «personnage», non notre personne.

Aussi longtemps que le plus-avoir n'est recherché que pour s'assurer une qualité de vie décente et digne, il n'y a pas là de problème car nous ne faisons que nous occuper correctement des dimensions corporelle et sociale de notre être. C'est lorsqu'on succombe à l'illusion, comme beaucoup de gens en Occident, que la réalisation de soi doit être atteinte par le plus-avoir que l'on fausse gravement le sens de la vie humaine et que l'on s'accule à de graves déceptions.

En faisant ceci, on s'oriente vers la «réussite» sociale», la satisfaction de nos besoins biologiques et intellectuels et ceux relatifs à la considération sociale en éliminant du décor le développement de notre nature morale et spirituelle. «Devenir plus» devient synonyme de «posséder plus», «consommer plus», avoir une meilleure apparence auprès des autres moi sans changer intérieurement. L'accès au bonheur est vu de l'extérieur de façon objective.

Ainsi, le «plus-avoir», le dépassement de soi, pris comme mode de développement de soi de façon principale, prédominante et même exclusive, dépend d'une perception de soi *limitée et objectivée*. C'est un pseudo-développement qui ne peut pas combler durablement l'expérience aiguë de vide et de solitude intérieurs.

On peut même dire que l'identification excessive à son avoir et la valorisation de soi qui en découle conduit en général, d'une part, à un fort sentiment de possessivité qui accroît énormément les tensions égoïstes latentes en soi et, d'autre part, à toutes les formes de compétition et de concurrence que l'on déplore dans les domaines économique, politique et social; tout cela nous éloigne énormément des autres. Et lorsqu'on possède l'objet, on souffre d'angoisse à l'idée de le perdre, de le briser ou de se le faire voler. On sait que l'avoir n'est pas permanent, et comme on s'y identifie, on se sent menacé dans son être. L'erreur fondamentale ici, c'est de penser que notre avoir, c'est notre être.

Par contre, il est possible et même hautement souhaitable de se développer en même temps dans le sens du *transcendement,* c'est-à-dire dans le sens du «plus-être» qui est l'exigence de personnalisation. Quand on se développe dans le sens de la personnalisation, cela signifie qu'on donne une priorité d'importance au plus-être sur le plus-avoir.

Que signifie se développer dans le sens du «plus-être», du «transcendement»? Le plus-être doit se comprendre selon le modèle de la respiration (inspiration-expiration); la croissance personnelle se fait continuellement entre le «recueillement» d'une part et «l'ouverture à autrui» ou l'engagement d'autre part. C'est une sorte de «va-et-vient» créateur continu entre l'intériorité et le monde extérieur, plus précisément le monde des autres personnes.

Le recueillement est nécessaire car nous ne sommes pas une chose mais une subjectivité. «La vie personnelle commence avec la capacité de rompre le contact avec le milieu, de *se* reprendre, de se ressaisir, en vue de se ramasser sur un centre, de s'unifier[41].» Cela consiste à se rendre disponible à soi, à réévaluer l'importance que prennent nos désirs, nos habitudes, nos rapports au monde; bref, à réévaluer la place que prend en nous la recherche de l'avoir. Cela consiste à écouter notre voix intérieure, à cerner de mieux en mieux nos aspirations profondes et notre projet de vie. Cela consiste à réévaluer de nouveau ses qualités de cœur et d'esprit, et ses lacunes (attitudes grossières, égoïstes ou violentes…) et trouver en soi le pouvoir de les transformer. La direction du plus-être, c'est changer pour le mieux… Au départ, la plongée en soi est de nature psychologique et morale mais celle-ci doit parvenir jusqu'à la profondeur spirituelle.

Ultimement, cela consiste à tenter de s'approcher de la profondeur de notre être qui est, comme l'indique Berdiaeff, de «nature suprapersonnelle». En somme, il faut tenter de ressentir de plus en plus la présence de Dieu en nous qui est en même temps notre vérité, notre bonté profonde et amour sans limites. C'est ce à quoi atteignent les grands artistes, les mystiques et les sages. Cette présence divine est le centre et la source de notre créativité.

Ces moments répétés de recueillement ne doivent pas être identifiés à quelque repos végétatif de la vie car ce sont souvent des moments où on fait l'expérience de nos limites intérieures pour mieux les dépasser. Ces moments de repli intérieur sont nécessaires pour mieux s'engager par la suite dans le monde.

---

41. E. Mounier, *op. cit.,* p. 52.

Le recueillement doit faire place à l'engagement car plus la personne va profondément en elle plus elle en ressort avec une créativité et un amour intense pour le monde mais surtout avec une grande volonté d'engagement.

Dans ce contexte, E. Mounier identifie cinq actes originaux de la personne:

> 1. *Sortir de soi*: la personne est une existence capable de [...] se décentrer pour devenir disponible à autrui. Il faut lutter contre l'égocentrisme, le narcissisme, l'individualisme; 2. *Comprendre*: cesser de me placer de mon propre point de vue pour me situer au point de vue d'autrui, [...] embrasser sa singularité de ma singularité, dans un acte d'accueil et un effort de recentrement [...]; 3. *Prendre sur soi*: assumer le destin, la peine, la joie d'autrui [...]; 4. *Donner:* la force vive de l'élan personnel [...] est la *générosité ou la gratuité*, [...] le don sans mesure et sans espoir de retour; 5. *Être fidèle*: le dévouement à autrui, amour, amitié ne sont donc parfaits que dans la continuité [...] créatrice[42].

Une «continuité créatrice» signifie que chacun considère l'autre personne comme un sujet non définissable, aux possiblités et aux puissances inépuisables, capable de tous les espoirs.

Voilà en très résumé, l'oscillation continuelle entre la profondeur de soi et la bienveillance envers autrui qui constitue le transcendement, c'est-à-dire le plus-être, l'accroissement de la qualité de sa vie intérieure, de sa bonté, de sa créativité, de sa capacité d'aimer et la capacité de mettre réellement en action dans les situations de la vie quotidienne ces attitudes envers autrui.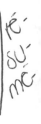

L'intersubjectivité

Si l'on reprend les mêmes réflexions de façon différente, on pourra comprendre la phrase de Mounier qui dit que, pour la personne: «*être c'est aimer*». En effet, l'exigence de transcendement amène l'homme à sentir le besoin d'établir avec le *toi* (autre personne) une intimité réciproque; or ceci est possible lorsque chaque personne développe pour l'autre «l'intuition de la vie spirituelle de l'autre moi». Ceci n'est réalisable que si l'on a suffisamment de générosité, d'altruisme, pour accueillir le toi sans condition et le comprendre tel qu'il est. Or aimer (non au sens romantique mais «personnaliste») c'est déployer ces attitudes. De là:

> L'acte premier de la personne, c'est donc de susciter avec d'autres une société de personnes dont les structures, les mœurs et les

---

42. *Ibidem*, p. 39-40.

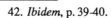

sentiments et finalement les institutions soient marqués par leur nature de personne[43].

Tout ceci nous permet de comprendre que la personne est, en tant que mouvement de spiritualisation, *engagement*, c'est-à-dire ouverture et don de soi aux autres sans limites. Ceci signifie que l'engagement de la personne ne peut être limité aux rapports intersubjectifs mais tend à se prolonger au niveau de la communauté sociale immédiate et historique.

La personne, la société et l'histoire

Le personnalisme reconnaît que l'histoire est un grand mouvement de personnalisation plus ou moins vacillant et qui ne peut être accentué que par l'éveil du plus grand nombre à leur statut de personne et solidairement par leur engagement créateur à la poursuite de la personnalisation du monde. Celle-ci n'est possible que par l'homme et l'essentiel de la tâche consiste essentiellement à combattre les forces de dépersonnalisation qui sont à l'œuvre dans les domaines économique, politique, social et culturel. Il s'agit pour les hommes de créer une «civilisation personnaliste». Par le fait d'être une personne, tout homme est un «être social» (être-de-relation); ce double aspect lui confère un *rôle* et une *initiative historique*.

Les personnes doivent donc imprimer à ces divers domaines cristallisés en institutions diverses une double modification:

> 1. Un conditionnement négatif: ne jamais faire d'une seule personne une victime de leur lourdeur ou un instrument de leur tyrannie; ne pas empiéter sur la part proprement personnelle, en domaine privé et en domaine public, de la vie des particuliers; protéger cette part sacrée contre l'oppression possible d'autres individus, ou d'autres institutions; limiter les contraintes nécessaires aux exigences de nécessités naturelles et à celles d'un ordre public doté d'un souple régime de contrôle, de révision et de progrès.

> 2. Une orientation positive: donner à un nombre de plus en plus grand de personnes, à la limite donner à chacune, les instruments appropriés et les libertés efficaces qui lui permettront de s'accomplir comme personne; réviser de fond en comble les appareils de vie collective qui depuis un siècle notamment se sont développés avec une rapidité prodigieuse hors du souci des personnes, donc contre elles: pénétrer tous les rouages de la cité des vertus de la personne en développant au maximum à toute étape et de tous points l'initiative, la responsabilité et la décentralisation[44].

---

43. *Ibidem*, p. 37.

44. E. Mounier, *Manifeste au service du personnalisme*, p. 548.

Ainsi, dans tous les domaines de la vie collective, l'on devra dénoncer toutes les modalités de penser, d'attitude et de vie de la civilisation bourgeoise occidentale présente dans les pays capitalistes, celles des divers fascismes de droite (Allemagne nazie, Italie de Mussolini) et de gauche (les républiques d'U.R.S.S. et leurs satellites dominés par les idéologies marxiste-léniniste et stalinienne) qui avilissent et oppriment les personnes et *proposer* des mesures qui tendront à orienter la civilisation vers le respect et la promotion des personnes qui la constituent. Donc, double mouvement de critique et de création des philosophies, des valeurs et des institutions; ceci...

Au plan économique

À la place des économies capitalistes et communistes qui se développent en dehors de la personne, on doit proposer une économie personnaliste.

En théorie, l'économie capitaliste libérale se fait le défenseur de la liberté d'entreprise et de l'initiative privée mais, en fait, ces réalités personnelles sont soumises à l'oppression des petites et grandes puissances financières.

Ceci s'explique par le fait que le capitalisme cherche de façon prioritaire le profit au-delà du bien de l'économie et des personnes qui y travaillent et, pour l'obtenir, il devient un parasite de l'économie, d'abord en faisant du profit sur le prix des marchandises produites par d'autres, ensuite, par accumulation de ce capital-argent, il accumulera davantage de capital-argent, sans travailler, sur des prêts qu'il consentira et qui rapporteront des *intérêts* ou en achetant des actions en bourse qui rapporteront des *dividendes*, tout ceci sans compter les bénéfices réalisés dans le capital social de l'entreprise faits aux dépens des ouvriers, ceci par l'insuffisance des salaires et la rationalisation et la technicisation du travail.

Par l'accumulation de la concentration des capitaux dans les mains d'un petit nombre, on voit apparaître les conseils d'administration des corporations multinationales qui possèdent un «énorme potentiel d'oppression et un monopole d'initiative[45]» à l'égard de leurs compétiteurs et de la masse énorme des ouvriers. Voici comment ils perçoivent les ouvriers:

> Le prolétariat n'est pour lui qu'une matière première à acheter au meilleur prix, la source d'un gaspillage qu'il faut réduire au minimum. Il est dans sa règle qu'il s'approprie non seulement du produit légitime de son travail, mais de la maîtrise même de son activité. La

---

45. *Ibidem*, p. 589.

> pensée ne l'a jamais gagné qu'il puisse y avoir une personne
> ouvrière, une dignité ouvrière, un droit ouvrier; «les masses», «le
> marché du travail», lui dissimule l'ouvrier. Il leur refuse à l'usine le
> droit de penser et de collaborer, et n'accepte que contraint de leur
> reconnaître une volonté commune dans le syndicat[46].

En plus d'accentuer le pouvoir oppressif du capital, l'accumulation du
capital devient de plus en plus impersonnelle et éloignée des véritables
activités économiques puisqu'il devient dirigé de très haut par des
«maîtres tout-puissants de quelques centres nerveux» de l'économie[47].

Par contre, les divers types de collectivisme – notamment le
communisme – proposent de briser l'oppression du capitalisme mais ils
remplacent une dictature par une autre, à savoir la «dictature étatiste d'un
parti ou d'un corps de fonctionnaires[48]», situation aussi antipersonnelle
que la précédente.

Une économie personnaliste s'intéresse aux deux aspects essentiels de l'activité de la personne: en tant que «consommateur» et en tant
que «producteur». Mais observons surtout ici l'aspect «producteur».

La production et la personne

Contrairement à l'économie capitaliste, le personnalisme reconnaît le
primat du travail sur le capital. Il propose que, désormais, le capital-
argent soit simplement un moyen «stérile» (c'est-à-dire qui n'engendre
pas de profit par lui-même) permettant de créer des entreprises; donc
rejet des intérêts et dividendes sur le loyer de l'argent. Dorénavant:

> Le travail est l'unique agent proprement personnel et fécond de
> l'activité économique; l'argent ne peut être gagné qu'en liaison
> personnelle avec le travail; la responsabilité ne peut être assumée
> que par le travailleur[49].

L'économie personnaliste s'oppose aussi à l'accaparement des postes
d'autorité et d'initiative par les capitaux anonymes et omnipotents
(c'est-à-dire conseils d'administration de banques, de «holding» finan-
ciers, etc.). Dorénavant, l'autorité et la gestion des entreprises devront
venir des ouvriers qui s'avèrent en être capables:

> Dans le domaine de la production l'exigence démocratique ainsi
> conçue veut que chaque travailleur soit mis à même d'exercer au
> maximum les prérogatives de la personne: responsabilité, initiative,

---

46. *Ibidem.*

47. *Ibidem*, p. 591.

48. *Ibidem*, p. 605.

49. *Ibidem*, p. 596.

maîtrise, création et liberté, dans le rôle qui lui est assigné par ses capacités et par l'organisation collective[50].

Bref, l'autonomie économique des travailleurs devra se faire par eux-mêmes; «la classe ouvrière devra travailler à mûrir des élites ouvrières constamment renouvelées[51]». «Le commandement économique, distinct de la propriété capitaliste, n'appartient pas à une caste irresponsable et héréditaire, mais au mérite personnel, constamment dégagé de l'élite des travailleurs, et choisi par elle[52].»

Dans cette perspective, l'unité économique de base sera l'entreprise et l'économie personnaliste sera une *fédération d'entreprises*; nous serons alors dans une *véritable économie ouvrière démocratique*.

Au plan politique

En résumé, l'idéal du personnalisme sera de constituer une véritable démocratie, beaucoup plus vraie que les supposées démocraties occidentales.

Pour comprendre son point de vue politique, Mounier nous décrit comment on doit comprendre la «réalité politique». À la base, elle «est composée de *personnes* qui cherchent à incarner leur volonté communautaire et de *sociétés*[53]», lesquelles se composent de personnes unies dans une recherche spécifique ou dans une «parenté affective ou spirituelle quelconque[54]».

Ces sociétés sont à leur tour réunies en une *nation* «sous l'unité vivante d'une tradition historique et d'une culture particularisée[55]». Au-dessus d'elles, se situe en principe «la communauté spirituelle universelle» qui demeure pour l'instant le but ultime à atteindre pour l'humanité. Les hommes pourront atteindre celle-ci un jour lorsqu'ils pourront vivre, au-delà des chauvinismes nationaux, une fraternité avec tous.

Dans tout cela, l'État doit être «un instrument au service des sociétés et, à travers elles, contre elles s'il le faut, au service des personnes[56]». Instrument artificiel et subordonné, mais nécessaire.

---

50. *Ibidem*, p. 599.

51. *Ibidem*, p. 600.

52. *Ibidem*, p. 602.

53. *Ibidem*, p. 615.

54. *Ibidem*.

55. *Ibidem*.

56. *Ibidem*.

En ce sens, l'État devrait avoir les rôles suivants: garantir le statut fondamental des personnes, encourager les initiatives des sociétés, leur offrir des organismes de collaboration, des mécanismes de liaisons qui faciliteront leurs efforts et «arbitrer les conflits entre les diverses sociétés et des individus entre eux[57]».

À un niveau plus global, «il est le gardien de la nation, protecteur de sa paix intérieure[58]»; ceci dit, l'État ne devrait pas être fermé mais ouvert au projet d'une communauté universelle.

On voit bien ici que l'État doit avoir un pouvoir limité par rapport à celui des personnes, des sociétés et des nations; c'est ce qui distingue la conception personnaliste des formes d'États fascistes qui entendent donner à l'État un pouvoir absolu sur tous les aspects de la vie des personnes et des nations et leur dicter leurs valeurs et leurs modes de vie.

De plus la démocratie personnaliste se distingue des démocraties libérales (de nos sociétés occidentales) en ce sens qu'elle est une véritable démocratie, non une pseudo-démocratie. Ceci s'explique globalement par le fait que la démocratie personnaliste est une *démocratie de participation* dans laquelle les décisions importantes sont prises par les personnes, dans leurs appartenances régionale et nationale, alors que l'État en assume la coordination et l'exécution. Ces instances organiseraient des référendums à chaque fois que des problèmes collectifs importants se présenteraient.

Les démocraties libérales, par contre, fonctionnent *par délégation* de pouvoir. Ce qui arrive alors, c'est que le gouvernement – constitué de certains éléments du parti au pouvoir – ne représente en fait qu'une minorité de citoyens. Celui-ci garde ensuite ses électeurs captifs pendant ses quatre à cinq ans de mandat. Il ne consulte jamais ceux-ci mais il se fait influencer par des groupes de pression représentant certains intérêts capitalistes. Très souvent, il ne respecte pas son programme électoral ou introduit des projets de loi souvent fort critiqués par la population, projets dont il impose l'adoption par vote majoritaire au Parlement. Ce type de structure est une porte ouverte vers le fascisme. Il ne suffit que d'un individu charismatique, assisté d'un petit groupe, pour modifier cet état de fait si peu démocratique en État fasciste; c'est d'ailleurs ce qui est arrivé en Allemagne avec Hitler et son Parti nazi et en Italie avec Mussolini et son Parti fasciste.

L'évolution historique de l'humanité doit déboucher vers la paix internationale. Pour ce faire, il faut d'abord pouvoir dépasser partout le nationalisme fermé – sur le modèle de l'individu – qui se fonde sur «des

---

57. *Ibidem.*

58. *Ibidem*, p. 616.

revendications d'intérêts ou de prestige, sur une volonté de méconnaître l'étranger, sur une avarice et une irritabilité qui constituent proprement le phénomène nationaliste[59]».

Mounier propose de faire disparaître les États-nations actuels, voir à leur désarmement et établir par étapes une société juridique des nations qui devienne un véritable gouvernement mondial se préoccupant de toutes les personnes de la terre.

Comment transformer la civilisation actuelle pour réaliser la civilisation personnaliste future?

L'action transformatrice doit commencer dans chaque personne par la prise de conscience de «sa propre participation au désordre» que constitue la civilisation actuelle; vient alors le *refus* de celle-ci et la *rupture* radicale avec tous les appareils de cette civilisation (non avec les personnes qui la composent). Parallèlement à ce mouvement, il s'agit de trouver, par une méditation continue, les points de convergence nouveaux.

Cette démarche de *conversion* intérieure (chez chacun) est de nature morale et spirituelle, mais elle doit déboucher sur une démarche collective qui n'utilisera pas les moyens mauvais de la civilisation actuelle (tels les partis politiques, les capitaux puissants, la violence) mais par le «rayonnement personnel et progressif de son témoignage autour de volontés convaincues et irrésistibles»[60].

Il s'agira de *témoigner* dans le contexte des communautés organiques formées autour d'une institution personnaliste et ainsi «placer dans tous les organes vitaux [...] de la civilisation décadente les germes et le ferment d'une civilisation nouvelle[61]».

---

59. *Ibidem*, p. 627.

60. *Ibidem*, p. 645.

61. *Ibidem*.

BIBLIOGRAPHIE

BENJAMIN, R. *Notions de personne et personnalisme chrétien*, Paris, Mouton, 1972.

BERDIAEFF, N. *Cinq méditations sur l'existence*, Paris, Aubier/Montaigne, 1936, méditations troisième et quatrième.

MARCEL, G. *Le mystère de l'être*, Paris, Aubier/Montaigne, t. I.

MARCEL, G. *Être et avoir*, Paris, Aubier/Montaigne, 1935, 357 p.

MOUNIER, E. *Le Personnalisme*, Paris, P.U.F., 1959. (Que sais-je?, n° 395)

MOUNIER, E. *Manifeste au service du personnalisme, Œuvres de Mounier*, t. I, Paris, Seuil, p. 480-649:

    I. Le monde moderne contre la personne (*civisis*, bourgeoise, fascisme, marxisme) p. 489-520.

    II. Qu'est-ce que le personnalisme? (p. 521-542.)

    III. Structures maîtresses d'un régime personnaliste (p. 543-634.)

    IV. Principe d'action personnaliste (p. 635-652.)

AUTO-ÉVALUATION
de la compréhension du texte

Vous pouvez évaluer la qualité de votre compréhension objective du texte selon que vous êtes capables de comprendre sans hésitation la *signification* et la *fonction logique* de chaque terme au sein du texte.

Cochez tout terme qui ne vous paraît pas clair:

- ❏ lois naturelles
- ❏ spirituel
- ❏ personne (trois sens)
- ❏ la *vocation* de la personne
- ❏ transcendance
- ❏ différence de nature
- ❏ recueillement
- ❏ engagement
- ❏ le mode «avoir»
- ❏ le mode «être»
- ❏ nation

- ❏ transcendement
- ❏ dépassement
- ❏ éminente dignité
- ❏ rôle historique de la personne
- ❏ tradition judéo-chrétienne
- ❏ attitude objectivante
- ❏ solitude
- ❏ fascisme
- ❏ capitalisme
- ❏ nation

Identifiez la cause:

Si votre performance est moyenne ou faible, il vous faut déterminer quelle en est la cause:

- • lecture trop superficielle? (le relire)
- • lecture attentive non assimilée? (faire l'analyse)
- • lecture et analyse faites mais les liens logiques demeurent difficiles à préciser? (faire un schéma d'ensemble à partir de l'analyse)

CHOISIR

sa tradition de pensée philosophique

Maintenant que vous êtes parvenus à la fin de cette étape et que vous avez compris les positions fondamentales des trois grandes traditions de pensée de même que les problèmes engendrés par leur coexistence, vous devez vous demander maintenant à laquelle de ces trois traditions de pensée vous vous rattachez.

En d'autres mots, vous devez maintenant vous demander globalement si, pour vous, l'être humain est:

- un animal plus complexe que les autres? (Tel que proposé par la tradition vitaliste de l'*homo faber* exposée avant le texte de Marx)

- ou un être rationnel très différent des autres êtres vivants? (Tel que proposé par la tradition rationaliste de l'homo sapiens exposée avant le texte de Sartre)

- ou un être spirituel incarné? (Tel que proposé par la tradition *spiritualiste* exposée avant le texte de l'existentialisme chrétien et du personnalisme)

Avant d'entreprendre la *deuxième étape* qui proposera des éléments supplémentaires et complémentaires de réflexion, il est important que vous vous choisissiez une position philosophique de base que vous pourrez enrichir ou mettre en cause à la lumière des résumés de livres que vous verrez bientôt.

AUTO-ÉVALUATION

de votre démarche intellectuelle
durant la première étape

Il serait très utile pour vous, à ce moment-ci du cours, de faire une réflexion sur la *démarche autonome de réflexion* que vous venez de terminer afin d'évaluer vos attitudes et comportements et tirer, pour les semaines à venir, les conclusions pratiques qui vont favoriser la croissance de votre autonomie et de votre pouvoir mental. Voici des questions importantes à se poser:

- Ai-je travaillé *en planifiant mon action*, c'est-à-dire en me donnant un rythme de travail constant à chaque semaine ou ai-je travaillé seulement à la toute fin?

- Ai-je travaillé *méthodiquement* seulement après avoir lu et considéré avec grande attention et précision les instructions du travail?

- Ai-je travaillé à ma recherche *de manière rigoureuse*, c'est-à-dire en utilisant de façon lucide et méthodique les instructions destinées à cet effet (dans les notes de cours)?

- S'il y a eu difficulté, ai-je eu l'attitude de me préciser la nature du problème sans perdre mon calme et ensuite, quand la situation le réclamait, *ai-je rencontré mon professeur* pour être assisté...?

DEUXIÈME
ÉTAPE

Approfondissement de quelques aspects
de la condition humaine

Remarques pédagogiques

Le travail intellectuel que vous avez fait durant la première étape vous a permis de réaliser les résultats suivants:

- vous connaissez les *trois grandes traditions de la pensée philosophique* qui sont depuis très longtemps en conflit concernant la définition de l'être humain, à savoir les courants vitaliste, rationaliste et spiritualiste;
- vous avez compris, après analyse, que chaque *conception de l'être humain* abordée dans l'un ou l'autre des courants, est *complète*, parce qu'elle décrit toutes les dimensions de la condition humaine. Vous avez constaté aussi que chacune est *cohérente* par rapport à elle-même, c'est-à-dire que chacune de ses dimensions est en continuité avec les autres;
- vous avez constaté, en les comparant, que leur *coexistence* engendre des *problèmes non résolus* auxquels vous êtes confrontés comme toutes les générations avant vous.

Une réflexion sur ces problèmes vous a sans doute amenés à réfléchir intensément sur le courant de pensée le plus «valable» selon vous.

Peut-être avez-vous déjà pris position et choisi le courant vitaliste, rationaliste ou spiritualiste?

Fonction de la deuxième étape

Cette étape fournit *d'autres faits* rassemblés en *synthèses* par *quatre auteurs nouveaux* afin d'alimenter vos premières conclusions et ainsi vous proposer des points de vue nouveaux pour vous faire cheminer *un peu plus profondément* par rapport à votre première compréhension philosophique de l'être humain. Ceci s'avère nécessaire parce que les diverses conceptions de l'homme que vous avez analysées ne couvrent pas toutes les possibilités de définitions de l'être humain.

Cet approfondissement devrait vous permettre de vous «outiller» intellectuellement davantage pour *l'étape suivante* dans laquelle on vous demandera de *créer philosophiquement votre propre conception de l'être humain.*

Contenu de la deuxième étape

Notre choix des quatre livres résumés plus loin a été fait à partir des critères suivants:

Chaque livre résumé apporte, par rapport à sa catégorie, un point de vue théorique et concret nouveau qui n'apparaît pas dans les conceptions de l'être humain de la première étape.

Chaque livre résumé a été écrit à partir de l'observation de nombreux faits concrets; les conclusions que l'auteur dégage sont donc de nature inductive, ce qui devrait plaire à tous les esprits de type scientifique ou technique.

Chaque livre résumé porte principalement sur l'un ou l'autre des *cinq concepts* (catégories ou dimensions) présents dans toute conception; ainsi en passant de l'un à l'autre, chacun pourra acquérir successivement des données nouvelles sur quatre de ces cinq concepts. Donc, on voit que l'ensemble de ces quatre livres couvre un éventail de données le plus vaste possible. Le seul concept qui ne sera pas abordé ici sera celui de l'historicité. À cet égard, nous aurons le portrait suivant:

- Structures internes: J.M. Bucke, *La conscience cosmique.*
- Sens du développement
  individuel: A. Adler, *Le sens de la vie.*
- Intersubjectivité: E. Fromm, *L'art d'aimer.*
- Destinée absolue: R. Moody, *La vie après la vie.*

L'ensemble des quatre livres a été choisi de façon à tenir compte autant que possible de l'existence des *trois traditions* de pensée déjà présentées dans la première étape. Voici le résultat:

- Tradition spiritualiste: J.M. Bucke, *La conscience cosmique.*
- Tradition vitaliste: A. Adler, *Le sens de la vie.*
- Tradition rationaliste: E. Fromm, *L'art d'aimer.*
- Tradition spiritualiste: R. Moody, *La vie après la vie.*

Les apports nouveaux

Nous avons dit plus tôt que les livres choisis allaient apporter des données nouvelles, données qui manquaient aux diverses conceptions déjà vues; ceci demande explication...

Le livre La conscience cosmique

Ce livre précise , à partir de l'expérience de l'auteur et de nombreuses autres personnes, la nature et les caractéristiques expérientielles des *trois niveaux de conscience* chez l'être humain, ce que la conception personnaliste ne faisait pas clairement. L'auteur fait de plus un parallèle intéressant entre l'évolution de l'espèce humaine (ontogenèse) et l'apparition des divers sens et facultés chez l'individu humain (psychogenèse).

Le reste du livre est consacré à la présentation de nombreuses personnes dont la vie a été transformée par l'apparition de la *conscience cosmique*, qui constitue le troisième niveau de conscience chez l'être humain.

Le livre Le sens de la vie

Ce livre, écrit par un disciple dissident de Freud, nous propose une explication du développement de la personnalité humaine assez différente de celle de Freud. Adler s'est séparé de son maître parce que ce dernier expliquait tous les phénomènes psychiques normaux et anormaux par la tendance sexuelle ou libido; Adler considérait qu'il s'agissait là d'une exagération. Dans son livre intitulé *Le sens de la vie*, Adler recourt à une autre tendance biologique, la *tendance à la croissance et à la puissance* et à son produit psychique normal, le sentiment social, pour expliquer la genèse normale ou anormale de l'être humain de l'enfance à l'âge adulte. Il en découle une redéfinition de l'intersubjectivité et du sens de l'histoire.

Le livre L'art d'aimer

Erich Fromm, éminent psychothérapeute du courant humaniste et très conscient des apports de la pensée existentielle, nous décrit les diverses formes psychologiques que peut prendre l'amour au cours de la vie humaine. Ses analyses et descriptions font un contrepoids à la position de Sartre qui affirme que l'amour est impossible. Fromm soutient que l'on arrive à combler le sentiment de solitude psychologique profonde dans et par diverses sortes d'amours, qu'il décrit en termes psychologiques, en tant que «rencontres» entre deux consciences. Selon lui, il est possible d'atteindre, par l'amour véritable, son plein épanouissement.

Le livre La vie après la vie

Dans le personnalisme, on constate que l'on affirme l'existence d'une «vie après la mort», vie qui est affirmée à partir de l'autorité des textes sacrés et prouvée déductivement par les propriétés non matérielles de l'âme humaine. Ici Moody va plus loin: il nous fournit une description de *l'expérience vécue après la mort temporaire du corps*. Comment ? Après avoir recueilli des centaines de témoignages de personnes qui ont eu une expérience de «mort temporaire», l'auteur a mis en ordre les étapes communes de cette expérience de l'après-vie; c'est ce que nous décrit le livre en question ici. On comprend aisément l'apport nouveau et important présenté à l'appui des théories spiritualistes d'hier.

Que faire dans cette étape?

On vous demandera de faire preuve d'une attitude très importante en philosophie: *l'ouverture d'esprit prudente* (critique), seule attitude pouvant permettre une évolution intérieure réelle.

Pour ce faire, il faudra d'abord aborder chaque texte en accueillant les données présentées sans arrière-pensée, en essayant de comprendre honnêtement ce que l'auteur nous explique et nous démontre. On tente alors de voir les rapports entre les diverses idées de l'auteur, leur cohérence, la correspondance entre ces idées et les faits invoqués comme supports à celles-ci.

En même temps, il est normal que cet «effort de compréhension honnête» soit fait *de façon prudente* ou critique, non de façon naïve: voilà le deuxième aspect de l'attitude. Cela signifie que tout «point de vue rencontré» doit être mis en rapport avec ses propres positions et c'est à ce moment que l'on peut *évaluer* si les idées nouvelles *complètent* ou *contredisent* ses idées précédentes.

Dans les cas *où il y a contradiction*, on doit alors se demander si ce sont nos «anciennes idées» qui devraient être modifiées ou rejetées ou bien les nouvelles. Il faut ici éviter deux vices intellectuels: 1) la *rigidité* ou l'attachement exagéré et irraisonné à ses idées actuelles; 2) la *naïveté* qui consiste à croire que toute «idée nouvelle» est forcément meilleure que ses idées passées ou déjà acquises.

L'attitude correcte consiste à comparer ses idées et celles de l'auteur en rapport *avec la réalité matérielle et/ou psychologique* (selon la nature du phénomène étudié) et de choisir en soi-même l'idée ou le concept qui reflète le plus fidèlement cette réalité, indépendamment de son attachement à ses anciennes idées ou de la fascination exercée par ce qui est nouveau. Voilà comment on peut progresser dans la vérité!

PREMIER RÉSUMÉ

R.M. Bucke, *La conscience cosmique,*
Une étude de l'évolution de la conscience humaine,
3ᵉ édition, Sherbrooke,
Les Éditions du IIIᵉ millénaire, 1989, 349 p.

Par Bernard Proulx

À propos de l'auteur...

R.M. Bucke est né au Canada en 1837. Après une jeunesse remplie d'aventures, il revint au pays natal et entreprit des études au Mc Gill Medical School de Montréal.

Il devint l'un des plus grands psychiatres du Canada. Il fut successivement président de plusieurs associations professionnelles britanniques, canadiennes et américaines. Il devint surintendant de l'asile provincial de Hamilton puis plus tard professeur à l'Université Western sur les maladies mentales.

À trente-six ans, il eut une expérience soudaine d'illumination qui changea totalement le reste de sa vie; cette expérience donna lieu à la production de ce livre.

Le Dr Bucke soutient qu'il apprit plus dans les quelques minutes que dura l'expérience que durant toutes ses années précédentes et qu'il apprit des choses plus qu'il n'aurait pu le faire par aucune autre étude. Malgré tout cela, ce dernier nous dit qu'il ne s'agissait que d'une initiation, c'est-à-dire l'apparition d'une nouvelle faculté humaine, prolongement naturel de notre niveau de conscience actuel.

Le Dr Bucke nomme cette nouvelle faculté la «conscience cosmique». Après de longues recherches, il a constaté qu'un grand nombre de personnes ont vécu cette expérience. Il est devenu convaincu que ceux-ci sont les premiers exemples d'une nouvelle phase de l'évolution humaine.

INSTRUMENT DE TRAVAIL

L'objectif de cette activité est de vous faire comprendre et assimiler des données nouvelles qui n'avaient pas encore été présentées dans le cours et de vous faire réfléchir de façon vraiment active et critique à la validité de votre conception actuelle de l'être humain, c'est-à-dire d'approfondir, de valider ou de modifier vos convictions dans ce domaine, en vue de la rédaction de votre conception personnelle de l'être humain prévue à la fin du cours.

Donc, afin de répondre adéquatement à ces deux objectifs de compréhension à l'aide de ce texte, nous vous invitons à exécuter les deux activités intellectuelles suivantes:

- *la compréhension* des données élaborées dans ce texte;
- *l'examen critique* de celles-ci par rapport à votre conception de l'être humain.

1. *Compréhension*

Nous vous suggérons ici quelques questions qui pourront diriger votre effort de compréhension concernant ce texte:

a) En quoi consiste la *conscience simple*? Quelles sont les deux étapes de croissance à l'intérieur de celle-ci?

b) En quoi consiste la *conscience de soi*?

c) Comment expliquer les rapports entre la réflexivité, la pensée conceptuelle et l'usage du langage?

d) Comment l'auteur explique-t-il l'évolution de la *conscience simple* à la *conscience de soi*?

e) Quels sont les *deux faits* que l'on constate à chaque fois qu'apparaît un niveau de conscience nouveau? Que peut-on dire de ces deux faits concernant l'apparition de la *conscience cosmique*?

f) Quels sont les *quatre moyens* que l'on peut utiliser pour préciser la date approximative d'apparition de toute nouvelle faculté?

g) Pouvez-vous, en utilisant les faits avancés par l'auteur, *justifier* la validité de chacun de ces moyens?

h) Quels sens ou facultés comporte la *nature morale* de l'être humain?

i) De quelle façon une nouvelle faculté commence-t-elle à apparaître dans l'espèce humaine?

j) Quels sont les différents noms que revêt la *conscience cosmique* selon l'auteur?

k) Chez quelles sortes de spécimens ou d'individus humains la *conscience cosmique* apparaît-elle d'abord? Comment expliquer cela ?

l) Quelles sont les *quatre façons* de distinguer la *conscience cosmique* de l'aliénation mentale? Expliquez cela.

m) Pouvez-vous nommer brièvement les *neuf composantes* de l'expérience de *conscience cosmique* ? Expliquez cela.

n) Comment peut-on comprendre le *cosmos* lorsque l'on est en *conscience cosmique* ? Expliquez cela.

2. *L'examen critique*

Une fois que vous aurez compris à fond le texte, nous vous suggérons de réfléchir au rapport entre ces données et la conception que vous avez choisie à la fin de la première étape. Pour ce faire, nous vous suggérons de vous poser les questions suivantes:

• Les données du résumé *correspondent-elles* à votre conception de l'homme ou la contredisent-elles ? (Dites oui ou non)

• Est-ce que les *faits* et *arguments* amenés par l'auteur prouvent suffisamment, selon vous, l'existence de trois nivaux de conscience, donc d'une structure spirituelle au-delà des autres structures ?

• Si oui, est-ce que ces données suscitent des *modifications* à votre conception actuelle de l'être humain ?

PREMIER
RÉSUMÉ

La conscience cosmique de R.M. Bucke

Pour mieux comprendre ce qu'est la conscience cosmique, il faut d'abord la situer par rapport aux autres composantes du psychisme. *Il y a trois niveaux de conscience.*

Premier niveau: la *conscience simple*

C'est un niveau de conscience que l'être humain partage avec la plupart des animaux; ce type de conscience lui permet d'être conscient spontanément de ce qui se passe lorsqu'il perçoit le monde extérieur ou son propre corps. C'est ce que Sartre nommait la «conscience perceptive». L'auteur voit *deux étapes* franchies dans ce niveau: les êtres vivants commencent à acquérir des «sensations» simples à l'aide de leur appareil sensoriel. Au départ, les animaux inférieurs enregistrent chaque sensation de façon autonome (séparément des autres) parce que leur cerveau ne leur permet pas davantage à chaque moment précis. Avec l'évolution, les espèces augmentent leur capacité de recevoir des impressions sensorielles simples (une forme, une couleur, une odeur, etc.), ce qui amène éventuellement une surcharge dans le système nerveux. Cette surcharge provoque éventuellement une *mutation:* la capacité d'enregistrer différentes sensations appartenant à un même phénomène *de façon unifiée*; c'est ce que l'on nomme des *perceptions*. Par exemple, lorsqu'on perçoit un tigre, on perçoit *en même temps* la forme de tous ses membres, de sa tête, l'expression de la face, les couleurs variées appartenant aux différentes régions de son corps; on entend les bruits qu'il émet (ronronnement, respirations, rugissement, etc.); on sent l'odeur qui lui est propre et la douceur de son poil (si les circonstances le permettent). Voilà les divers éléments *d'une* perception: celle du tigre.

Les animaux plus évolués accumulent les perceptions et, dans le cas de l'espèce préhumaine, la surcharge des perceptions entraînera une mutation importante: l'apparition d'un deuxième niveau de conscience, c'est-à-dire la conscience de soi.

Deuxième niveau: la *conscience de soi*

Au-delà du précédent niveau de conscience, se situe la conscience de soi (ou «conscience réflexive», selon Sartre). Ce niveau est exclusif à l'être humain. À ce niveau – si l'on se rappelle le schéma de la conscience de Sartre –, l'être humain n'est pas seulement conscient de ce qu'il perçoit, mais il est conscient *de lui-même comme d'une entité distincte* du reste *conscience réflective*

des êtres de l'univers. Par ce type de conscience, l'être humain est capable de traiter ses états ou actes de conscience comme des *objets pour lui-même*, c'est-à-dire *pour son moi*. Il peut même considérer son corps et sa conscience simple au complet comme un moi concret (moi psychophysique) qui sera un objet pour son moi réflexif ou psychologique.

⟶ La réflexivité (dont nous venons de parler) n'est pas le seul aspect de ce niveau; celui-ci comporte en même temps la *pensée conceptuelle* ou abstraite et la *capacité de s'exprimer selon un langage symbolique*, c'est-à-dire par l'usage de mots capables d'exprimer autant des objets perçus que des idées.

concept

pensée conceptuelle

Lorsqu'on observe ces trois fonctions, on constate que chacune permet aux deux autres de se réaliser, de se développer. Ainsi on peut identifier des caractéristiques générales propres à un groupe d'êtres – c'est-à-dire *former un concept* par l'analyse – parce que nous sommes capables de nous placer mentalement à distance de chacun de ces êtres par la conscience de soi (conscience réflexive). Sans cette dernière, nous ferions le tour de chaque être, nous percevrions ses caractéristiques individuelles, lesquelles s'accumuleraient à celles des autres êtres et il ne se produirait *rien de plus*. Notre réflexion, au contraire, est capable de comparer toutes les perceptions enregistrées consciemment, faire la sélection des *caractéristiques communes* à tous les êtres observés et les identifier en tant que telles, formant alors un *concept*.

On constate ici que le concept est une entité mentale qui est capable de synthétiser en lui de façon relativement simple des centaines ou des milliers de perceptions en *séparant*, dans celles-ci, les éléments *communs* à toutes, des éléments *spécifiques ou propres* à chacune; dans ce dernier cas, on fera une classification en espèces et en sous-espèces. Prenons un exemple: le concept de «félins»: on identifiera la forme générale de ceux-ci, la façon dont ceux-ci se reproduisent, la façon de se nourrir (prédateurs), leur vie sociale, etc. On mettra dans ce concept tous les éléments généraux qui sont communs à toutes les sortes de félins imaginables. Ensuite, on distinguera entre les diverses *espèces* de félins: les caractéristiques communes au tigre, au lion, à la panthère, à l'ocelot, au chat, etc. On pourra s'approcher un peu plus de la réalité concrète en distinguant entre les *sous-espèces* de tigres, de lions, de panthères, en trouvant les caractéristiques concrètes de chaque sous-espèce de l'espèce en question.

usage des mots

Or ces opérations risqueraient de passer et de s'évanouir si elles ne demeuraient que des états de conscience; or nous allons plus loin; l'être humain a appris à *nommer* ses images et concepts, à leur attribuer des signes particuliers que sont les *mots*. Le langage humain est donc l'ensemble des mots et des relations que l'on établit entre eux; tout langage est l'expression de ce qu'on a perçu et compris de la réalité extérieure au moi. Ainsi, l'image mentale et le concept sont élaborés à partir de la réalité; chacun est cristallisé, fixé par un mot qui est son signe. Ceci permet à chacun de l'identifier, de le combiner ou le distinguer d'avec d'autres images ou concepts et de les communiquer à d'autres moi.

Les mots sont en quelque sorte l'enveloppe objective des données de conscience. On peut comprendre l'importance des mots par rapport aux images et aux concepts en pensant à l'activité de synthèse de la raison (ou conscience réflexive). Avec les mots, on peut faire des «édifices complexes» d'images dans de longs et beaux poèmes et de vastes assemblages de concepts dans des systèmes de philosophie, des savoirs scientifiques et techniques.

On voit que les trois fonctions se soutiennent mutuellement; aucune n'est possible sans les deux autres. Sans les mots, toutes les activités conceptuelles ne seraient que des «éclairs» sans lendemain, à refaire continuellement, sans être fixées. Sans conscience de soi, l'activité conceptuelle serait impossible parce que nous ne pourrions pas nous distancer de la réalité pour mieux l'analyser, la comprendre et la nommer.

Toute l'édification des cultures de l'Antiquité à nos jours est fondée sur l'existence de ces trois processus qui ont permis non seulement de constituer clairement des savoirs mais aussi de les transmettre à chaque nouvelle génération par l'éducation. On peut comprendre alors que le but premier de l'éducation est l'apprentissage du langage qui est un ensemble de signes ou de codes; à l'aide de celui-ci, on peut avoir accès à tous les savoirs déjà enregistrés par la culture.

Troisième niveau: la *conscience cosmique*

Le passage de la conscience de soi à la conscience cosmique se fait de la même façon que le passage de la conscience simple à la conscience de soi; dans les deux cas, on constate deux choses: a) un niveau de conscience élargi; b) une capacité de connaissance et d'action plus grande.

Ainsi, lorsqu'on entre en conscience cosmique, on dépasse spontanément la conscience de la séparativité entre notre moi ou ego et les autres êtres extérieurs à soi et on perçoit la réalité entière comme une Totalité Vivante dont tous les êtres particuliers sont des manifestations plus ou moins conscientes. On comprend alors que le fait de voir les êtres comme des entités séparées est un point de vue superficiel.

En même temps, on constate que ce niveau de conscience donne à la personne une capacité d'acquérir une variété de connaissances qui étaient alors inaccessibles, connaissances relatives aux niveaux plus subtils de la réalité; il permet en même temps une capacité d'action qui est elle aussi élargie, action qui semble souvent «miraculeuse» à des esprits ordinaires.

Il semble que l'apparition de cette nouvelle faculté s'expliquerait par une mutation, laquelle serait causée de la même façon que les mutations antérieures, soit ici par une surcharge de la raison conceptuelle. Cette mutation engendrerait une raison supraconceptuelle qui fonctionnerait à l'aide *d'intuitions*, lesquelles seraient des états de conscience beaucoup plus complexes que les concepts, de portée beaucoup plus large et de profondeur de compréhension beaucoup plus subtile que ces derniers. Et, en même temps, cette mutation fait dépasser le moi individuel comme pôle de référence psychologique ultime de tous nos états de conscience ordinaires (perceptifs et réflexifs).

Voilà en très résumé les trois niveaux de conscience à travers lesquels a évolué l'espèce humaine. Nous allons, dans les pages qui suivent, détailler cette évolution, en décrivant l'apparition de nombreux sens et facultés. Ceux-ci sont apparus à des époques différentes chez l'espèce humaine et on peut les retrouver à échelle plus réduite chez l'individu dans le même ordre d'apparition.

I
Au niveau de la conscience de soi

On peut estimer la durée de l'acquisition d'une quelconque faculté par divers moyens. Dans les cas où la naissance de la faculté s'est produite à une époque relativement récente – par exemple durant les derniers vingt-cinq mille ans –, on peut utiliser la philologie ou les statistiques pour préciser la date approximative de son apparition. Mais dans le cas de facultés plus anciennes, il faut recourir à d'autres moyens tels:

- l'âge auquel la faculté apparaît chez l'individu actuel;
- la présence plus ou moins universelle de la faculté chez les individus adultes de l'espèce;
- la difficulté ou la facilité avec laquelle la faculté est temporairement ou en permanence perdue;
- la présence plus ou moins fréquente de la faculté dans le rêve.

Élaborons davantage sur chacun de ces quatre points:

1. On constate, en fait, que chacune de nos facultés apparaît à un âge particulier chez l'individu. Ainsi, par exemple, la mémoire et la «conscience simple» apparaissent quelques jours après la naissance; la curiosité après dix semaines; l'usage d'outils après douze

mois; les sentiments de honte, de remords et le sens du ridicule apparaisssent en géréral quinze mois après la naissance. Cet ordre d'apparition correspond aussi à l'ordre de leur apparition dans l'éventail des divers animaux; ainsi la mémoire et la conscience simple apparaissent chez des animaux aussi primitifs que les échinodermes alors que l'usage des outils est très peu présent chez les singes inférieurs. La présence des sentiments de honte, de remords et le sens du ridicule est confinée au singe anthropoïde et au chien. Ainsi la faculté spécifiquement humaine de la conscience de soi qui apparaît vers l'âge de trois ans a fait son apparition chez l'espèce humaine il y a mille siècles de cela. Quant au sens musical, qui n'apparaît pas avant l'adolescence et la puberté, celui-ci ne peut pas avoir existé chez l'espèce humaine plus de quelques milliers d'années.

2. Nous disons que plus une faculté a une *portée universelle* dans l'espèce humaine, plus son apparition remonte loin dans le passé de l'homme. Cette affirmation nous semble évidente; en effet, toute nouvelle faculté doit d'abord apparaître chez un individu, et, à mesure que d'autres individus vont atteindre le stade du premier, ils vont acquérir celle-ci. Après quelques milliers d'années, toute l'espèce va vivre avec cette dernière; c'est alors que la faculté aura une portée universelle.

3. Plus une faculté est apparue tôt dans l'espèce humaine, plus elle est solidement ancrée dans chaque individu; ou l'inverse: plus une faculté est récente, plus elle risque d'être perdue facilement.

4. L'étude des rêves nous révèle que la vie psychique qui y apparaît est différente de celle de l'éveil; elle semble plus primitive. En rêve, c'est comme si nous reculions vers l'état préhumain de la vie psychique. Ainsi par exemple, les facultés acquises plus récemment comme le sens des couleurs, le sens musical, la conscience de soi, le sens moral ne semblent pas exister dans le rêve.

Comparons maintenant quelques facultés les unes par rapport aux autres…

> La *conscience simple* apparaît chez l'enfant après quelques jours de la naissance; cette faculté est absolument universelle dans l'espèce humaine; elle remonte bien au-delà de l'apparition des mammifères; elle est perdue seulement dans le sommeil profond et le coma; elle est présente dans tous les rêves. (p. 41)

Les *sentiments de honte* et de *culpabilité*, de même que le *sens du ridicule*, sont censés apparaître chez le bébé vers quinze mois; ce sont toutes des facultés préhumaines (elles sont présentes chez le chien et le singe anthropoïde); ces sentiments ont sûrement existé chez nos ancêtres préhumains; ils sont presque universels chez l'espèce humaine; ils font défaut aux débiles profonds (idiots); ils apparaissent tous dans les rêves.

La *conscience de soi* apparaît chez l'enfant vers trois ans; celle-ci n'est présente que chez l'être humain; c'est cette faculté qui le constitue spécifiquement comme être humain. Celle-ci n'est pas présente universellement chez l'espèce humaine car elle fait défaut aux débiles profonds (idiots). Ainsi, elle est absente en permanence chez une personne par millier en Europe et en Amérique. Il est impossible de dire à quel moment précis cette faculté est apparue chez l'être humain mais on peut supposer que c'est moins de quelques centaines de milliers d'années. Nous perdons l'usage de cette faculté beaucoup plus facilement que la conscience simple; nous la perdons dans le coma, dans les délires causés par la fièvre, dans diverses formes de maladies mentales. Celle-ci peut être perdue pour des semaines ou des mois. Elle n'est jamais présente dans les rêves.

Le *sens des couleurs* apparaît graduellement vers trois ou quatre ans. Jeffries trouva que ce sens était absent chez un large pourcentage d'enfants de huit ans. Vingt à trente pour cent des écoliers sont censés être daltoniens («color-blind») contre quatre pour cent d'adultes mâles. Ce sens est absent chez une personne sur quarante-huit. Il est rarement présent dans les rêves.

En examinant le langage, on constate qu'à l'époque des Aryens primitifs – il y a quinze à vingt mille ans –, les humains n'étaient conscients que d'une couleur. Ils ne distinguaient pas les nuances entre le bleu du ciel, le vert des arbres et de l'herbe, le brun du sol et le rouge orangé des couchers de soleil. Pictet n'a trouvé aucun mot désignant des couleurs dans la langue indo-européenne primitive.

À l'époque où le *Rig-Veda* fut composé (il y a quatre mille ans), on distinguait entre le rouge, le jaune et le noir. Plus tard, le blanc fut ajouté à cette liste. Dans la *Bible*, le ciel est mentionné plus de quatre cent trente fois, mais nulle mention de sa couleur. Les longs poèmes d'Homère, l'*Iliade* et l'*Odyssée*, composés en Grèce et en Asie mineure où le ciel est si bleu, ne comportent aucune mention du bleu du ciel.

L'étymologie des différents langages nous permet de constater que le mot «bleu» vient du mot «noir». Il semble que les deux couleurs de base (rouge et noir) se divisèrent en «rouge-jaune» et en «rouge-blanc». Le «noir» se divisa en «noir-vert» et en «noir-bleu». À partir de ces quatre couleurs, l'espèce humaine en est arrivée à percevoir toutes les autres nuances que nous connaissons aujourd'hui.

La *nature morale* de l'être humain inclut plusieurs facultés: la conscience, le sens du bien et du mal, l'amour sexuel (distinct ici du désir sexuel), l'amour filial et parental (distincts ici des instincts de même type), l'amour du beau (c'est-à-dire le sentiment esthétique), l'amour du prochain, l'étonnement, le sens du respect, le sens du devoir et des responsabilités, la sympathie, la compassion et la foi. La condition humaine n'est pas complète sans ces éléments. La faculté morale est une faculté très complexe, c'est pourquoi nous allons l'envisager ici comme s'il s'agissait d'un sens unique.

> Cette nature morale n'est jamais présente chez les très jeunes enfants; elle est souvent absente à la puberté et même à l'adolescence; c'est une faculté acquise tardivement. (p. 44)

On peut dire que son apparition se situe en moyenne vers l'âge de quinze ans. Il semble clair que cette faculté a dû apparaître il y a dix à douze mille ans. Un examen attentif des documents historiques des peuples hébreux, égyptiens, assyriens et babyloniens nous indiquerait à coup sûr que si nous remontions au-delà de cette époque, nous verrions la présence de cette nature morale s'amenuiser jusqu'à disparaître.

Quelle est la proportion des gens des pays civilisés à qui manquent les composantes du sens moral ? Voilà une question difficile à répondre. Il y a beaucoup de personnes qui ont une nature morale incomplète; d'autres, qui en ont peu ou pas du tout, se fabriquent une façade de moralité seulement pour sauver les apparences. La situation est très complexe et obscure. Quant à nous, nous pensons que le développement de la nature morale est moins répandu que le sens des couleurs. Nous pensons qu'au moins quarante personnes sur mille sont privées de cette faculté en Europe et en Amérique.

Le sens moral est beaucoup plus fréquemment perdu que la conscience de soi; celui-ci se perd beaucoup *plus aisément* que la conscience de soi. Voilà d'autres indications de l'arrivée tardive de ce sens chez l'espèce humaine.

Le *sens musical* n'apparaît pas chez l'individu avant l'adolescence. Ce sens est totalement ou presque absent dans les rêves, même dans le cas des musiciens professionnels. Ce sens n'existe pas chez plus de la moitié des individus de la race humaine. Il y a cinq mille ans, ce sens était beaucoup moins développé chez l'espèce humaine:

Alors que la conscience de soi est occasionnellement perdue dans l'aliénation, on peut dire du sens musical qu'il y est invariablement perdu. (p. 45)

Nous vous présentons un *tableau de synthèse* qui résume tous les éléments que nous venons de décrire dans la présente section. Ce résumé va vous permettre de voir, d'un seul coup d'œil, l'apparition évolutive de plusieurs facultés tant chez l'espèce humaine que chez chaque individu de cette espèce.

PSYCHOGENÈSE DE L'ÊTRE HUMAIN
ILLUSTRÉE À L'AIDE DE QUELQUES FACULTÉS

Nom de la faculté	L'âge moyen approx. de son apparition	Proportion de son absence chez les adultes	Moment de son apparition chez l'espèce humaine	Origine de la faculté chez les formes préhumaines	Facilité à perdre la faculté chez l'homme
mémoire	quelques jours après la naissance	aucun	préhumain	chez les échinodermes	perdue seulement dans le sommeil profond et le coma; présente dans les rêves;
onscience simple	quelques jours après la naissance	aucun	préhumain	"	"
curiosité	à 10 semaines	aucun	préhumain	chez les insectes et les araignées	"
usage d'outils	à 12 mois	aucun	préhumain	chez les singes	"
honte	à 15 mois	aucun	préhumain	chez les singes anthropoïdes et les chiens	"
remords	à 15 mois	aucun	préhumain	"	"
sens du ridicule	à 15 mois	aucun	préhumain	"	"
conscience de soi	à 3 ans	chez 1 sur 1 000	il y a 300 000 ans	propre à l'homme	perdue dans le coma, le délire, souvent dans la folie; absente dans les rêves
sens des couleurs	à 4 ans	chez 1 sur 47	il y a 30 000 à 40 000 ans	pas chez les ancêtres de l'homme	rarement présente dans les rêves
sens des arômes	à 5 ans	?	?	"	"
nature morale	à 15 ans	chez 1 sur 20 ou 25	il y a 10 000 ans	propre à l'homme	instable; facilement perdue à l'état de veille; absente dans les rêves;
sens musical	à 18 ans	chez plus de la moitié	moins de 5 000 ans	"	seulement présente à l'occasion; rarement dans les rêves;
conscience cosmique	à 35 ans	chez tous sauf 1 sur plusieurs millions	commence à apparaître	propre à l'homme	présente de quelques secondes à quelques heures; disparaît par elle-même. (p. 46)

En résumé, l'*ontogenèse* (c'est-à-dire le développement physique et mental de l'individu, de l'embryon à l'âge adulte) n'est pas différente de la *phylogenèse* (c'est-à-dire le développement évolutif de l'espèce humaine des formes les plus primitives jusqu'à l'époque actuelle). La raison en est que l'évolution individuelle ne peut pas suivre d'autres lignes de développement puisqu'il n'y en a pas d'autres:

Il est donc clair que les organes et les facultés doivent apparaître chez l'individu dans le même ordre que dans l'espèce (p. 45).

Quand une nouvelle faculté apparaît chez l'espèce, elle se manifeste d'abord chez *un seul* individu; plus tard, elle se retrouvera chez quelques-uns. Après un certain temps (c'est-à-dire de nombreuses générations), la faculté devient présente chez tous ou presque. Un fait important à noter: toute nouvelle faculté qui apparaît dans la ligne évolutive le fera seulement chez les individus qui ont atteint la maturité. Un individu immature ne peut pas dépasser le rythme de croissance des individus matures. Ceci sera notamment le cas pour l'apparition de la conscience cosmique, dont nous allons parler ci-après.

Nous constatons donc que depuis des millénaires l'arbre de vie continue de grandir et de multiplier ses branches et que cette croissance est loin d'être terminée. La vie va doter les humains de demain de nouvelles facultés que nous ne pouvons même pas imaginer encore.

II
La conscience cosmique (faculté)

Cette nouvelle faculté revêt plusieurs noms et ceux-ci n'ont pas toujours été reconnus. Bouddha nommait celle-ci «nirvana» (extinction), signifiant ainsi la disparition de certaines facultés inférieures telles que le sens du péché, le sentiment d'avidité pour les biens matériels, etc. Cette expérience fait apparaître une nouvelle dimension de la personnalité qui subjugue l'ancienne. Jésus nommait cette nouvelle condition le «royaume de Dieu» ou le «royaume des cieux» à cause des sentiments de paix et de bonheur qui accompagnent cette expérience. Saint Paul appelait cette faculté «le Christ»; «Christ» signifiant ici le «sauveur envoyé par Dieu». Lorsqu'il fut illuminé par cette faculté, il reconnut que Jésus avait aussi possédé cette faculté. Il considérait qu'il vivait deux «moi»: d'une part, le «moi réflexif normal» de Jésus et d'autre part le «moi supraconscient» envoyé sur terre (le Messie) en tant qu'exemple d'une nouvelle race supérieure. Mahomet nommait la conscience cosmique «l'archange Gabriel», qu'il considérait comme une personne distincte qui vivait en lui et qui lui parlait. Dante nommait cette faculté «Béatrice», nom qui signifie «qui rend heureux». Balzac nommait l'homme nouveau un «spécialiste». Whitman nommait celle-ci «mon âme».

Cette nouvelle faculté ne se présente pas par hasard chez l'homme; pour se manifester, il est nécessaire que certaines personnalités hautement développées existent et fournissent ainsi les conditions de base pour sa naissance. Dans de nombreux cas, on note un développement important des facultés intellectuelles et morales; dans quelques cas, la personne a un physique exceptionnel par sa beauté ou par son magnétisme.

À cette première condition, on doit ajouter ceci: non seulement la conscience cosmique va commencer à apparaître chez les meilleurs spécimens de l'espèce mais lorsque ceux-ci sont à leur apogée (à leur meilleur), à leur pleine maturité. Voyons les faits. Dans trente-quatre cas où le moment de l'illumination est connu de façon certaine, la répartition de l'âge se fait de la façon suivante: un cas à vingt-quatre ans; trois cas à trente ans; deux cas à trente et un ans; deux cas à trente et un ans et demi; trois cas à trente-deux ans; un cas à trente-trois ans; deux cas à trente-quatre; huit cas à trente-cinq ans; deux cas à trente-six ans; deux cas à tente-sept ans; deux cas à trente-huit ans; trois cas à trente-neuf ans; un cas à quarante ans; un cas à quarante-neuf ans et un cas à cinquante ans.

Ce dernier phénomène s'explique par le fait que l'émergence de ce niveau de conscience ne fait que commencer à apparaître chez le genre humain.

Comme la conscience de soi (réflexive) avant elle, on peut présumer que la «conscience cosmique» va, dans les siècles à venir, s'universaliser de plus en plus chez les hommes et l'âge de son apparition va s'abaisser comme ce fut le cas pour les niveaux de conscience qui l'ont précédé.

Presque tous ceux qui ont fait l'expérience de la «conscience cosmique» se demandent, au début, si cette nouvelle expérience de conscience est ou non un symptôme ou une forme d'aliénation mentale. La première chose que ces gens se demandent: «Ce que je vois reflète-t-il la réalité ou suis-je victime d'hallucinations?»

Nous devons donc nous demander comment on peut distinguer l'expérience de «conscience cosmique» de l'aliénation mentale. En fait, nous pouvons faire quatre distinctions entre les deux.

Tout d'abord, la «conscience cosmique» augmente le sens moral chez la personne qui la possède alors que l'aliénation mentale enlève à la personne son sens moral ou lui fait poser des gestes immoraux.

En deuxième lieu, un aliéné mental perd ou voit réduit son sens de la retenue, ses inhibitions en société, alors qu'une personne en «conscience cosmique» voit ces aspects fortement renforcés en elle.

En troisième lieu, il est certain que notre civilisation actuelle se fonde en général sur les enseignements de cette faculté. Les maîtres ou grands instructeurs ont reçu leur enseignement de la «conscience cosmique»; à leur tour, ils ont enseigné: ils ont laissé des livres, ils ont formé des disciples. Toutes les grandes religions tirent leur origine de certains d'entre eux. Donc, si la «conscience cosmique» était une aliénation mentale, cela signifierait que toute notre civilisation, incluant les plus hautes religions, serait fondée sur une aberration, ce qui n'est pas très réaliste.

En quatrième lieu, les personnes en conscience cosmique ont la même perception objective de la réalité propre à cette faculté. En effet, quant à l'essentiel, leurs discours coïncident; il n'y a que certaines divergences de détails sans doute exagérées par notre manque de compréhension. Ceci est un gage de validité si l'on compare cette situation avec d'autres niveaux de conscience. Prenons, par exemple, la vue: vous savez qu'un arbre pousse réellement là-bas, au milieu du champ à un mille d'où vous êtes parce que toutes les personnes à qui vous en avez parlé l'ont vu aussi: vous savez qu'il ne s'agit pas d'une hallucination. S'il n'y avait que vous à le voir, vous pourriez penser que vous êtes victime d'une hallucination. Il en va donc de même pour la conscience cosmique quant à sa validité. Ainsi par exemple, il n'y a personne, à ce niveau, qui nie ou infirme l'enseignement d'un autre. Paul de Tarse, qui persécuta longtemps les chrétiens, accepta comme vrai l'enseignement de Jésus dès le moment où il entra en conscience cosmique lui-même. Mahomet accepta non seulement que Jésus était le plus grand prophète mais qu'il était à un niveau supérieur à Noé, Abraham, Moïse et tous les autres. Et on pourrait multiplier les exemples... Ceux qui ont atteint la conscience cosmique considèrent que toutes les grandes religions nous livrent un message semblablement valable.

Mais en quoi consiste cette expérience? Voilà la question importante que nous devons préciser maintenant:

1. La personne fait l'expérience soudaine d'être immergée dans une flamme ou dans un nuage rosé, ou plutôt a la sensation que son esprit est immergé dans cette flamme ou ce nuage.

2. Au même moment, la personne est immergée dans un sentiment intense de *félicité*, de *béatitude*; ces mots sont utilisés pour désigner un état intérieur de bonheur qui dépasse de beaucoup les sentiments que nous pouvons ressentir au niveau de la conscience de soi. C'est un sentiment de triomphe venant de l'assurance ressentie d'avoir atteint le but final de l'existence.

3. Simultanément à ces expériences se produit l'aspect intellectuel de l'illumination qui est impossible à décrire. En un éclair, elle comprend la signification et le mouvement de l'univers ou cosmos. Contrairement à la compréhension ordinaire qui voit l'univers

constitué de matière inerte, elle voit que le cosmos est en vérité une *présence vivante*. Elle voit alors que ce sont les humains qui sont des particules de mort relative dans un océan infini de vie. Elle constate que la *vie* qui est dans l'être humain est *éternelle*; que toute vie est, au-delà des enveloppes corporelles, éternelle; que l'âme humaine est aussi immortelle que Dieu; que l'univers est ainsi conçu et ordonné que tous les êtres travaillent pour le bien de tous et chacun, sans aucun hasard.

Elle comprend que le principe fondamental qui gouverne le cosmos est ce que nous nommons «*l'amour*» et que l'épanouissement de chaque être est, à long terme, certain. La personne en conscience cosmique apprend en quelques minutes ou quelques secondes plus que dans plusieurs années d'études; et même beaucoup plus que n'importe quelle étude ne pourrait lui permettre. Le trait le plus important de cette expérience est le fait que la personne comprend la *réalité* comme un *Tout Unifié*, une *Totalité* qui surpasse énormément la portée de toutes les conceptions de la raison humaine. La personne voit alors la racine de tous les mystères. En comprenant le *Fondement* (Unground) de tous les phénomènes, la personne voit l'origine de tous les contrastes, de toutes les dualités et comprend qu'ils sont superficiels. Elle peut voir l'être de Dieu, la naissance et le déploiement de sa manifestation, à savoir le Cosmos; elle se sent chez elle au cœur de toutes choses.

4. Avec cette illumination, on fait l'expérience de son immortalité. Ceci n'est pas une conviction intellectuelle mais plutôt une évidence intuitive ressentie au plus profond de soi, beaucoup plus élémentaire que les activités inductives ou déductives de la conscience perceptive et réflexive.

5. Avec l'illumination, la peur de la mort qui hante tant d'hommes et de femmes disparaît totalement pour toujours; ceci se produit à un niveau plus fondamental que le raisonnement ou la réflexion.

6. Le sens du bien et du mal, le sens du péché disparaissent en ce sens que l'on ne se sent plus menacé par quoi que ce soit; l'existence n'est plus vécue de façon dramatique mais plutôt de façon euphorique. De plus, on sait que dorénavant on ne peut plus se tromper dans ses actions parce qu'on se sent en harmonie avec les lois de la nature. En d'autres mots, le «péché» n'est plus possible. Quant aux fautes commises par autrui, on perçoit non pas que ceux-ci sont méchants mais plutôt qu'ils sont ignorants ou inconscients des lois de la nature qu'ils transgressent.

7. Un autre trait caractéristique de cette expérience en est le caractère instantané; on compare souvent l'illumination à un éclair fulgurant éclairant la nuit.

8. Le charme ou le *charisme* des personnes en conscience cosmique est très augmenté. Les gens qui rencontrent une telle personne ressentent envers elle une attirance, un respect et une affection intenses et incompréhensibles à première vue envers elle. On peut constater facilement ce fait lorsqu'on voit l'impact majeur exercé sur leurs contemporains et leurs proches par les Bouddha, Krishna, Jésus et Mahomet, pour ne nommer que ceux-ci.

9. Il se produit un grand changement dans l'apparence physique de la personne. Dans les cas où l'illumination est particulièrement intense, on assiste à une véritable *transfiguration* de la personne.

Ceux qui atteignent à la conscience cosmique ne sont pas tous parvenus à la perfection et à l'infaillibilité, de la même façon qu'on n'atteint pas au plein épanouissement de la conscience de soi (réflexive) dès le moment où l'on y accède. Dans les deux cas, il y a une croissance, un développement à faire. Les personnes en conscience cosmique n'ont fait qu'atteindre une nouvelle phase de conscience, dans laquelle un développement est à prévoir.

Vous trouverez ci-après un *tableau des cas* d'expérience cosmique qui ont été recensés et analysés par l'auteur, cas qui ont permis à celui-ci, en plus de son expérience personnelle dans ce domaine, de rassembler les détails et précisions qui précèdent et le tableau qui suit.

Lorsque l'on observe le *tableau des cas* (qui suivent), la première chose qui nous frappe est la prépondérance des hommes sur les femmes.

En second lieu, on constate le fait curieux que, dans presque tous les cas pour lesquels le moment de l'illumination est connu, cette expérience se produit entre le début du printemps et la fin de l'été. La moitié des cas se produisant vers les mois de mai et juin.

En troisième lieu, il semble y avoir une correspondance entre l'âge de l'illumination et la longévité de l'individu. Par exemple, l'âge moyen de l'illumination de Socrate, de Mahomet, de Las Casas et de J.B. fut de 39 ans; l'âge moyen de leur mort fut de 74,5 ans. Dans les cas de Bacon, Pascal, Blake et Gardiner, l'âge moyen de leur illumination s'établit à 31 ans et l'âge moyen de leur mort à 55,2 ans. Gautama le Bouddha, saint Paul, Dante, Boehme, Yepes et Whitman sont entrés en conscience cosmique à l'âge moyen de 35 ans; ils ont vécu en moyenne jusqu'à 64 ans. Ces chiffres tendent à démontrer que cette expérience, apparaissant à la pleine maturité de l'être humain, correspond à peu près au milieu de la vie de la personne.

LES CAS DE CONSCIENCE COSMIQUE

Nom	Date de naissance	Âge à l'illumination	Sexe	Moment de l'illumination	Âge à la mort
Moïse	1 650 ?		M.		Vieux
Gédéon	1 350 ?		M.		Vieux
Isaac	770 ?		M.		Vieux
Lao Tseu	604 ?		M.		Vieux
Gautama	560 ?	35 ans	M.		80 ans
Socrate	469 ?	39 ans?	M.	Été	71 ans ?
Jésus	4	35 ans	M.	Janvier ?	38 ans ?
Paul	0	35 ans	M.		67 ans ?
Plotin	204		M.		66 ans ?
Mahomet	570	39 ans	M.	Mai	62 ans ?
Roger Bacon	1214		M.		80 ans ?
Dante	1265	35 ans	M.	Printemps	56 ans
Las Casas	1474	40 ans	M.	Juin	92 ans
Jean Yepes	1542	36 ans	M.	Début été	49 ans
Fr. Bacon	1561	30 ans?	M.		66 ans
J. Boehme	1575	35 ans	M.		49 ans
Pascal	1623	31,5 ans	M.	Novembre	39 ans
Spinoza	1632		M.		45 ans
Mme Guyon	1648	33 ans	F.	Juillet	69 ans
Swedenborg	1688	54 ans	M.		84 ans
Gardiner	1688	32 ans	M.	Juillet	58 ans
Blake	1759	31 ans	M.		68 ans
Balzac	1799	32 ans	M.		51 ans
J. B. B.	1817	38 ans	M.		
Whitman	1819	34 ans	M.	Juin	73 ans
J. B.	1821	38 ans	M.		73 ans
C. P.	1822	37 ans	M.		
H. B.	1823		M.		
R. R.	1830	30 ans	M.	Début été	69 ans
E. T.	1830	30 ans	M.		
R. P.	1835		M.		
J. H. J.	1837	34 ans	M.	Fin printemps	
R. M. B.	1837	35 ans	M.	Printemps	
T. S. R.	1840	32 ans	M.		
W. H. W.	1842	35 ans	M.		
Carpenter	1844	36 ans	M.	Printemps	
C. M. C.	1844	49 ans	F.	Septembre	

LES CAS DE CONSCIENCE COSMIQUE
(suite)

Nom	Date de naissance	Âge à l'illumination	Sexe	Moment de l'illumination	Âge à la mort
M. C. L.	1853	37 ans	M.	Février	
J.W. W.	1853	31 ans	M.	Janvier	
J. W. Lloyd	1857	39 ans	M.	Janvier	
P. T.	1860	35 ans	M.	Mai	
C. Y. E.	1864	31,5 ans	F.	Septembre	
A. J. S.	1871	24 ans	F.		

Note: L'auteur s'est employé, dans la suite de son livre, à décrire en détail la vie, le témoignage et l'enseignement des quarante-trois personnes figurant au tableau précédent de façon à prouver le bien-fondé de ses affirmations.

La longueur du présent texte nous empêche de résumer cette section très longue. Par contre, tous ceux et celles qui le désirent pourront consulter ce volume à la bibliothèque du collège.

La liste des cas mentionnés plus haut n'est pas complète comme on peut s'en rendre compte en étudiant l'histoire de la mystique occidentale et la pensée et les religions orientales (hindoue, bouddhiste et taoïste chinoise, tibétaine et japonaise) mais constitue un échantillon intéressant. Un examen plus exhaustif et approfondi révélerait qu'un nombre beaucoup plus important de *femmes* ont fait l'expérience de la conscience cosmique.

AUTO-ÉVALUATION
de la compréhension du texte

Vous pouvez évaluer la qualité de votre compréhension objective du texte selon que vous êtes capables de comprendre sans hésitation la *signification* et la *fonction logique* de chaque terme ci-après au sein du texte.

Cochez tout terme qui ne vous apparaît pas clair:

- ❏ conscience simple
- ❏ conscience perceptive
- ❏ conscience de soi
- ❏ conscience réflexive
- ❏ conscience cosmique
- ❏ pensée conceptuelle
- ❏ intuitions
- ❏ faculté
- ❏ nature morale

- ❏ phylogenèse
- ❏ nirvana
- ❏ Béatrice
- ❏ Christ
- ❏ illumination
- ❏ félicité
- ❏ béatitude
- ❏ cosmos
- ❏ ontogenèse

Identifiez la cause:

Si votre performance est faible ou moyenne, il vous faut déterminer quelle en est la cause:

- lecture trop superficielle ? (le relire)
- lecture attentive non assimilée ? (en faire l'analyse)
- lecture et analyse faites mais les liens logiques demeurent difficiles à préciser ? (faire un schéma d'ensemble à partir de l'analyse)

BIBLIOGRAPHIE

Bucke est considéré par beaucoup comme un des précurseurs de la psychologie transpersonnelle, laquelle correspond, selon Pierre Weil, à la quatrième révolution de la psychologie scientifique (après la psychologie behavioriste, la psychanalyse et la psychothérapie humaniste). Nous nous permettons de vous suggérer certains titres appartenant à la psychologie transpersonnelle pour vous permettre d'approfondir vos recherches dans ce domaine, si vous le désirez.

Sur l'histoire de la psychologie transpersonnelle

WALSH, R.N. et VAUGHAN, F.E. *Au-delà de l'ego, le tout premier bilan en psychologie transpersonnelle*, 2ᵉ éd., Paris, Éd. La table ronde, 1984, 378 p. (Champ psi)

WEIL, P. «Vers une approche holistique de la nature de la réalité», *Question de*, n° 64, Paris, Albin Michel, 1986, 213 p. (Médecines nouvelles et psychologies transpersonnelles, n° 64)

Ouvrages de psychologie transpersonnelle proprement dits

ASSAGIOLI, Dʳ R. *Psychosynthèse, principes et techniques*, Paris, Éd. Épi, 1953, 286 p. (Hommes et Groupes)

BROSSE, Dʳ T. *La «conscience-énergie», structure de l'homme et de l'univers, ses implications scientifiques, sociales et spirituelles*, Éd. Présence, 1978, 431 p. (Le Soleil dans le cœur)

DAVY, M.M. *L'homme intérieur et ses métamorphoses*, Paris, Éd. Épi, 1978, 158 p.

FERGUSON, M. *Les enfants du verseau, pour un nouveau paradigme*, Paris, Éd. Calmann-Levy, 1981, 338 p.

GABOURY, Placide. *Le voyage intérieur*, Montréal, Éd. de Mortagne, 1979, 254 p.

GROF, S. *Psychologie transpersonnelle*, Monaco, Éd. du Rocher, 2ᵉ éd., 1984, 314 p. (L'Esprit et la Matière)

GROF, S. *Les nouvelles dimensions de la conscience,* Monaco, Éd. du Rocher, 2ᵉ éd., 1989, 269 p. (L'Esprit et la Matière)

GROF, S. *Royaumes de l'inconscient humain*, Monaco, Éd. du Rocher, 1983. (L'Esprit et la Matière)

GROF, S. *La thérapie holographique*, Monaco, Éd. du Rocher. (L'Esprit et la Matière)

GROF, S. et HALIFAX, J. *La rencontre de l'homme avec la mort*, Monaco, Éd. du Rocher, 1982. (L'Esprit et la Matière)

TOURENNE, C. *Vers une science de la conscience*, Paris, Éd. de l'Âge de l'illumination, 1981, 276 p.

WEIL, P. *La conscience cosmique*, Paris, Éd. L'homme et la connaissance, 1982.

WEIL, P. *L'homme sans frontières*, Paris, Éd. L'Espace bleu, 1988.

WEIL, P. «Anthologie de l'extase», *Question de*, n° 77, Paris, Albin Michel, 1989, 156 p.

WILBER, K. *Les trois yeux de la connaissance, la quête du nouveau paradigme*, Monaco, Éd. du Rocher, 2e éd., 1987, 329 p. (L'Esprit et la Matière)

DEUXIÈME RÉSUMÉ

Alfred Adler, *Le sens de la vie*, 2e édition,
Paris, Payot, 1972, 217 p.
(Petite Bibliothèque Payot)

Par Bernard Proulx

À propos de l'auteur...

Alfred Adler était déjà docteur en médecine à la Faculté de Vienne en 1895. Il suivit d'abord le sillage de Freud jusqu'en 1910, mais s'en sépara puisqu'il ne pouvait plus accepter les exagérations du pansexualisme de Freud.

À partir de 1912, il organisa des centres de consultations psychopédagogiques dans trente écoles de Vienne. Il put ainsi approfondir de plus en plus la psychologie des enfants. En 1914, il fonda la *Revue Internationale de pédagogie de Vienne* où il mit l'accent sur le caractère unique de chaque personne humaine.

Agrégé à l'Institut de pédagogie de Vienne, il accepta l'offre de la Columbia University de New York et fut chargé en 1927 du cours de psychologie médicale. Le succès de son enseignement lui valut en 1932 une chaire professorale au Long Island Medical College de New York. En 1935, il fonda le *Journal of Individual Psychology*, revue publiée aux États-Unis.

Il mourut à Aberdeen en Écosse en 1937 lors d'une tournée de conférences.

L'ouvrage *Le sens de la vie* est le dernier ouvrage de cet auteur et constitue en quelque sorte le testament de ses idées philosophiques et psychiatriques. On pourra trouver une bibliographie commentée de ses œuvres au début de ce livre telle que citée dans la page de titre précédente et une bibliographie plus technique à la fin de ce texte.

INSTRUMENT DE TRAVAIL

L'objectif de cette activité est de vous faire comprendre et assimiler des données nouvelles qui n'avaient pas encore été présentées dans le cours et de vous faire réfléchir de façon vraiment active et critique à la validité de votre conception actuelle de l'être humain, c'est-à-dire d'approfondir, de valider ou de modifier vos convictions dans ce domaine, en vue de la rédaction de votre conception personnelle de l'être humain prévue à la fin du cours.

Donc, afin de répondre adéquatement à ces deux objectifs de compréhension à l'aide de ce texte, nous vous invitons à exécuter les deux activités intellectuelles suivantes:

- la *compréhension* des données élaborées dans ce texte;
- l'*examen critique* de celles-ci par rapport à votre conception de l'être humain.

1. *Compréhension*

Nous vous suggérons ici quelques questions qui pourront diriger votre effort de compréhension concernant ce texte:

a) Comment expliquer que l'on développe son «style de vie» dès la petite enfance ? Quelles sont les caractéristiques de toute «loi dynamique»?

b) Comment se développe «l'enfant normal» dans sa famille, à l'école, au travail, dans l'amour et durant la vieillesse ?

c) Quelles sont les *trois causes* qui peuvent engendrer un enfant asocial ?

d) Comment expliquer psychologiquement que *l'infériorité des organes* et la *négligence envers l'enfant* engendrent des «enfants gâtés» ?

e) Comment peut-on définir psychologiquement un «enfant asocial»?

f) Comment vont vivre les «enfants gâtés» durant l'enfance, la puberté, l'âge adulte et la vieillesse ?

g) Comment l'espèce humaine devrait-elle se développer selon Adler ?

2. *L'examen critique*

Une fois que vous aurez compris à fond le texte, nous vous suggérons de réfléchir au rapport entre ces données et la conception que vous avez choisie à la fin de la première étape. Pour ce faire, nous vous suggérons de vous poser les questions suivantes:

- Les données du *résumé correspondent-elles* à ma conception de l'homme ou la contredisent-elles ? (Dites oui ou non)
- Les *faits* et *arguments* amenés par l'auteur prouvent-ils suffisamment, selon moi, que le sens du développement individuel (c'est-à-dire la croissance intérieure) doit s'expliquer plutôt à partir de la *tendance biologique à la croissance et à la puissance* ? Dites pourquoi…
- Si oui, ces données suscitent-elles des *modifications* à ma conception de l'homme?

RÉSUMÉ

Le sens de la vie d'Alfred Adler

Dans les onze premiers chapitres de cet ouvrage, Adler développe sa compréhension de l'homme et sa vision du monde. Il s'agit ici d'une véritable synthèse de sa pensée sur tous les aspects de l'existence humaine.

De ce que nous connaissons de sa vie (son association avec Freud) et de son œuvre en général, nous savons que Adler se situe dans la tradition de l'*homo faber* (comme le marxisme et la conception freudienne). On peut affirmer que les idées générales de cette tradition concernant la nature humaine (structures internes) et la situation de l'homme par rapport à l'animal sont adoptées ici comme toile de fond par Adler.

Nous allons constater, dans les pages qui suivent, qu'Adler définit le sens du développement individuel – ou si vous préférez, la croissance personnelle – par la *tendance sociale* (que M. Scheler nomme «tendance à la croissance et à la puissance»), ce qui le distingue très clairement de son ancien maître, Freud.

Tout débute par l'expérience fondamentale suivante:

> *Être homme signifie posséder un sentiment d'infériorité qui exige constamment sa compensation.* La direction de la compensation recherchée est mille fois aussi diverse que le but de la perfection recherchée. Plus profondément est ressenti le sentiment d'infériorité, plus impérieux sera le désir de compensation, et plus violente sera l'agitation émotionnelle. (p. 56)

C'est à cause de cette situation fondamentale que chaque individu se donne à lui-même une *loi dynamique*:

> au début de son existence dans une liberté relative et en utilisant ses aptitudes et ses défauts innés, aussi bien que ses premières impressions du monde extérieur (laquelle) varie pour chaque individu en ce qui concerne mesure, rythme et direction. (p. 30)

Cette situation est si essentielle et universelle, si déterminante de diverses façons pour tout individu qu'elle dicte l'objet et les lignes de force de l'analyse psychologique. À cet effet, Adler nous dit:

> Tous les moyens de la psychologie individuelle qui doivent mener à la compréhension de la personnalité tiennent compte de l'opinion de l'individu sur la recherche de la supériorité, de l'importance de son sentiment d'infériorité et du degré de son sentiment social. (p. 31)

C'est le combat contre ce sentiment d'infériorité chez tout enfant qui

> constitue le fait fondamental de l'évolution humaine. [...] Sa peti-
> tesse, sa faiblesse, son incapacité de satisfaire ses propres besoins
> [...] sont des stimulants déterminants pour le développement de sa
> force. Sous la contrainte de son existence imparfaite il crée des
> formes de vie nouvelles et parfois originales. Ses jeux, toujours
> orientés vers un but futur, sont des signes de sa force créatrice.
> (p. 75)

Loi dynamique et style de vie

> Nous arrivons ainsi à la conclusion, que chacun porte en soi une
> «opinion» sur lui-même et sur les problèmes de la vie, une ligne de
> vie et une loi dynamique, qui le régit sans qu'il le comprenne, sans
> qu'il puisse s'en rendre compte. Cette loi dynamique naît dans le
> cadre étroit de l'enfance et se développe suivant un choix à peine
> déterminé, en utilisant librement les forces innées et les impressions
> du monde extérieur, sans qu'on puisse l'exprimer ou la définir par
> une formule mathématique. (p. 23-24)

Tout être humain, dès qu'il vient à l'existence, vit dans une *situation sociale* puisque la famille est la «première société» et la mère «le premier prochain». C'est pourquoi tout homme est amené à vivre, dès les premiers jours et pour toute son existence, dans des *rapports de force ou de coopération*. C'est ce fait fondamental qui amena Adler à affirmer que la tendance qui s'exerce prioritairement chez tout être humain est la tendance à la croissance et à la puissance, puisque celle-ci engage les notions *d'infériorité* et de *supériorité*, lesquelles constituent toujours la structure psychique du «rapport de force». À son tour, ce type de rapport constitue la trame principale de la *vie sociale*, or toute vie humaine est sociale.

Toute la façon de vivre (c'est-à-dire le *style de vie*) de l'être humain se détermine dans ses contours importants durant la *première enfance*, même avant que l'enfant puisse verbaliser ses émotions, idées, donc bien avant de pouvoir réfléchir sur son expérience quotidienne. Durant cette période, l'enfant va enregistrer les conduites réussies et les échecs dans sa façon de se comporter dans la «petite société» (c'est-à-dire la famille). De cette suite de tentatives, va émerger subconsciemment une «ligne générale de conduites habituellement réussies» (*loi dynamique* des comportements), laquelle inclut une *opinion subjective de soi* quant à sa force et ses possibilités actuelles et futures.

On peut dire, en commentant cette dernière phrase, que cette *loi dynamique* présente deux aspects intimement liés:

- *l'aspect objectif*: les personnes et les situations particulières de son entourage immédiat avec lesquelles il peut parvenir à ses fins (c'est-à-dire réussite).

• *l'aspect subjectif*: l'opinion subjective (peut-être fausse) de ses capacités internes.

Il faut rappeler que cette *loi dynamique* est toujours *subconsciente* dans ses principes généraux parce qu'elle est élaborée dans la première enfance, donc avant l'apparition de la lucidité réflexive; de plus, elle est *plus ou moins fausse* parce qu'elle est élaborée à partir d'expériences inexprimées, fortement affectives et à partir de situations souvent futiles. De plus, elle *modèle*, sans qu'on puisse s'en rendre compte, un *style de vie* (à savoir une *attitude devant les problèmes de la vie*), lequel sera plus ou moins bien intégré socialement. Ce style ne changera pas essentiellement pour la durée de l'existence. Enfin, cette *loi dynamique* est *originale à chacun*, donc différente de celle d'autrui, parce qu'elle s'élabore dans un contexte familial original et que chacun possède des capacités ou forces innées d'intensité différente. Donc, elle varie pour chaque individu en ce qui concerne son rythme, sa mesure et sa direction.

Direction de la loi dynamique

Ce que nous venons de décrire paraîtra sûrement abstrait et obscur au lecteur peu averti; il faut donc préciser comment un individu va vivre cette situation de la petite enfance et suggérer quelques exemples.

Disons d'abord que l'homme, en tant qu'être *vivant*, est toujours en *recherche de perfection*, cette caractéristique a trait à *l'élan vital* en chacun de nous.

> En comparaison avec la perfection idéale irréalisable, l'individu est constamment rempli d'un sentiment d'infériorité et stimulé par lui. (p. 30)

Signalons deux phrases qui cernent bien la situation fondamentale de tout homme:

IMPORTANT.

> [...] être un homme signifie posséder un sentiment d'infériorité qui exige constamment sa compensation (p. 56).
>
> La *loi fondamentale* de la vie est donc le triomphe sur les difficultés. (p. 55)

C'est dans cette situation fondamentale que tout individu va affronter les «problèmes de la vie» tels que le travail, l'amour et la vie sociale. Or certains êtres créent leur loi dynamique de façon erronée et d'autres de façon réussie; la ligne de démarcation s'établit selon que la conduite est orientée *dans le sens du sentiment social ou non*. Pourquoi une telle affirmation? Cette affirmation se fonde sur l'évolution sociale de l'adaptation de l'espèce humaine. Tout dans la vie de l'espèce humaine est fait de façon sociale: l'éducation familiale et scolaire, la division sociale et la spécialisation du travail, les mœurs sociales pour les loisirs, les repas, le culte religieux, l'amour, etc.

vie de l'espèce humaine est fait de façon sociale.

Toute «loi dynamique» débouchant sur un style de vie asocial ou antisocial engendre, selon le degré de ce manque, des conduites d'échec, passives ou actives, plus ou moins graves allant jusqu'au suicide.

Il importe maintenant de décrire concrètement comment des individus créent leur loi dynamique de vie... Nous allons décrire successivement, retournant à la période de la première enfance, les deux types d'individus: le premier qui évolue dans le sens du sentiment social que nous nommerons *l'enfant normal* et le second qui crée sa loi dynamique de façon asociale ou antisociale et que nous nommerons *l'enfant asocial*.

1. *L'enfant normal*

> Cette préparation à la vie commence dès le premier jour de son existence; la vie sociale de l'enfant commence avec la mère, laquelle devrait être, grâce au développement de l'amour maternel, la partenaire la plus apte à donner à l'enfant, l'expérience de la vie avec ses semblables. C'est d'elle que partent les premières impulsions enjoignant l'enfant à s'insérer dans la vie comme élément de l'ensemble et à chercher le contact juste avec le monde environnant (c'est-à-dire cesser de pleurer la nuit, boire ou manger à des heures stables, etc.).
> (p. 37)

Avec l'éveil progressif de l'enfant, la mère verra à étendre son sentiment social à d'autres personnes, à savoir au père, aux frères et sœurs et aux petits voisins; cette ouverture à autrui peut s'accroître en faisant participer l'enfant, dans la mesure de son développement physique et psychique, à certaines tâches faites en famille (sortir les déchets, essuyer la vaisselle, etc.). L'attitude adéquate des parents consiste à corriger ou complimenter l'enfant selon qu'il réalise ou non les attitudes de coopération, de persistance, de travail soigné, attitudes qui correspondent à divers aspects du sentiment social.

À son entrée au jardin d'enfants ou à l'école, l'enfant sera soumis à une autre épreuve quant à son aptitude à la coopération en grand groupe, avec ses nombreux «compagnons», sa capacité à être attentif et actif alors que le rôle principal est joué par le professeur ou un autre étudiant. La réussite scolaire, tant au plan intellectuel qu'au plan affectif, dépendra vraiment du degré de son sentiment social. En effet, déjà au niveau de l'école, l'enfant peut vivre, dans une certaine mesure, l'amitié, la camaraderie, la fidélité, le sens des responsabilités, la bonne grâce à agir en commun.

Lorsque survient la période de puberté, il se produit, chez l'adolescent, un autre problème vital important. Comme il se sera développé dans le sens du sentiment social, il refusera les obscénités et les sottises sur ce sujet venant de certains camarades. Durant cette période, il sera poussé à vouloir démontrer à son entourage qu'il n'est plus un enfant mais un adulte; il tentera de prouver ce point en imitant certaines qualités des adultes et non leurs travers.

Le jeune adulte «normal» sera prêt à affronter *avec succès* (c'est-à-dire dans le sens de la structure sociale du groupe) les trois grands problèmes importants suivants: ceux de la société, du travail et de l'amour, problèmes qui demandent, pour leur solution, un intérêt développé pour autrui.

> Celui qui aura été élevé pour la vie en commun gagnera facilement des amis; il trouvera aussi de l'intérêt à toutes les questions concernant l'humanité. Sa conduite sera ajustée pour le bien-être de celle-ci. Son attitude générale dans sa vie sociale sera celle de la *bonne volonté*. (p. 45)

Il ne cherchera pas à attirer l'attention sur sa personne par des actions bonnes ou mauvaises; il sera plutôt orienté à coopérer utilement au bien-être de la communauté dont il fera partie.

Dans le domaine du travail où la division des tâches existe, l'homme pourra consentir à une *coopération à l'avantage des autres*. Il ne doutera jamais qu'à chacun est due la récompense du travail et qu'il est indispensable pour le bien de la collectivité qu'il réalise celui-ci de la façon la plus soignée possible. Lorsque cette attitude est très répandue, il se produit des échanges de produits et l'utilité du travail de chacun s'en trouve confirmée. Chacun en retire un sentiment de sa valeur pour la société et «ce sentiment atténue le sentiment général d'infériorité propre aux humains» (p. 46).

Dans l'amour, il s'agit d'affronter «un problème à deux personnes de sexe opposé dans la perspective de la descendance et de la continuation de l'espèce» (p. 46).

Pour pouvoir réussir à vivre *l'amour, trois exigences* sont en même temps nécessaires:

- la capacité de régler un problème «à deux», ce qui est tout à fait différent de régler un «problème pour une seule personne»;
- la conscience de *l'égalité* du partenaire;
- l'aptitude à l'abandon (admettre qu'il peut y avoir des besoins et des points de vue différents du sien qui sont valables et qui doivent être pris en considération).

Ces trois exigences peuvent se comprendre à l'intérieur d'une attitude globale idéale qui doit être constamment reprise par chaque couple:

> Chacune des deux personnes doit s'oublier entièrement comme être particulier pour se donner entièrement à l'autre, comme si les deux sujets devaient former un *seul être nouveau*. (p. 46)

Si un des membres du couple vit de façon égocentrique, les problèmes ne sont plus réglés à deux; des *rapports de pouvoir* plus ou moins élégants interviennent; ces problèmes doivent alors être réglés dans le sens de la supériorité de l'un sur l'autre, ce qui engendre des sentiments hostiles: chacun adopte envers son conjoint, une attitude de revendication, de réprimande... De tels rapports peuvent conduire aux pires violences.

La dernière épreuve est la peur de la vieillesse et de la mort. Pour l'homme qui a toujours vécu dans le sens du sentiment social, ce dernier problème n'aura rien d'angoissant puisqu'il sera convaincu de son immortalité dans l'image de ses enfants et dans la conscience de sa contribution à la civilisation croissante. En ce sens, il aura le sentiment très net d'avoir réalisé dans une mesure très acceptable le sens de sa vie; il aura vécu celle-ci en harmonie et en collaboration avec l'évolution positive de l'humanité.

2. L'enfant asocial

On peut relever, si l'on s'intéresse à la première enfance, *trois causes* qui peuvent engendrer «possiblement» un développement *asocial* chez l'enfant ou, en termes positifs, un développement *égocentrique*. La première consistera à soustraire l'enfant à son élan créateur par un surcroît de précautions et de tendresse; ce sera *l'enfant gâté*. Une deuxième cause sera la négligence affective des parents envers l'enfant. Enfin, la troisième cause sera la possession d'organes inférieurs (infirmités ou maladies chroniques). Une ou plusieurs de ces causes pourra provoquer chez l'enfant la création, de *façon préconsciente*, d'une loi *dynamique asociale* ou *égocentrique*. Disons d'abord quelques mots sur la dernière cause (que l'on peut considérer déterminante dans tous les cas).

L'infériorité des organes

Une infériorité quelconque dans les organes se présente dans la première enfance, causée soit par certaines maladies chroniques soit par certaines incapacités dans des domaines d'activité précis (marcher, voir, etc.). Dans de tels cas, il se produit ceci: la mère (en général) va porter beaucoup plus d'attention et de tendresse à cet enfant afin d'adoucir au maximum son existence. Il en résultera un sentiment de *dépendance accrue* de la part de l'enfant, renforçant son sentiment d'infériorité normal et l'amenant à créer inconsciemment une opinion de lui-même beaucoup plus réduite que la normale; en effet, il se rendra bien compte que son élan créateur envers son environnement n'a pas la même envergure que s'il était en santé.

Ces manifestations peuvent «faire naître l'habitude inaccoutumée de se faire dorloter et donner à l'enfant l'impression de présenter une importance énorme sans nécessité de coopération de sa part, mais elles peuvent aussi arriver à rendre l'enfant maladif et geignard» (p. 42). Même après être guéri, il tentera plus ou moins consciemment de reproduire cet état satisfaisant en «se plaignant de fatigue, de manque d'appétit, en présentant une toux persistante sans cause» (p. 42).

Progressivement, il pourra peut-être s'habituer à considérer son environnement *comme devant être centré sur lui*. En ce sens, il présentera les mêmes caractéristiques que l'enfant gâté (que nous décrirons par la suite).

La négligence envers l'enfant

Une négligence accentuée des parents envers l'enfant pourra donner à celui-ci *l'opinion «qu'il ne mérite pas d'être aimé»* et il trouvera des raisons, en s'examinant, pour confirmer une telle opinion. Son sentiment d'infériorité s'accentuera intensément. Si ses caractéristiques innées (c'est-à-dire son tempérament) en font plutôt un être *passif*, il se refermera sur lui-même, à la fois pour réduire le malaise de vivre avec autrui et pour diminuer les réactions négatives qu'il anticipe (peut-être faussement) à son égard. S'il est d'un tempérament *actif*, il tentera de combattre cette indifférence en attirant sur lui l'attention de sa mère, à savoir mendier de la tendresse, espiègleries, rétention des matières fécales, etc.). Ici encore, attitude égocentrique et diminution du sentiment social.

L'enfant gâté

Prenons, pour décrire celui-ci, la situation extrême afin de mieux voir ce dont il s'agit. Prenons le cas de la mère qui soustrait l'enfant à la nécessité d'aider les autres, de collaborer avec eux, la mère qui «accable l'enfant de caresses et de tendresse, qui agit, pense et parle constamment pour lui, paralysant en lui toute possibilité de développement et l'habituant à un monde imaginaire tout différent du nôtre dans lequel il trouve tout fait par d'autres personnes» (p. 37). Cet enfant refusera d'étendre son sentiment social à d'autres personnes qu'à sa mère, au point de tenter de se soustraire à son père, à ses frères et sœurs, si ceux-ci ne lui donnent pas le même degré d'affection. Il croira fermement à l'opinion que tout est facile à obtenir par une aide extérieure. Pour lui, tout prétexte sera bon pour attirer l'attention de sa mère sur lui (mauvaise volonté à apprendre, rétention d'urine et de matières fécales, désobéissance, manque d'intérêt social). Les enfants gâtés repoussent tout ce qui est susceptible d'apporter un changement à une situation qui les satisfait totalement à ce moment.

Il faut ajouter à ceci, qu'incapable de se refuser quelque plaisir que ce soit, il s'adonnera intensivement à la masturbation tant pour le plaisir lui-même que pour compenser ses déceptions avec autrui. Ici encore, détournement vers soi d'une activité qui est destinée à être faite socialement (c'est-à-dire avec une autre personne) et pour la société (c'est-à-dire la continuation de l'espèce humaine).

> [...] les enfants gâtés se sentent toujours menacés et comme en pays ennemi lorsqu'ils se trouvent en dehors du cercle où on les gâte. Tous leurs divers traits de caractère doivent être en concordance avec leur opinion sur la vie, avant tout leur énorme égocentrisme souvent incompréhensible et aussi leur narcissisme. Il en résulte indubitablement que tous ces traits de caractère sont des produits artificiels, qui sont acquis et non pas innés. (p. 42)

Bref, un tel enfant développe – par erreur – une loi dynamique fondée sur la *dépendance* à l'égard des autres, donc loi *égocentrique*, dépourvue de tout intérêt et ouverture envers autrui (c'est-à-dire absence du sentiment social).

Notons, en passant, qu'Adler conteste, à partir de ces propos, la théorie freudienne des quatre phases du développement sexuel de l'homme. Selon lui, cette théorie repose sur le fait que Freud eut comme patient une *clientèle d'enfants gâtés*. Ceci s'expliquerait par le fait que toute personne qui vit un problème psychologique grave ne fait que vivre un «effet de choc» provenant du décalage entre la réalité et son manque de sentiment social, de son incapacité à résoudre les problèmes de la vie, problèmes qui sont essentiellement sociaux. Ainsi, par exemple, le complexe d'Œdipe ne serait qu'un des comportements asociaux (ou égocentriques) de l'enfant gâté qui entend demeurer le centre d'intérêt exclusif de la mère. Et il en sera ainsi pour toutes les autres perturbations psychiques et psychosomatiques.

Il dira assez sévèrement ce qui suit:

> En outre, la psychanalyse était par trop encombrée par le monde des enfants gâtés, ce qui fait que la structure psychique lui apparaissait comme un décalque constant de ce type et que la structure psychique profonde, en tant que partie de l'évolution humaine profonde, lui restait cachée. Son succès passager résida dans la prédisposition d'un nombre immense de personnes gâtées à accepter volontairement les vues psychanalytiques comme s'appliquant à tous les hommes. Ils furent par là renforcés dans leur propre style de vie. (p. 42)

→ Revenons à nos enfants asociaux... Ceux-ci considèrent leurs frères et sœurs, surtout les cadets, comme un obstacle, un élément qui réduit leur sphère d'influence; de là, l'apparition du *caractère dominateur* de ces enfants.

À cause de l'insuffisance des contacts avec le monde extérieur, ces cas présentent une «tension particulière dans la sphère affective, une augmentation au-dessus de la moyenne des émotions et des états affectifs» (p. 42).

Ainsi, à son entrée à l'école, on notera un «certain degré d'énervement, un manque d'inclination pour le travail académique, manque de concentration, retard, essais de perturber la classe, école buissonnière, perte des instruments d'école, etc. Donc, préparation insuffisante à la coopération» (p. 42). «Avec ses camarades: esprit batailleur, mauvais joueur, manque de camaraderie, arrogance, tendance au mensonge, au vol.» (p. 43)

À la puberté, l'enfant asocial, disposant d'un terrain d'action plus vaste, voudra démontrer qu'il est un adulte. Déjà profondément asocial, il aura tendance à se développer selon sa déviation asociale prédominante de façon plus nette.

Devant les grands problèmes de la vie (société, travail, amour), ces êtres se préparent de grands échecs, ceci dans la mesure où ils sont dépourvus de sentiment social.

Dans la vie sociale adulte, ces êtres présenteront les traits suivants:
> timidité, haine d'autrui, envie, méfiance, le plaisir de nuire, la vanité sous toutes ses formes, la susceptibilité exagérée, des états d'énervement en face des autres personnes, le trac, le mensonge et la tromperie, la calomnie, la tendance à la domination, etc. (p. 45)

Bien entendu, le nombre et la dominance de ces traits varieront selon chaque personne.

Au plan du travail, une tendance à jouir du travail d'autrui en fournissant soi-même le moindre effort, donc tendance à la fainéantise, ou à l'acte criminel (vol, fraude, etc.) et à l'exploitation économique d'autrui.

En amour, ces êtres auront une réticence excessive envers le mariage et ceux qui se marieront auront peu de chances de résoudre ce problème de vie, à cause de leur égocentrisme excessif. La probabilité statistique incline à dire que le divorce à brève échéance sera la conclusion d'une telle situation. Par ailleurs, il faut noter que, dans ce groupe, le nombre de pervers sexuels, de ceux qui s'adonnent à la promiscuité et à la prostitution est extrêmement grand et la raison en est que toutes ces déviations sexuelles sont des formes asociales de la sexualité (non destinées à la continuation de l'espèce). Ces formes sont toutes centrées sur l'intérêt égoïste (plaisir personnel, argent, etc.) de l'individu.

Ces personnes peuvent traiter l'amour à la légère, réduisant celui-ci à une rencontre physique ayant pour but exclusif la jouissance personnelle. Beaucoup auront une réticence à établir une relation durable, ce qui engendre de la méfiance et le doute entre les partenaires.

Ce groupe de personnes, très démunies du sentiment social, ne sont pas capables d'affronter et de résoudre les problèmes de la vie dont nous venons de parler. Le décalage entre leur «monde intérieur» (c'est-à-dire loi dynamique, style de vie) et la réalité sociale est tellement considérable qu'ils sont ou se sentent incapables de réussir à les régler; de là, leur *sentiment d'échec* génère des *comportements de fuite* devant la réalité.

Si c'est l'aspect *affectif* qui domine chez la personne asociale, le comportement de fuite se fera du côté de l'ivrognerie et d'autres toxicomanies; si c'est l'élément *intellectuel* qui prédomine, la fuite se fera vers la névrose (paranoïa, schizophrénie). Si c'est l'élément *actif* qui prédomine chez la personne, la fuite se fera du côté de la criminalité. Lorsque le sentiment de l'échec prend des proportions immenses, englobant la vie entière (exemple: être certain d'être un raté) ou impliquant l'opinion subjective (souvent fausse), qu'on ne peut absolument rien faire pour résoudre les problèmes de la vie, la fuite par excellence devient le suicide, sorte de protestation et de bouderie sans courage devant les exigences de la vie sociale.

> À la place du sens commun, ils ont une «intelligence privée» qu'ils utilisent adroitement pour suivre en sécurité un chemin écarté. (p. 88)

Ceci signifie que ces êtres asociaux se forment une série de raisonnements qui va justifier leur état et, s'il arrive que quelqu'un s'avise de contester leur état, ceux-ci auront d'autres raisonnements pour expliquer que leur état n'est pas anormal et que c'est la faute des autres (parents, employeur, la société, etc.) s'ils sont dans cette situation. Leurs propos ont une cohérence interne les uns par rapport aux autres mais ne correspondent pas au «bon sens» de la plupart des gens. C'est grâce à cette «intelligence privée» qu'ils arrivent à justifier et à normaliser à leurs propres yeux leur situation afin d'éviter le sentiment d'échec et les remords.

C'est cette «intelligence privée» – ensemble de jugements organisés par leurs dispositions affectives asociales – qui transforme leurs conduites aberrantes en *complexe de supériorité*. Par exemple, «la peur de la défaite tend à les éloigner d'une façon permanente du cercle de la collaboration humaine» (p. 89); or ceux-ci en tirent un sentiment de supériorité en se disant que les gens qui forment leur entourage ou la société ne sont pas assez sensés, évolués ou cultivés pour apprécier de toute façon une contribution qu'ils pourraient y faire. Dans tous les cas – même la névrose –, ces êtres se considèrent supérieurs à la moyenne de l'humanité.

série de raisonnement qui va justifier leur état ↳ intelligence privée qui les normalise.

Les manifestations de cette attitude sont les suivantes:

> vanité, coquetterie en ce qui concerne l'apparence extérieure, que celle-ci soit distinguée ou négligée, habillement excentrique, manière exagérément masculine chez les femmes, ou féminine chez les hommes, arrogance, exubérance, snobisme, fanfaronnade, conduite tyrannique, tendance à la dépréciation, [...] culte exagéré des héros, aussi bien que tendance à se lier à des personnalités importantes ou à commander des faibles, des malades, des personnes de moindre importance, abus d'idées précieuses et de courants d'idées servant à la dépréciation des autres [...] (p. 90).

Enfin, devant le dernier problème de la vie, à savoir la vieillesse et la mort, ces personnes éprouveront une angoisse profonde, un sentiment d'absurdité intense, le sens d'une abominable injustice qui leur est faite par le destin. «De plus, la peur d'un anéantissement absolu s'extériorise par une déchéance physique rapide et à un ébranlement psychique.» (p. 51) On peut prendre comme exemple le cas des femmes asociales:

> Celles surtout qui estiment la valeur de la femme non pas d'après le degré de coopération, mais d'après la jeunesse et la beauté, souffrent d'une façon extraordinaire, adoptant souvent une attitude hostile comme pour se défendre contre une injustice et tombent dans un état de dépression qui peut aboutir à une mélancolie. (p. 51)

À cette période, se manifeste chez beaucoup une exagération de leur importance; ils prétendent tout savoir mieux que les autres, etc.

Tout au long de cette description, nous nous sommes constamment référés plus ou moins explicitement à l'évolution de l'humanité puisque le développement de l'individu et celui de l'humanité sont tous deux sociaux; à ce titre, ils sont intimement liés l'un à l'autre.

Le sens de l'histoire

Adler admet tout à fait, avec Darwin et Lamarck, que l'humanité, comme toute forme de vie,

> [tend] vers un but éternel d'adaptation aux exigences du monde extérieur, à savoir vaincre la mort, de tendre vers une forme finale idéale, et, conjointement avec les forces physiques préparées dans ce but au cours de l'évolution, d'atteindre, par une influence et une aide mutuelles, un but de supériorité, de perfection, de sécurité (p. 54).

C'est ce contexte d'évolution et d'adaptation des formes de vie face aux forces de la nature qui a permis de développer cette faculté qu'on nomme de diverses façons (âme, esprit, psyché, intelligence ou le processus psychique) mais qui n'est que biologique comme la cellule vivante qui est la base de l'organisme humain.

C'est à cette loi que sont soumis l'instinct de conservation,

> la procréation comme voie évolutionnaire pour la survivance d'une participation corporelle au-delà de la mort, la collaboration au développement de «l'humanité», laquelle conserve d'une façon immortelle, l'esprit de ses collaborateurs et le rendement socialisé de tous ceux qui ont pris part à la réalisation de tous les buts indiqués (p. 55).

L'évolution de l'humanité s'est opérée selon le même modèle que le fonctionnement unifié des organes du corps, à savoir *de façon collective ou sociale*. «La loi fondamentale de la vie est donc le triomphe sur les difficultés.» (p. 55)

L'humanité a continuellement renforcé et amélioré ses structures collectives au *plan politique* (regroupement des nations, organismes de paix, etc.), au *plan économique* (comme le prouve l'organisation du commerce international, l'assistance aux pays sous-développés, la Croix-Rouge, etc.) et *au plan social* (mesures pour enrayer et assister les pauvres, les chômeurs, les vieillards, les orphelins, les femmes battues, etc.), mais cette évolution est loin d'être terminée puisqu'on note toujours la présence, au sein de l'humanité, de phénomènes tels que le racisme, la peine de mort, la guerre, la discrimination envers la femme, l'exploitation abusive du travail, un reste d'esclavage, l'impérialisme politique et économique, etc.

Il serait trop long à expliquer, dans le menu détail, pourquoi chacun de ces facteurs constitue un aspect asocial de l'humanité en évolution; qu'il suffise de dire que, à l'échelle de l'humanité, le but idéal correspondant au sentiment social, consiste, pour chaque personne et chaque groupe (politique, économique, national, etc.), à soutenir des conduites, des politiques qui favorisent progressivement *l'unité de tous les hommes sur la planète.*

Tout sentiment, toute conduite, tout projet ou théorie qui, au contraire, tendent à favoriser la compétition agressive, la méfiance, la poursuite égoïste d'intérêts locaux, la vengeance, le besoin de supériorité, la recherche du pouvoir personnel sont des *conduites asociales*.

Or *toute conduite asociale est une erreur et un échec*, si l'on tient compte de la direction «sociale» de l'évolution humaine.

> Chaque solution erronée, résultat d'un développement physique inadéquat, démontre son impropriété par l'échec qui peut mener jusqu'à la suppression et l'extermination de l'individu égaré. Le processus de l'échec peut dépasser l'individu et nuire à ceux qui lui sont associés, à sa descendance, et entraîner dans les pires difficultés les familles, les tribus, les peuples et les races. (p. 54)

Le bien-être de la collectivité, le développement ascensionnel de l'humanité ont pour base les contributions impérissables apportées par nos ancêtres. Leur esprit reste toujours vivant. [...] nous ne pouvons accorder de prix à l'activité d'un individu ou à celle d'une masse que si elle aboutit à des créations de valeur pour l'éternité et pour le plus grand développement de toute l'humanité (p. 199).

Des essais [...] en vue d'obtenir un meilleur développement social par le recours intensifié d'un des maux tels que la guerre, la peine capitale ou les haines raciales et religieuses, amènent invariablement dans les générations suivantes une chute du sentiment social et par là une aggravation notable des autres maux. (p. 201)

Le développement de l'humanité n'a été possible que parce que l'humanité a été une collectivité et parce que dans sa recherche de la perfection elle a aspiré à devenir une société idéale. (p. 202)

Il y a lieu d'espérer que dans des temps lointains la puissance du sentiment social triomphera de tous les obstacles extérieurs, s'il est donné à l'humanité suffisamment de temps pour cette réalisation. À cette époque, l'être humain manifestera son sentiment social comme il respire. Jusque-là il ne nous restera rien d'autre à faire qu'à comprendre cette évolution nécessaire des choses et à l'enseigner aux autres. (p. 204)

AUTO-ÉVALUATION
de la compréhension du texte

Vous pouvez évaluer la qualité de votre compréhension objective du texte selon que vous êtes capables de comprendre sans hésitation la *signification* et la *fonction logique* de chaque terme ci-après au sein du texte.

Cochez tout terme qui ne vous paraît pas clair:

- ❏ loi dynamique de vie
- ❏ style de vie
- ❏ première enfance
- ❏ sentiment social
- ❏ sentiment d'infériorité
- ❏ problème du travail
- ❏ effet de choc
- ❏ narcissisme
- ❏ intelligence privée
- ❏ égocentrique
- ❏ enfant normal
- ❏ enfant asocial
- ❏ enfant gâté
- ❏ problème à deux personnes
- ❏ problème de l'amour
- ❏ problème de la société
- ❏ comportement de fuite

Identifiez la cause:

Si votre performance est faible ou moyenne, il vous faut déterminer quelle en est la cause:

- • lecture trop superficielle ? (le relire)
- • lecture attentive non assimilée ? (en faire l'analyse)
- • lecture et analyse faites mais les liens logiques demeurent difficiles à préciser? (faire un schéma d'ensemble à partir de l'analyse)

BIBLIOGRAPHIE

Si vous désirez continuer votre réflexion sur la pensée de cet auteur, voici quelques suggestions bibliographiques dont plusieurs livres sauront vous intéresser dans votre longue démarche de connaissance de soi.

Voici des informations sur l'œuvre de A. Adler, dont seulement une partie a été traduite en français :

Œuvres en allemand

Studie über Minderwertigkeit von Organen (Étude sur l'infériorité des organes);

Die Technik der Individualpsychologie (La technique de la psychologie individuelle);

Heilen und Bilden (Guérir et instruire).

Œuvres en anglais

The Science of Living (La science de la vie);

Problems of Neurosis (Problèmes de la névrose);

The Patterns of Life (Le style de vie).

Œuvres en français

Pratique et théorie de la psychologie individuelle comparée, Paris, Éd. Payot. (Bibliothèque scientifique)

La compensation psychique de l'état d'infériorité des organes (suivi de: *Le problème de l'homosexualité*), Paris, Éd. Payot. (Bibliothèque scientifique)

L'enfant difficile, Paris, Éd. Payot. (Petite Bibliothèque Payot)

Le tempérament nerveux, Paris, Éd. Payot. (Petite Bibliothèque Payot)

Connaissance de l'homme, Paris, Éd. Payot. (Petite Bibliothèque Payot)

Religion et psychologie individuelle comparée, Paris, Éd. Payot. (Bibliothèque scientifique)

Le sens de la vie (cet ouvrage a été résumé dans le texte qui précède).

TROISIÈME RÉSUMÉ

mercredi soir

Erich Fromm, *L'art d'aimer*,
Paris, Édition de l'Épi, 1968, 157 p.

Par Michel Sergerie

À propos de l'auteur...

Erich Fromm est né le 23 mars 1900 à Francfort en Allemagne. On peut dire de lui qu'il devint philosophe, psychanalyste et écrivain. En effet, il a complété à l'Université de Heidelberg, à vingt-deux ans, un doctorat en philosophie. Par la suite, il a appartenu, pendant un certain temps, à l'Institut psychanalytique de Berlin. Il collabora durant les débuts des années trente aux travaux de l'École de Francfort. En 1934, vu la montée du nazisme, il immigra aux États-Unis où il enseigna dans plusieurs universités américaines et également à l'Université de Mexico. Il est considéré comme l'un des chefs de file du mouvement néo-freudien américain.

Après sa naturalisation comme citoyen américain, il occupa un poste de professeur de psychiatrie à l'Université de New York. De plus, il fut nommé président du «William Allenson White Institute» de Washington et de New York. Mais, en 1969, on le retrouve en Suisse, où il fut nommé citoyen d'honneur et où il passa le reste de sa vie. C'est le 18 mars 1980 qu'il mourut à Muralto, en Suisse.

Son œuvre de philosophie est l'une des plus importantes de son temps. Il a publié plus de vingt ouvrages dont récemment dans «Réponses» *La passion de détruire*, *Avoir ou être* et *Grandeur et limite de la pensée freudienne*.

Le livre *L'art d'aimer* se veut un livre sur la compréhension de l'amour humain. Il se veut également une explication des formes d'amour, c'est-à-dire de l'amour entre parents et enfants, frères et sœurs, amis et amies et même Créateur et créatures, face à une civilisation de production et de consommation. L'amour, pour Erich Fromm, représente l'unique choix pour réaliser son autonomie ou son indépendance.

INSTRUMENT DE TRAVAIL

L'objectif de cette activité est de vous faire comprendre et assimiler des données nouvelles qui n'avaient pas encore été présentées dans le cours et de vous faire réfléchir de façon vraiment active et critique à la validité de votre conception actuelle de l'être humain, c'est-à-dire d'approfondir, de valider ou de modifier vos convictions dans ce domaine, en vue de la rédaction de votre conception personnelle de l'être humain prévue à la fin du cours.

Donc, afin de répondre adéquatement à ces deux objectifs de compréhension à l'aide de ce texte, nous vous invitons à exécuter les deux activités intellectuelles suivantes:

• *la compréhension* des données élaborées dans ce texte;
• *l'examen critique* de celles-ci par rapport à votre conception de l'être humain.

1. *Compréhension*

Nous vous suggérons ici quelques questions qui pourront diriger votre effort de compréhension concernant ce texte:

a) Pourquoi Erich Fromm dit-il que l'amour est un *art*?

b) Identifiez *les trois types de problèmes* qui font que l'homme subit *l'échec* de l'amour.

c) Nommez et expliquez *les trois facteurs importants* pour réussir l'art d'aimer?

d) Que serait, d'après Fromm, la *principale cause* de l'échec de l'amour?

e) À quoi correspond le *besoin universel fondamental* des hommes et des femmes?

f) Nommez et décrivez *les trois solutions partielles* pour répondre à l'angoisse de la séparation.

g) Quelles sont *les deux formes* de l'union «symbiotique»?

h) En opposition à «l'union symbiotique» l'auteur parle de l'amour; comment Fromm explique-t-il que l'*amour* est la seule solution possible?

i) En quoi consiste l'*amour actif*?

j) Décrivez *les 4 éléments fondamentaux* de l'amour.

k) Pour Erich Fromm, à quoi correspond *le désir d'union* entre les pôles masculin et féminin?

l) Comment l'enfant perçoit-il l'*amour de ses parents*?

m) Définir ce qu'est l'amour *fraternel*.

n) Définir ce qu'est l'amour *maternel.*

o) Définir ce qu'est l'amour *érotique.*

p) Définir ce qu'est l'amour de soi.

q) Définir ce qu'est l'amour *de Dieu.*

r) Que veut dire Fromm par «l'amour comme *relation d'équipe*»?

s) Qu'entend-il par «*technique sexuelle*»?

t) Décrivez les formes d'amour *névrotique* d'origine familiale.

u) À quoi Fromm fait-il allusion quand il parle des formes d'amour névrotique qui ne sont pas d'*origine familiale*?

v) Selon Fromm, quels sont les *éléments nécessaires* à surmonter si nous voulons faire de notre pratique de l'amour une *réussite* et non un *échec*?

2. *L'examen critique*

Une fois que vous aurez compris à fond le texte, nous vous suggérons de réfléchir au rapport entre ces données et la conception que vous aurez choisie à la fin de la première étape. Pour ce faire, nous vous suggérons de vous poser les questions suivantes:

- Les données du résumé *correspondent-elles* à votre conception de l'homme ou la contredisent-elles? (Dites oui ou non)

- Est-ce que les *faits* et *arguments* amenés par l'auteur prouvent suffisamment, selon vous, que les différentes facettes de «l'amour accompli» conduisent nécessairement à une compréhension individualisée et profonde entre les êtres humains?

- Si oui, est-ce que ces données suscitent des *modifications* à votre conception actuelle de l'être humain?

RÉSUMÉ

L'*Art d'aimer* d'Erich Fromm

Le présent travail a pour but d'approfondir l'une des dimensions les plus importantes de l'homme: l'amour. Beaucoup de gens parlent de l'amour sans savoir ce que c'est au juste. Le mot peut impliquer beaucoup de choses différentes pour chacun d'entre nous. Rares sont les personnes qui peuvent être en parfait accord surtout lorsqu'il est question de l'amour. Et ceci s'explique par le fait que l'amour est un sentiment unique à chacun.

Dans les prochaines pages, nous allons faire un résumé du livre d'Erich Fromm, *L'art d'aimer*. Dans son livre, l'auteur tente de répondre à certaines questions telles que: c'est quoi l'amour? Existe-t-il différentes formes d'amour? Comment parvenir à aimer? Quelles sont les pratiques d'amour? Erich Fromm veut aussi démontrer que l'amour n'a pas de recettes faciles et dépend du niveau de maturité de chaque personne. En plus, l'auteur aborde les problèmes que chaque personne a ou peut avoir avec l'amour.

I
L'amour est-il un art?

Les gens croient que l'amour est un effet du hasard, qu'ils savent déjà tout et que ce qui compte c'est d'être aimé. *Une illusion fréquente: aimer, c'est facile.* Nous avons des espoirs et des attentes démesurés et donc des échecs nombreux. Il devient nécessaire d'examiner les raisons de l'échec et d'étudier la signification de l'amour.

Pour répondre à cette question, Erich Fromm nous impose l'importance de se souvenir que l'amour ne tombe pas du ciel et n'arrive pas du jour au lendemain. Pour Fromm, l'amour est un art, tout comme vivre. Si quelqu'un veut apprendre à aimer, il doit le faire de la même façon qu'il apprendrait n'importe quel art (danse, musique, chant, etc.). Une personne qui veut bien maîtriser cet art doit tout oublier et se vouer complètement à sa seule et unique préoccupation qui est l'apprentissage de cet art.

L'auteur souligne que les gens sont affamés d'amour (films, chansons d'amour, etc.), mais presque personne ne pense avoir un tant soit peu à apprendre sur l'amour. Les gens ne voient pas vraiment ce qu'ils ont comme relations, d'où l'apparition de *trois problèmes* à surmonter. *Le premier problème d'amour est que les gens essaient plus de se faire aimer que d'aimer.* Ceci signifie que l'individu doit se montrer plus aimable envers ses semblables. Autrement dit, les gens cherchent des moyens pour être aimés, soit par le succès, soit par la richesse ou par leur apparence, etc.

Le deuxième problème est le problème d'objet. Les gens pensent qu'il est très facile d'aimer quelqu'un d'autre, mais par contre ils découvrent qu'il est difficile de trouver le «bon objet à aimer ou qui les aimera». Ainsi, par exemple, les mariages qui étaient jadis organisés par les familles, etc. *Le troisième problème est l'intensité d'être amoureux,* c'est-à-dire la différence entre «tomber amoureux et un état permanent d'amour». Ces trois problèmes expliquent, selon Fromm, pourquoi les gens se butent à tellement d'échecs.

L'auteur affirme qu'il faut trois (3) facteurs importants pour réussir l'art d'aimer. D'après lui, il faut avoir une bonne *théorie* sur l'amour pour ensuite pouvoir passer à la *pratique,* «jusqu'à ce que finalement les résultats de la connaissance théorique et les résultats de la pratique fusionnent en un tout». (p. 19) Pour ce qui est du troisième facteur, qui est très important, c'est que l'on considère cet art *comme le plus important* au monde et que rien n'a plus d'importance. Il faut que la maîtrise de cet art soit une «préoccupation ultime» de la personne. Fromm termine cette partie en se demandant si ce n'est pas à cause de l'orientation capitaliste que notre société connaît peu de succès face à l'amour. On se préoccupe davantage de biens matériels et d'argent que d'essayer d'apprendre à aimer.

II
La théorie de l'amour
Séparation, angoisse, dépassement

L'auteur explique que toute «théorie de l'amour doit commencer par une théorie de l'homme, de l'existence humaine», c'est-à-dire connaître les bons et les mauvais côtés de l'homme. L'homme, quand il naît, passe d'un état où tout était déterminé à un état où tout est indéterminé, incertain et ouvert. Ainsi, le besoin universel le plus fondamental des hommes et des femmes, indépendamment des époques et des cultures, se résume en un seul problème: *leur expérience de solitude et de séparation face au monde.* Ainsi, comme l'indique Fromm:

> La conscience de la séparation humaine, sans réunion par l'amour – est source de honte. Elle est en même temps source de culpabilité et d'angoisse. (p. 25)

En réponse à cela, Erich Fromm affirme que l'homme, de par sa relation avec autrui, est capable de surmonter «sa séparation, de fuir la prison de sa solitude» (p. 25). Donc, chaque individu, à travers le monde, a un jour «l'angoisse de la séparation». Par contre, toujours d'après Fromm:

> L'histoire de la religion et de la philosophie est l'histoire de ces réponses, de leur diversité, aussi bien que de leur limite numérique. (p. 26)

Cependant, l'ampleur des réponses dépend du degré d'individualisation, c'est-à-dire qu'au fur et à mesure que l'enfant se sépare de sa mère, il développe son sens de séparation et d'individualité; selon Fromm:

> la présence de la mère ne suffit plus et le besoin se fait jour de surmonter la séparation par d'autres voies (p. 26).

À cette fin, il propose et explique quelques «*solutions partielles*» tels les états «orgiaques (abolition du moi séparé)», le «conformisme» et le «travail créateur». L'auteur dit que la seule solution humaine réside dans l'amour et que, sans cela, l'humanité ne pourrait survivre un seul jour. Mais expliquons d'abord ces «solutions partielles».

Les états orgiaques

Les «états orgiaques» sont des états «transitoires d'exaltation». L'homme tente d'oublier son état de séparation en recourant aux drogues, au sexe et à l'alcool. Ce sont des moyens d'évasion qui lui permettent d'entrer dans une espèce d'état second où disparaît le sentiment de séparation. Ces états sont «intenses et violents et mettent en jeu la personnalité totale (corps et esprit)». Cependant, ils sont périodiques. Ainsi, comme le mentionne E. Fromm:

> Aussi longtemps que ces états orgiaques sont de pratique commune dans une tribu, ils ne produisent ni angoisse, ni culpabilité. (p. 27)

Hélas! lorsque l'expérience orgiaque prend fin, cela augmente le sentiment de séparation.

Le conformisme

Mais le plus souvent, l'être humain a recours au «conformisme» comme solution prédominante à son angoisse. L'homme s'assimile, se confond au groupe. Il adopte les goûts, les idées, les coutumes du groupe pensant ainsi pouvoir échapper à la solitude. Tout cela, il le fait inconsciemment, clamant bien haut qu'il ne se laisse, ni se laissera dicter des opinions, des pensées par qui que ce soit, s'accrochant à d'infimes notions de différence. Cette union fait donc disparaître le «moi individuel». Contrairement à l'union des «états orgiaques», elle «n'est ni intense, ni violente: elle est calme, dictée par la routine et, pour cette raison même, suffit rarement à pacifier l'angoisse de la séparation» (p. 32).

Le travail créateur

Outre «les états orgiaques» et «le conformisme», il existe un autre facteur de la vie contemporaine qui soulage l'angoisse: le «rôle de la routine du travail et du plaisir» (p. 33). Ainsi, quelles que soient les activités de la personne, travail, loisir, etc., elles sont prescrites et programmées. Comme l'indique Fromm:

> De la naissance à la mort du lundi au lundi, du matin au soir, toutes les activités sont routinées et préfabriquées. (p. 33)

La personne exerçant une activité créatrice s'unit avec son «matériau». Elle et son objet deviennent un: «l'homme s'unit avec le monde dans le processus de création» (p. 34). Le travail créateur a comme conséquence que l'homme oublie ce qu'il est; il ne pense pas plus loin qu'à son travail car il demande tout son temps et son attention. Le problème de cette relation est que la personne cesse d'être elle-même. Donc ces trois solutions apportent des problèmes. Pour surmonter les conséquences possibles de ces problèmes, la solution est, pour Fromm, dans l'amour humain.

AMOUR.

Les formes imparfaites de l'amour par l'union symbiotique

D'après l'auteur, l'amour est la seule solution qui résout le problème entièrement. C'est ainsi qu'il dit:

> Sans l'amour l'humanité ne pourrait survivre un seul jour. (p. 34-35)

Le désir d'union entre les personnes est le dynamisme le plus puissant de l'homme. Mais il y a différentes sortes d'amour.

D'abord, il parle de forme imparfaite de l'amour dans l'union «symbiotique»:

> Les deux corps sont indépendants, mais il y a un attachement au niveau psychologique. (p. 36)

La forme passive de cette union est le «masochisme» et la forme active est le «sadisme». Ainsi, dans ces deux formes, il existe une forte dépendance entre les deux individus. La différence réside dans le fait que dans la première forme, le «masochiste» est dominé, exploité, alors que dans l'autre forme, le «sadique» domine et exploite.

L'amour accompli, pouvoir actif de participation

Contrairement à «l'union symbiotique», l'auteur nous parle de *l'amour accompli*. C'est «l'union qui implique la préservation de l'intégrité, de l'individualité». Il ajoute ceci:

> L'amour est chez l'homme un pouvoir actif qui l'unit à autrui. L'amour lui fait surmonter la sensation d'isolement et de séparation, tout en lui permettant d'être lui-même. (p. 37)

L'opinion contraire de l'amour, c'est de devenir «un» tout en restant «deux».

> L'amour est une action d'un pouvoir humain qui ne peut s'exercer que dans la liberté et jamais sous l'effet d'une contrainte. (p. 39)

Donc, pour expliquer plus clairement le caractère actif de l'amour, Erich Fromm dit «que l'amour consiste essentiellement à donner, non à recevoir» (p. 39). Donner, pour Fromm, n'est pas abandonner ou se priver de quoi que ce soit. Pour lui, donner c'est la mère qui donne d'elle-même à l'enfant qui grandit dans son sein, ou encore le riche qui donne à ceux qui n'en ont pas. Cependant, le fait de donner ne se situe pas uniquement au niveau matériel, mais à un niveau plus fondamental selon Fromm, c'est-à-dire à un niveau humain. Il dit dans son texte:

> En donnant de sa vie, l'homme enrichit l'autre. Il en rehausse le sens de la vitalité en même temps qu'il rehausse le sien propre. (p. 41)

Ainsi, quiconque donne, engendre l'exemple de donner, montre jusqu'à quel point il est plus agréable et fortifiant de donner que de recevoir. Par conséquent, il n'en demeure pas moins que l'amour actif implique toujours, quelles que soient les formes qu'il prend, certains éléments fondamentaux. En l'occurrence *la sollicitude, la responsabilité, le respect et la connaissance.* Ces quatre éléments sont en interdépendance, c'est-à-dire que l'un ne va pas sans l'autre.

L'amour est une *sollicitude* active pour la vie et la croissance de ce que nous aimons. Ainsi, par exemple, l'amour d'une mère pour son enfant. L'essence de l'amour, pour Erich Fromm, est «de se donner de la peine» pour quelque chose et de «faire croître» quelque chose car l'amour et ce travail sont inséparables.

> On aime ce pour quoi l'on peine et l'on peine pour ce qu'on aime. (p. 44)

L'amour viendra si l'on prend la peine de le fortifier.

Là où ce sentiment n'existe pas, l'amour n'est pas possible. La «sollicitude» implique un autre aspect de l'amour, la *responsabilité.*

Aujourd'hui, on associe souvent «responsabilité» à l'idée de devoir. En fait, pour Fromm, «la responsabilité est un acte entièrement volontaire. Être responsable signifie être capable et prêt à répondre». Dans le cas d'une mère et de son enfant, cette «responsabilité se réfère surtout à une sollicitude pour les besoins corporels» (p. 45); en somme, de lui donner tout ce qui est nécessaire pour vivre et survivre.

Mais cette «responsabilité» pourrait facilement mal tourner s'il n'y avait pas une troisième composante à l'amour, le *respect*:

> Le respect signifie la capacité de percevoir une personne telle qu'elle est et d'être conscient de son individualité unique. (p. 45)

C'est se soucier «que l'autre personne puisse croître et s'épanouir à partir de son propre fond». (p. 45) Un exemple de ceci est que «si j'aime l'autre personne, je me sens "un" avec elle, mais avec elle, telle qu'elle est, et non telle que j'ai besoin qu'elle soit en tant qu'objet pour mon usage». L'auteur nous dit qu'il n'y a «respect» que s'il est fondé sur la reconnaissance de la liberté de l'autre.

Toutefois, d'après Fromm, respecter une personne, c'est bien beau, mais cela est impossible si on ne la connaît pas. La *connaissance* intégrée à l'amour ne reste pas à la «périphérie, mais pénètre jusqu'au noyau». (p. 46) Pour Fromm, apprendre à connaître l'autre,

> c'est de savoir dépasser le souci de soi-même et savoir percevoir les sentiments et les émotions d'autrui. C'est également apprendre à entrer dans l'intimité de l'autre pour établir la communion suprême et partager les sentiments et émotions les plus forts avec la personne aimée... c'est l'épanouissement de l'amour! (p. 46)

C'est être capable de comprendre l'autre, dans son intérieur le plus intime et le plus profond; c'est découvrir que l'autre souffre ou qu'il a des problèmes sans que l'autre le démontre, si tous deux veulent échapper à la «prison de la séparation».

Donc, pour connaître quelqu'un, d'après Erich Fromm, il faut savoir l'aimer et, pour cela, il faut considérer autrui et soi-même objectivement; *il ne faut pas juger*. C'est à la seule condition de connaître objectivement un être humain que l'on peut en connaître l'essence ultime dans l'acte d'amour.

Jusqu'ici l'auteur nous parle de l'amour comme dépassement de la «séparation humaine, comme l'accomplissement du désir ardent d'union». Jusqu'ici, cet amour répondait à un *besoin existentiel et universel d'union.* Mais de cet amour, il se crée un *besoin plus biologique*, qui se trouve à être le désir d'union entre les pôles masculin et féminin.

> La polarité sexuelle incite l'homme à rechercher l'union d'une façon spécifique, par conjonction de sa polarité masculine et de sa polarité féminine, et c'est ainsi qu'il réalise l'union à l'intérieur de lui-même. (p. 51)

Mythologiquement, depuis l'origine de la société, l'homme et la femme recherchent une partie perdue. Ainsi, l'homme recherche la partie féminine, alors que la femme recherche la partie masculine.

Cette opposition polaire entre le masculin et le féminin constitue pour Fromm «le fondement de la créativité interpersonnelle» (p. 51); cette créativité se fait par l'acte physique et l'amour réciproque entre l'homme et la femme.

L'amour entre parents et enfants

Pour continuer, l'auteur démontre comment les personnes, en général, perçoivent l'amour, de la naissance à l'âge adulte. Selon Fromm, l'amour de la mère est inconditionnel; cet amour n'a pas à être mérité, mais il ne peut être acquis. S'il n'est pas là, il ne le sera jamais. L'amour du père, lui, est conditionnel. Il doit être mérité et peut être perdu, mais il est possible de l'acquérir. Ces deux formes de l'amour parental doivent être élaborées en une conscience maternelle et une conscience paternelle à l'intérieur du moi. La synthèse de l'attachement à la mère et de l'attachement au père constitue le fondement de la maturité et de la santé mentale.

> Lors de la naissance, l'enfant n'est sensible qu'à la stimulation positive de la chaleur et de la nourriture; mais il ne différencie pas encore celles-ci de leur source, qui est la mère. Durant les premières semaines et même les premières années, l'attachement de l'enfant se porte exclusivement sur la mère. C'est peu à peu que le détachement s'effectuera, surtout quand l'enfant apprendra à manger, à marcher et à parler. Il se produira, alors, un attachement plus grand pour le père. Lorsque l'enfant grandit et se développe, il devient capable de percevoir les choses telles qu'elles sont; c'est à ce moment que l'enfant apprend comment s'y prendre avec les gens. (p. 57)

L'enfant se dit à lui-même: «Je suis aimé pour ce que je suis.» Cet amour est donné gratuitement surtout par la mère. Jusqu'à dix ans, l'enfant n'a guère d'autre problème que celui «d'être aimé» pour ce qu'il est. Jusqu'à cet âge, un enfant n'aime pas encore. Tout ce qu'il fait, c'est qu'il répond avec reconnaissance et joie à l'amour qu'on lui porte. Après avoir atteint ce stade, l'enfant a un sentiment neuf de produire l'amour de sa propre activité. Pour la première fois, l'enfant pense à donner quelque chose. C'est à ce moment que l'idée de l'amour se transforme: plutôt que d'être aimé, il s'agit d'aimer. Rendu à ce stade, qui est l'adolescence, l'enfant se dit à lui-même: «J'aime parce que je suis aimé.» Par contre, cela prend quelques années avant que l'amour ne parvienne à maturité et l'enfant se dit à lui-même: «Je suis aimé parce que j'aime.»

III
Les objets d'amour

Disons que, pour Fromm, l'amour n'est pas uniquement une «relation à une personne spécifique». Selon lui, si tu aimes une personne, tu es capable et tu dois avoir de l'amour pour les autres personnes. En elle, tu aimes tous les autres. Malgré cette dimension d'unicité et d'universalité, il existe pour Fromm des formes d'amour en rapport avec l'objet qui est aimé. Il existe, en outre, l'amour fraternel, l'amour maternel, l'amour érotique, l'amour de soi, l'amour de Dieu et des parents.

L'amour fraternel

Selon Fromm, l'amour fraternel est la forme d'amour la plus importante par rapport aux autres formes d'amour. C'est elle qui correspond à la phrase de la *Bible* qui dit «aime ton prochain comme toi-même», c'est-à-dire aime tous les être humains comme tu t'aimes toi-même. Elle se caractérise par un manque absolu d'exclusivité. Il affirme dans son livre:

> Dans l'amour fraternel il se réalise une expérience d'union avec tous les hommes, de solidarité et d'unicité humaine. Il se fonde sur l'expérience que tous nous ne faisons qu'un. (p. 66)

Ici, l'auteur explique que l'amour fraternel est un amour entre égaux. Dans l'amour fraternel, les éléments fondamentaux sont présents, c'est-à-dire le sens de la responsabilité, la sollicitude, le respect, la connaissance de l'être humain et le désir de promouvoir la vie. Dès qu'il se prend de compassion pour celui qui est faible, l'homme s'ouvre à l'amour fraternel; tout comme dans l'amour qu'il se porte, il aime celui qui a besoin d'aide, l'être fragile et incertain. Cette compassion implique donc un élément de connaissance et d'identification.

L'amour maternel

L'amour maternel est un amour inconditionnel de la vie et des besoins de l'enfant. Cet amour fait ressentir à l'enfant qu'il est bon d'être né et qu'il est acccepté et désiré. L'amour maternel n'a nul besoin d'être acquis, ni d'être mérité, l'enfant est aimé pour ce qu'il est. L'amour d'une mère à l'égard de la vie est aussi contagieux que son angoisse. Les deux attitudes ont des effets considérables sur la personnalité totale de l'enfant. L'amour de la mère pour l'enfant amène par sa nature même une inégalité, l'un ayant besoin d'un soutien total et l'autre le lui donnant. L'accomplissement véritable de l'amour maternel est dans l'amour qu'elle témoigne à l'enfant en croissance, et non dans l'attachement de la mère à son bébé. Ainsi cela signifie vouloir que l'enfant se sépare. Tel que l'explique l'auteur:

> La femme qui n'est pas capable d'aimer en ce sens peut être une mère affectueuse aussi longtemps que l'enfant est petit, mais elle ne peut être une mère aimante, le test de l'amour étant ici d'accepter de bon cœur l'épreuve de la séparation et après la séparation, de continuer à aimer. (p. 71-72)

L'amour érotique

L'amour érotique se caractérise par «un désir ardent de fusion totale, d'union avec une seule autre personne». (p. 72) Autrement dit, cet amour se veut exclusif, c'est-à-dire qu'il ne s'étend pas à tous. Mais en réalité, cette exclusivité n'est pas véçue comme une possessivité de l'un à l'autre, mais une ouverture sur le monde à travers plusieurs partenaires. En somme, l'amour érotique n'est pas le fait de «tomber amoureux» mais l'expression du plaisir strictement sexuel, c'est-à-dire que l'exclusivité de l'amour se fait par le contact sexuel, d'où l'illusion d'un véritable amour. Pour que cet amour soit possible, il faut qu'à travers l'autre nous aimions l'ensemble de l'humanité. C'est ainsi que Fromm mentionne que «c'est uniquement en ce sens qu'une fusion complète et intense n'est possible qu'avec une seule personne». (p. 75)

Toutefois, pour que cet amour soit possible, il faut considérer un autre facteur qui est la «volonté» de s'unir, de faire un choix mutuel, car aimer, comme dirait Fromm, n'est pas seulement un sentiment, mais une «décision, un jugement et une promesse». (p. 76) Donc, si l'amour ne correspond qu'au sentiment, alors la promesse d'amour infini et éternel sera sans fondement.

Fromm en conclut que l'amour érotique, en tant que fusion entre deux personnes et en tant qu'acte de volonté, n'est pas le chemin de l'amour qui conduira à surmonter l'angoisse de la séparation.

L'amour de soi

Pour l'auteur, il est indispensable de s'aimer pour être capable d'aimer les autres. Ce n'est pas un choix que nous devons faire entre l'amour de soi et des autres mais une sorte d'intégration. On ne peut pas les dissocier. Et l'on doit s'aimer au même titre que les autres, c'est-à-dire dans la sollicitude, le respect et la connaissance. L'affirmation de notre bonheur, de notre croissance et de notre liberté s'enracine dans notre capacité d'aimer. Si une personne n'aime que les autres, elle n'aime en aucune façon.

L'amour de Dieu

Pour Erich Fromm, l'amour de Dieu s'explique à travers les mêmes concepts que l'amour de l'homme. Par contre, comme Fromm nous l'indique, pour bien saisir cet amour de Dieu, il faut avant tout définir la personne qui adore Dieu. Autrement dit, l'amour de Dieu se comprend à travers celui qui l'adore. Mais depuis que le monde est monde, l'adoration de Dieu ou des dieux s'est faite en fonction de l'attachement à la mère ou de l'attachement au père, d'où l'implication de certains éléments matriarcaux et patriarcaux dans les différentes religions qui ont provoqué la différence.

Ensuite l'auteur explique ce qu'est l'amour dans le système religieux. En Occident, aimer Dieu, c'est croire en lui, en son existence, en sa justice et en son amour. C'est une expérience de pensée. Par contre, dans les religions orientales et dans le mysticisme, aimer Dieu c'est faire l'expérience d'un sentiment intense d'unicité et en même temps témoigner de cet amour dans chaque acte de sa vie. (p. 99)

Amour de Dieu et amour des parents

Erich Fromm démontre que l'amour que l'enfant a pour ses parents est identique, ou disons parallèle, à l'amour d'une personne envers Dieu. Au début, il l'aime en tant que mère, ensuite en tant que père et à la fin, rendu mature, il établit lui-même les principes paternel et maternel; il devient son propre père et sa propre mère.

IV

L'amour et sa désintégration
dans la société occidentale contemporaine

Dans ce chapitre, Fromm énumère davantage les formes d'amour qui ne sont pas très recommandées. La société occidentale contemporaine est basée sur la structure du capitalisme, ce qui a pour conséquence de concevoir l'homme comme une «marchandise». L'homme se base sur des principes d'échange. Il en sera de même pour l'amour: je t'aime si tu m'aimes.

Ici, Fromm parle de l'amour comme «relation d'équipe», c'est-à-dire un couple qui s'unit pour vaincre l'angoisse de la séparation. C'est le refuge contre l'isolement. C'est de s'aimer comme des automates, donc de ne pas s'aimer. Toute relation se fait avec politesse et délicatesse dans un rapport mutuel. D'où vient le terme «équipe». Ce couple vit donc pour se remonter le moral et non pour s'aimer.

Il parle ensuite de la «technique sexuelle» qui ne s'apprend pas à l'aide de livres comme la société le dit, mais en se donnant entièrement physiquement à l'autre sexe, ce que plusieurs ne savent pas faire. Il faut être capable de s'adonner à l'acte sexuel dans une complète intimité physique.

Il aborde également la question des formes névrotiques d'amour qui sont d'origine familiale. L'un des deux partenaires est resté accroché à une figure parentale. À l'âge adulte, «il transfert sur la personne aimée les craintes, attentes et sentiments qu'il aurait nourris jadis envers son père ou sa mère» (p. 115). La première forme est que, lorsque l'homme reste accroché à sa mère, il fera un compagnon affectueux et charmant, mais manquera de sérieux et de profondeur. La deuxième forme est que, lorsque l'homme reste attaché au père (la mère étant froide et distante), il sera alors distant et réservé envers les femmes. La troisième forme est que, lorsque les parents ne s'aiment pas, la fille ou le fils deviendra rêveur et sera porté à se tenir à l'écart, ce qui entraînera chez elle ou chez lui une angoisse violente. Ceci empêche, pour les parents, toute relation spontanée avec leurs enfants.

En plus de ces formes névrotiques d'amour, Fromm parle d'autres formes d'amour qui ne sont pas d'origine familiale. Elles sont des «pseudo-amours». Une première forme, est le «grand amour» ou l'amour «idolâtre» (amour qui ne dure pas d'ailleurs). Ce qui caractérise ce type d'amour est l'intensité et la soudaineté de l'expérience amoureuse. Il ou elle idolâtre l'objet de son amour. La deuxième forme est représentée par l'amour «sentimental» (basé sur des phantasmes). En fait, cet amour n'est pas réel, mais vécu à partir de films, de romans et de chansons. «C'est un amour impossible à réaliser.» Enfin, pour la troisième forme, Fromm parle des «mécanismes projectifs» (voir les défauts des autres parce qu'on refuse de voir les siens). On se reproche mutuellement ses défauts. On s'accuse mutuellement d'être ceci ou cela. Il complète ce chapitre en disant qu'il n'y a qu'une seule preuve de la présence de l'amour et c'est par «la profondeur de la vitalité et la force de chaque partenaire». C'est à ce fruit que l'on reconnaît l'*amour*.

V
La pratique de l'amour

Ici, l'auteur indique que ce n'est pas une recette qu'il va définir, mais des exigences générales pour la pratique de tout art. Comme dans tout art, cela requiert nécessairement de la *discipline*, de la *concentration*, de la *patience* et finalement un *suprême souci de maîtriser cet art*:

> Pour ce qui est de l'art d'aimer, ceci signifie que quiconque aspire à devenir un maître dans cet art doit commencer par pratiquer la discipline, la concentration, et la patience dans chaque phase de sa vie. (p. 131)

La pratique de l'art d'aimer comporte également certaines exigences: il faut savoir surmonter son *narcissisme*. Autrement dit, de ne penser qu'à nous-mêmes. Le pôle opposé au narcissisme est l'*objectivité,* c'est-à-dire «la faculté de percevoir les gens et les choses tels qu'ils sont». (p. 138) Notre faculté de penser objectivement est la raison. L'attitude affective qui la sous-tend est l'humilité. Cela signifie pour Fromm:

> Être objectif, utiliser sa raison n'est possible que si l'on a acquis une attitude d'humilité, si l'on s'est libéré des rêves d'omniscience et d'omnipotence qui hantèrent notre enfance. (140)

> Donc, en rapport avec la pratique de l'art d'aimer et étant donné que l'amour est fonction de l'absence relative de narcissisme, il importe que nous cultivions l'humilité, l'objectivité et la raison. (p. 140-141)

En conséquence, Fromm ajoute que pour apprendre à aimer:

> Je dois tendre à l'objectivité dans chaque situation et devenir sensible aux situations où l'objectivité me fait défaut. (p. 141)

En somme, nous devons essayer, dans la mesure du possible, de voir l'autre tel qu'il est réellement. Pour Fromm, cette capacité de raisonner et d'objectiver place l'homme à mi-chemin dans la maîtrise de l'art d'aimer.

À la capacité d'émerger du narcissisme s'ajoute une autre qualité, la pratique de la *foi*.

> Contrairement à la foi irrationnelle, qui n'est qu'une croyance fondée sur la soumission à une autorité irrationnelle, la foi rationnelle est une force de conviction enracinée dans notre propre expérience de pensée et de sentiment. Elle est indispensable dans les relations humaines. Cette foi s'enracine dans l'expérience propre à chacun, dans la confiance qu'il a en son pouvoir de pensée, d'observation et de jugement. (p. 143)

> La foi rationnelle s'enracine dans une conviction autonome, fondée sur l'observation et sur la productivité d'une pensée personnelle, *en dépit de* l'opinion de la majorité. (p. 143)

Elle fonde notre propre identité et comble totalement notre foi dans l'humanité. La foi rationnelle est incompatible avec la domination ou la soumission. La vraie foi demande le courage de prendre des risques, d'accepter les difficultés ou même les échecs, de miser sur les valeurs les plus importantes. L'amour est un acte de foi.

Le principe de l'amour est-il compatible avec notre société contemporaine capitaliste? La réponse est malheureusement non. La réalisation de l'amour fraternel dans notre société est inconcevable... Et pourtant, l'amour est un besoin essentiel à l'humanité car il est la seule réponse satisfaisante au problème existentiel de l'être humain. Pour qu'il devienne un phénomène social, des changements radicaux sont à envisager au niveau de la structure de la société. Celle-ci devrait être organisée de telle sorte que la nature aimante de l'homme ne soit plus disjointe de la dimension sociale mais ne fasse qu'un avec elle. Alors, nous pourrons atteindre la maîtrise de cet art qu'est l'amour...

Conclusion

Le livre d'Erich Fromm nous fait comprendre pourquoi il est si difficile de retrouver l'amour comme phénomène social. Nous pensons qu'il est vrai que la société capitaliste va à l'encontre du principe de l'amour. De nos jours, les gens fonctionnent d'une façon mécanique, axés sur le phénomène de la production et de la consommation de masse. Ils en sont venus à interpréter le bonheur par l'accumulation de richesses, de biens matériels et par l'ascension du pouvoir. Or on sait que l'amour est un sentiment beaucoup plus fort, qui s'enracine profondément dans notre être et qui nous permet d'accéder au vrai bonheur. Ce n'est pas que les gens ne reconnaissent pas l'importance de l'amour mais, par la faute de la société, ils en sont venus à l'interpréter différemment.

Ainsi, il vont rechercher une personne un peu comme s'il s'agissait d'un bien disponible sur le marché. Ils vont essayer de trouver la personne qui va satisfaire leurs besoins, leurs désirs, au lieu de s'unir par amour à une personne en acceptant les qualités et les défauts de celle-ci, sans essayer de la changer pour qu'elle réponde à leurs attentes.

De toute façon, ce qu'on doit surtout retenir de ce livre, c'est qu'il existe, selon Fromm, un principe concernant l'amour. C'est que l'amour n'est possible que si deux personnes communiquent entre elles à partir de leur existence. Plus on aime, plus on apprend à connaître profondément l'autre et en même temps plus on se découvre soi-même. En conséquence, pendant toute notre vie, on doit sans cesse apprendre «l'art d'aimer», c'est-à-dire qu'on doit continuellement se pratiquer pour pouvoir aimer.

AUTO-ÉVALUATION
de la compréhension du texte

Vous pouvez évaluer la qualité de votre compréhension objective du texte selon que vous êtes capables de comprendre sans hésitation la *signification* et la *fonction logique* de chaque terme au sein du texte.

Cochez tout terme qui ne vous paraît pas clair:

- ❏ états orgiaques
- ❏ conformisme
- ❏ travail créateur
- ❏ amour accompli
- ❏ masochisme
- ❏ amour fraternel
- ❏ union symbiotique
- ❏ sadisme
- ❏ sollicitude
- ❏ responsabilité

- ❏ amour de Dieu
- ❏ amour «idolâtre»
- ❏ amour érotique
- ❏ amour paternel
- ❏ amour maternel
- ❏ amour parental
- ❏ connaissance
- ❏ relation d'équipe
- ❏ respect

Identifiez la cause:

Si votre performance est faible ou moyenne, il vous faut déterminer quelle en est la cause:

- • lecture trop superficielle? (le relire)
- • lecture attentive non assimilée? (en faire l'analyse)
- • lecture et analyse faites mais les liens logiques demeurent difficiles à préciser? (faire un schéma d'ensemble à partir de l'analyse)

BIBLIOGRAPHIE

Si vous désirez poursuivre votre réflexion sur ce thème, voici quelques suggestions bibliographiques dont plusieurs livres sauront vous intéresser dans votre longue démarche de connaissance de soi.

L'amour

DE ROUGEMONT, E. *L'amour et l'Occident*, Paris, U.G.E. (10/18)

DE ROUGEMONT, E. *Les mythes de l'amour*, Paris, Gallimard. (Idées)

FROMM, E. *L'art d'aimer*, Paris, Éd. de l'Épi, 1973.

GUITTON, J. *L'amour humain*, Paris, Seuil. (Livre de vie)

LACROIX, J. *Personne et amour*, Paris, Seuil, 1955, 146 p.

LEPP, I. *Psychanalyse de l'amour*, Paris, Grasset, 1959.

SCHELER, M. *Nature et formes de la sympathie*, Paris, Éd. Payot, 1971, 360 p. (Petite Bibliothèque Payot)

WATTS, P. *Amour et connaissance*, Paris, Gonthier. (Méditations)

Sexualité et érotisme

BATAILLE, Georges. *L'érotisme*, Paris, U.G.E., 1957, 310 p. (10/18)

EVOLA, J. *La métaphysique du sexe*, Lausanne, Éd. l'Âge d'homme, 1989, 367 p.

FREUD, Sigmund. *Trois essais sur la théorie de la sexualité*, Paris, Gallimard. (Idées)

JEANNIÈRE, Abel. *Anthropologie sexuelle*, Paris, Aubier/Montaigne, 1964.

MARCUSE, Herbert. *Éros et civilisation*, Paris, Éd. Minuit, 1969, 239 p.

MORRIS, D. *Le couple nu*, Paris, Grasset, 1972, 306 p.

NELLI, René. *Érotique et civilisation*, Weber, 1972, 245 p.

ORAISON, Marc. *Le mystère humain de la sexualité*, Paris, Seuil, 1966.

VOLCHER, Robert. *L'érotisme*, Éd. Universitaires.

WILLY, A. *La sexualité*, 2 vol., Marabout Université, n°s 59-60.

ZWANG, D.G. *La fonction érotique*, Paris, Robert Laffont, 1972.

QUATRIÈME RÉSUMÉ

jeudi matin.

Raymond Moody, *La vie après la vie*,
Paris, Robert Laffont, 1977, 206 p.
(Les Énigmes de l'univers)

Par Michel Sergerie

À propos de l'auteur...

Étant donné la rareté des documents écrits sur l'auteur, il est très difficile de relater la vie du Dr Raymond Moody. Ce que nous savons dans l'immédiat, c'est qu'il est médecin et philosophe.

Pour le Dr Moody, le livre qu'il a écrit ne se veut pas une réponse à l'une des hypothèses qui dit que «la mort est un long sommeil» ou encore «une transmigration des âmes vers des lieux plus cléments». Ce livre n'est autre que la communication des résultats d'une enquête sur le phénomène de la «mort temporaire».

Selon le Dr Moody, le tout a débuté très fortuitement en 1965, lors de la poursuite d'études en philosophie à l'Université de Virginie où il fit la connaissance d'un professeur de psychiatrie, à la Faculté de médecine. Ce même professeur lui raconta qu'il avait fait cette expérience de la «mort temporaire» à deux reprises et presque simultanément.

Mais il faut attendre quelques années plus tard, dans une université de la Caroline du Nord, pour qu'on lui reparle de cette même expérience, lors d'un de ses cours de philosophie. C'est à la fin d'un cours de philosophie qu'un étudiant lui demanda d'organiser une discussion sur la «survivance». Ce même étudiant était très intéressé par le sujet, car sa grand-mère avait fait cette même expérience après une intervention chirurgicale. Le Dr Moody demanda de lui raconter cette expérience et, à sa grande surprise, ce récit ressemblait sensiblement au récit du professeur de psychiatrie qu'il avait eu quelques années auparavant.

C'est à partir de ce moment que le Dr Moody consacra plus de temps et d'énergie pour rechercher des cas similaires. De plus, il ajoute à ses cours de philosophie des textes se référant à la survie après la mort biologique. Un fait étonnant se produisait pour chaque groupe d'étudiants: il y avait toujours un élève pour lui raconter une expérience de «mort temporaire».

En 1972, lorsqu'il entra à l'école de médecine, le Dr Moody avait déjà compilé un nombre assez appréciable d'enregistrements sur cette expérience. C'est à la demande insistante de l'un de ses amis qu'il décida de développer le sujet devant la Commission de médecine; d'autres conférences suivirent et, à chaque fois, et régulièrement, des personnes venaient lui relater une aventure analogue. Même les médecins commencèrent à diriger des patients vers lui.

Donc, le livre est, dans sa première partie, le récit de personnes ayant vécu cette «mort temporaire», rapportant des impressions remarquablement concordantes. Dans une deuxième partie, le Dr Moody veut trouver «aux phénomènes relatés des explications naturelles, par exemple, comme l'effet de drogues anesthésiantes ou l'influence d'un conditionnement psychologique dû au milieu culturel ou religieux du patient» (p. 10-11).

INSTRUMENT DE TRAVAIL

L'objectif de cette activité est de vous faire comprendre et assimiler des données nouvelles qui n'avaient pas encore été présentées dans le cours et de vous faire réfléchir de façon vraiment active et critique à la validité de votre conception actuelle de l'être humain, c'est-à-dire d'approfondir, de valider ou de modifier vos convictions dans ce domaine, en vue de la rédaction de votre conception personnelle de l'être humain prévue à la fin du cours.

Donc, afin de répondre adéquatement à ces deux objectifs de compréhension à l'aide de ce texte, nous vous invitons à exécuter les deux activités intellectuelles suivantes:

- la *compréhension* des données élaborées dans ce texte;
- l'*examen critique* de celles-ci par rapport à votre conception de l'être humain.

1. *Compréhension*

a) Quelles sont les *deux raisons* qui expliquent pourquoi la mort provoque des «réactions émotionnelles»? La *nature de ces raisons*?

b) À quoi nous référons-nous le plus souvent quand nous parlons de mort?

c) Quels sont les termes employés pour identifier la partie de l'humain qui ne meurt pas?

d) Identifiez les deux courants de pensée face au problème de la mort.

e) Qu'entend le Dr Moody par la «mort temporaire»?

f) Comment faut-il interpréter le «modèle théorique» proposé par le Dr Moody?

g) Définissez les *quinze étapes* du «modèle théorique» élaboré par le Dr Moody lors de son enquête.

h) Peut-on parler de véritables similitudes ou de concordances entre la *Bible*, Platon, *Le livre des morts tibétain*, Swedenborg et les témoignages que le Dr Moody a recueillis?

i) En rapport avec les différentes interrogations survenues lors des entrevues, conférences, cours, etc., comment le Dr Moody explique-t-il la *véracité* des témoignages?

j) Comment le Dr Moody se défend-il contre les explications de type *surnaturel* ou encore *psychologique*?

k) Quelles sont les *impressions retenues* par le Dr Moody face à sa recherche?

l) Comment interprète-t-il le *suicide*?

2. *L'examen critique*

Une fois que vous aurez compris à fond le texte, nous vous suggérons de réfléchir au rapport entre ces données et la conception que vous avez choisie à la fin de la première étape. Pour ce faire, nous vous suggérons de vous poser les questions suivantes:

- Les données du résumé *correspondent-elles* à ma conception de l'homme ou la contredisent-elles? (Dites oui on non)
- Est-ce que les *faits* et *arguments* amenés par l'auteur prouvent suffisamment, selon moi, l'existence d'une autre vie après la mort biologique ou physique de l'être humain?
- Si oui, est-ce que ces données suscitent des *modifications* à ma conception actuelle de l'être humain?

QUATRIÈME
RÉSUMÉ

La vie après la vie de Raymond Moody

Introduction

La mort est un événement inévitable pour chaque être humain sans exception. La plupart des gens pensent à la mort en se posant les questions suivantes: Est-ce qu'il y a la réincarnation? Est-ce qu'il y a un autre monde après la vie terrestre? Est-ce que l'on sent quelque chose pendant et après la mort? Est-ce que ce sera le paradis pour tous ou est-ce que l'enfer est une réalité? Est-ce que nous allons vraiment retrouver tous ceux que nous avons connus dans notre monde ou si nous serons seul? Qu'est-ce qu'on fera? Occupera-t-on une fonction? Pourra-t-on avoir conscience de ce qui se passe sur terre? Tellement de questions et d'angoisses surgissent dans notre tête lorsque nous pensons à ce grand mystère de la vie; des questions qui restent encore malheureusement sans réponses.

Le livre du Dr Moody se veut une réponse à ce genre de questions. La recherche exposée dans ce livre est de nature à nous apporter beaucoup de lumière. Il ressort à l'évidence de son enquête que le malade qui meurt continue à avoir conscience de son environnement après avoir été déclaré cliniquement mort. Tous les cas du Dr Moody ont entendu dire qu'ils étaient morts, mais ne pouvaient bouger, ni parler aux personnes qui étaient aux alentours. Voici donc le résumé du livre du Dr Moody: *La vie après la vie*.

I

La mort en tant que phénomène

La première partie du volume est utilisée par le Dr Moody comme réflexion préliminaire sur la mort. L'auteur pose une question: mourir, c'est quoi? Il nous explique, en général, les différents points de vue sur la mort, ainsi que les différentes définitions de la mort que l'on peut trouver.

D'après le Dr Moody, la mort a toujours été l'un des sujets provoquant des «réactions émotionnelles» extrêmement fortes. On peut expliquer ce phénomène à partir de deux raisons: la première est d'ordre «psychologique et culturel». Lorsque l'on pense à la mort, cela nous contraint à voir la réalité, c'est-à-dire que nous allons mourir un jour ou l'autre et c'est pour cela que la plupart des gens évitent d'en parler. La deuxième raison est plus compliquée parce qu'elle «prend sa source dans la nature même de notre langage». Les mots que nous employons ont trait à des choses dont nous connaissons ou possédons l'expérience, mais dans le cas de la mort, la plupart des gens n'en ont jamais fait l'expérience. Il est donc très difficile d'en parler avec le langage humain. On a souvent recours aux «analogies et aux euphémismes». On compare la mort le plus souvent au «sommeil ou à l'oubli» de tous nos souvenirs et de nos soucis. Il y a aussi une autre façon de considérer la mort, c'est-à-dire qu'une partie de l'être humain meurt et une autre va continuer à vivre. Cette partie de l'humain, on l'appelle soit la «psyché, soit l'âme, soit la pensée, soit l'esprit, soit le moi, soit l'être ou soit la conscience».

Selon l'auteur, il existe deux courants de pensée dans la conception de la mort:

> Les uns affirment que la mort entraîne la dissolution de la conscience pendant que les autres, avec une égale conviction, soutiennent que la mort est une transition, le transfert de l'âme ou de la pensée du défunt vers une autre dimension de la réalité.

Le Dr Moody déclare qu'il n'est pas juge et qu'il n'a pas «la prétention de se prononcer pour ou contre l'une ou l'autre de ces deux hypothèses». L'auteur déclare:

> J'entends tout simplement communiquer ici les résultats d'une enquête à laquelle je me suis personnellement livré. (p.27)

Dans le cheminement de sa recherche, le Dr Moody exprime sa surprise de constater l'abondance de cas liés à l'expérience de la mort. Il a donc recueilli les témoignages de quelque cent cinquante cas. Les expériences qu'il a étudiées se divisent en trois catégories:

- «Les personnes qui étaient cliniquement mortes et qui ont été réanimées»;
- «Les personnes qui ont vu la mort de près à la suite d'un accident, de blessures ou d'une maladie»;
- «Les personnes sur le point de mourir qui en donnent la description».

Cependant, l'aspect le plus spectaculaire et le plus détaillé est celui des morts cliniques. Voici, en détail, les données obtenues à travers divers témoignages.

II
L'expérience de la mort

La question fondamentale que l'on pose ici est la suivante: est-il possible de pouvoir «survivre» après avoir été déclaré mort? Selon les dires du Dr Moody la réponse est oui. D'après ce dernier, certaines personnes ont vécu un moment qui restera pour eux inoubliable, parce qu'elles ont vécu, entendu et ressenti des choses que notre monde terrestre ne peut pas nous permettre de voir et d'entendre.

Ce chapitre représente la partie la plus longue et le corps de l'œuvre. Elle est le résultat d'une enquête menée par le Dr Moody sur la «mort temporaire». Cette dernière est un phénomène selon lequel la personne voit son corps mourir pendant quelques instants et revenir à la vie. Cette même personne est capable ensuite, dans la plupart des cas, de dire avec exactitude ce qu'elle a vu, entendu pendant ce laps de temps.

Les témoignages ont relevé de frappantes similitudes, en dépit du fait que ces personnes provenaient de milieux extrêmement divers du point de vue religieux, social et culturel. C'est à partir de ces ressemblances que le Dr Moody a dégagé *quinze traits communs* pour constituer son «modèle théorique idéal» de l'expérience d'un mourant. En d'autres mots, il tente de fournir une idée globale de l'expérience qu'un être humain peut éprouver au moment de la mort.

Par conséquent, il met en garde le lecteur qu'il ne faut pas assimiler ce «modèle théorique» à une expérience particulière, mais plutôt à une illustration abstraite constituée à partir de cas vécus. En somme, *l'objet fondamental de ce chapitre, c'est l'exposé des différents traits communs que comporte ce «modèle théorique»*.

Cependant, il n'en demeure pas moins, avant d'en arriver à la présentation des quinze traits communs, qu'il est nécessaire et indispensable pour la portée et la compréhension du texte de faire état de certains points dans leur contexte réel. À ce sujet, M. Moody mentionne: 1) «Qu'il n'y a pas de cas identiques»; 2) aucun cas ne possède tous les traits du «modèle ou tableau robot»; 3) aucun des éléments consignés ne se trouve de façon régulière dans tous les récits; 4) aucun des éléments consignés dans le modèle idéal ne provient d'un témoignage unique; 5) l'ordre des éléments dans le modèle peut différer d'un mourant à l'autre; 6) les témoignages peuvent être plus ou moins longs selon la durée de l'expérience; 7) il est arrivé de rencontrer des personnes qui ne rapportaient aucun épisode précité; 8) il ne faut pas prétendre que si un épisode d'un mourant n'a pas été révélé que celui-ci ne l'a pas vécu. Faisons donc l'examen des différentes étapes qui constituent ce «modèle de synthèse».

Les étapes du voyage

1. *L'incommunicabilité*

La première étape dont l'enquête fait mention est celle de «l'incommunicabilité». Le Dr Moody insiste sur le fait que la plupart des témoins interrogés, qui ont vécu cette expérience étonnante d'une «mort temporaire», n'ont pas été en mesure d'expliquer clairement et précisément ce passage entre la vie terrestre et l'autre vie.

Le problème de «l'incommunicabilité» est celui du langage humain, qui empêche de bien exprimer certains faits par des mots existant dans notre vocabulaire. Les témoins ont de la difficulté à trouver les mots, les phrases ou les expressions pour dire clairement ce qu'ils ont vécu. Plusieurs racontent qu'aucun mot dans notre langage courant ne peut traduire leur expérience. Comme l'indique très bien le Dr Moody:

> Il n'existe aucun terme, aucun adjectif, aucun superlatif qui puisse traduire cela. (p. 41)

C'est pour eux quelque chose de très complexe à exprimer aux gens qui ne sont pas passés par là.

De plus, leur vision des choses est davantage troublée du fait qu'il semble exister dans l'autre monde plus de trois dimensions. C'est ainsi qu'une femme interrogée par le Dr Moody a déclaré:

> Bien sûr, le monde dans lequel nous vivons maintenant est tridimensionnel, mais l'autre monde, pas du tout. (p. 42)

Il en ressort donc qu'il est très difficile pour les témoins d'adapter une description à notre niveau sans perdre de sa valeur authentique.

2. *L'audition du verdict*

Cette deuxième étape est l'annonce de la mort du patient, soit par le médecin, soit par une infirmière ou encore par un membre de sa famille. D'après ce que le Dr Moody a recensé, les patients décédés entendent clairement l'annonce de leur décès et voient les efforts de réanimation par le personnel hospitalier. Cependant, ils sont dans l'impossibilité de voir tout ce qui se passe et de communiquer avec les vivants qui les entourent afin de leur dire qu'ils ne sont pas morts. Ainsi prenons le cas relevé par le Dr Moody:

> J'ai entendu le radiologue se précipiter sur le téléphone et je l'ai clairement entendu former un numéro puis dire: Dr James, je viens de tuer votre cliente, Mme Martin. Mais je savais bien que je n'étais pas morte... (p. 43)

3. *Sentiment de calme et de paix*

Parmi les témoignages recueillis pour cette étape, l'auteur a remarqué, dans la grande majorité des cas, et ceci dès les premières minutes de la mort, que les gens sont envahis par un bref moment de panique, mais, peu de temps après, ce sentiment est remplacé par un immense réconfort. Un homme dira même avoir eu l'impression de flotter librement et avoir éprouvé un soulagement complet même après avoir été gravement malade. D'autres diront que, lors d'un accident ou de la mort et cela malgré des blessures qu'ils avaient, ils se sentaient bien.

Donc, ce sentiment de paix est ressenti par leur âme parce que, leur corps physique n'étant plus en état de fonctionner, il est impossible de ressentir quoi que ce soit par les cinq sens. Plusieurs éprouvent une sorte de libération en éprouvant un sentiment de sérénité.

4. *Les bruits*

Selon le Dr Moody, l'expérience «des bruits», rapportée par les personnes interrogées, se situe à deux niveaux de sensations auditives. Pour certains, «les bruits» entendus sont des plus désagréables à cause de leur forte tonalité. «Les bruits» perçus ne sont pas tous les mêmes pour chacun, mais en général tous sont d'accord pour dire qu'ils sont très aigus et insupportables à l'ouïe. M. Moody relate le cas d'un homme ayant subi une intervention chirurgicale à l'abdomen en décrivant «une sorte de vrombissement franchement pénible de l'intérieur de ma tête». Il parle également d'une femme qui entendit «un fort timbre de sonnerie». En résumé, il décrit ce premier niveau comme «un fort claquement, un grondement, une détonation, et aussi comme un sifflement, semblable à celui du vent». (p. 47)

Pour d'autres, «les bruits» captés sont doux, comparables à une musique majestueuse. Les sons ne sont pas du tout désagréables à entendre. Un homme raconte avoir entendu des «harpes éoliennes à la japonaise» (p. 47-48). On peut donc se rendre à l'évidence qu'il y a deux sortes de sons perçus par les sujets qui ont vécu une «mort temporaire».

5. *Le tunnel obscur*

Dans beaucoup de récits, on retrouve cette particularité que les mourants prétendent avoir parcouru un tunnel qui est dans l'obscurité totale. C'est ainsi qu'un mourant dit:

> Après, me voilà comme entraîné dans ce long couloir sombre; quelque chose comme un égout. (p. 51)

Tous ne le décrivaient pas de la même façon comme étant un long tunnel mais c'est en quelque sorte quelque chose de ce genre.

> Je l'ai entendu nommer caverne, puits, cuve, enclos, tunnel, cheminée, vacuité, vide, cloaque, vallée ou cylindre. (p. 49)

Sous ces termes quelque peu différents, ils avaient leur façon à eux d'interpréter ce passage dans le noir complet où il n'y avait même pas la moindre petite lueur.

6. *Décorporation*

Ce phénomène est le plus fascinant en ce qui a trait à la séparation de l'esprit et du corps. L'auteur nous explique les difficultés de compréhension qu'éprouvent certains sujets lors de leur décorporation. Les personnes interrogées affirment qu'elles se sont senties sortir de leur corps et flotter dans les airs et, qu'à ce moment-là, elles pouvaient contempler leur corps et tous ceux qui aidaient à leur réanimation. En voici un exemple:

> [...] Tout en demeurant stable à un niveau donné, j'aperçois mon corps qui montait et descendait dans l'eau. Je voyais mon corps de dos et légèrement sur ma droite. J'avais pourtant l'impression d'avoir la forme complète d'un corps entier, et cela tout en me trouvant en dehors de mon corps, j'éprouvais un sentiment de légèreté indescriptible. Je me sentais comme une plume. (p. 54)

Par ailleurs, les réactions d'une personne à l'autre sont très variables.

Dans la plupart des cas, le sujet désire réintégrer son corps le plus rapidement possible au début de la décorporation. Certains éprouvent un sentiment de panique, tandis que d'autres font état de réactions plus positives face à ce phénomène de décorporation.

Chez certaines personnes on relève souvent des «élans de sollicitude envers leur corps». D'autres témoins ressentent, en plus des «élans de sollicitude, des regrets douloureux» (p. 57-58). Vu l'aspect surnaturel de la décorporation, le sujet a besoin d'un certain temps pour prendre conscience de cette nouvelle situation. Après cette prise de conscience, le sujet a souvent «des réactions très vives, qui suscitent des pensées ahurissantes» (p. 60). On retrouve des sujets qui affirment, «à la suite de leur rupture, qu'ils ne sentent plus aucune espèce de corps. Ils ont l'impression d'être une "pure conscience".» (p. 61)

Toutefois, le Dr Moody a constaté un fait intéressant, à savoir que la majorité des témoins rapportent qu'ils se sont retrouvés avec un «corps» sans pour autant être capables de décrire ce nouveau corps.

> Ils se rendent compte très vite des limites que leur impose ce «nouveau corps». Ainsi, par exemple, lorsqu'ils veulent communiquer avec les vivants, cela leur est impossible. Donc, ils s'aperçoivent qu'ils sont devenus invisibles, leur «corps spirituel» ne présente aucune solidité; le «corps spirituel» ne peut ni saisir des objets ni toucher quelqu'un: «Quand ils furent vraiment tout proche, je voulais m'écarter pour laisser le passage, mais ils s'avançaient à *travers* moi.» (p. 63)

Ils parlent aussi d'apesanteur; ils décrivent cette impression comme s'il s'agissait de flotter. Il va sans dire qu'avec un «corps spirituel» comme celui-ci, on peut passer au travers des portes, écouter, entendre tout ce qui se dit; les matériaux physiques n'opposent plus de résistance et ils peuvent se déplacer, d'une facilité extrême, presque immédiatement et soudainement (p. 64).

Ce «corps spirituel», selon les dires des témoins, serait délimité d'une certaine façon. Il est comparé à un «nuage sphérique sans contours précis, mais affecte aussi, bien souvent, l'aspect général du corps physique». (p. 65) En d'autres mots, le corps possède des bras, des jambes et une tête. En somme, tous les sujets relatent à propos de leur «corps spirituel» un sentiment de «nuage, brouillard, fumée, vapeur, transparence, une nuée colorée, une fumerolle» (p. 65). Cet état s'accompagne d'une «absence de temps». Si l'on constate une liberté de mouvement, cet état spirituel offre aussi «une liberté de pensée plus lucide, plus rapide». Il en serait de même des sens qui seraient plus aiguisés, plus parfaits. La détérioration même grande du corps physique n'affecte en rien l'intégrité du «corps spirituel». Ainsi, par exemple, un homme qui avait été amputé d'une jambe voyait son corps entier.

Cependant, il faut noter que quelques sens sont atténués ou totalement abolis comme par exemple le goût, l'odorat, le toucher, malgré que certaines personnes évoquent le fait d'avoir senti une agréable chaleur.

En revanche, la vue et l'ouïe demeurent parfaitement intactes dans le «corps spirituel». Toutefois, l'ouïe, en état de corps spirituel, ne peut apparemment être désignée ainsi que par analogie, et la plupart des témoins disent qu'ils n'entendent «pas vraiment des sons ou des voix; ils semblent plutôt percevoir directement les pensées de ceux qui les entourent». Il ajoute que «cette communication directe de conscience à conscience sera appelée à jouer un rôle important au cours des stades de l'expérience des mourants» (p. 70).

Une autre caractéristique qui semble ressortir de la décorporation c'est que l'individu se sent coupé des autres, c'est-à-dire que toute communication avec les êtres humains est de ce fait «suspendue». En conséquence, il n'est pas étonnant d'apprendre que l'individu fuit pour éprouver une impression de «profonde solitude et d'isolement» qui disparaîtra avec la venue «d'autres entités qui s'avancent à sa rencontre afin de le secourir lors de son épreuve» (p. 72). Cela fera l'objet de l'étape suivante de l'expérience de la «mort temporaire».

7. *Contacts avec d'autres entités*

Le «contact avec d'autres» se manifeste, d'après les sujets interrogés, soit au tout début de «l'événement», soit à la suite «d'événements ayant déjà eu lieu » (p. 74). Le Dr Moody raconte que plusieurs sujets lui ont confié avoir senti la présence d'entités spirituelles lors de leur décorporation. Ils les nomment souvent «anges gardiens» ou guides spirituels, car ils semblent avoir pour fonction de leur faciliter le passage vers la mort, ou tout simplement de leur dire que le temps n'est pas encore arrivé pour eux de mourir. Cependant, ces «entités spirituelles» ne sont pas nécessairement des êtres que les sujets connaissent. Une femme raconte au Dr Moody:

> Que pendant sa décorporation elle avait vu non seulement son propre corps spirituel, transparent, mais également un autre, celui d'une personne qui venait de mourir très récemment. Elle ne savait pas qui était cette personne. (p. 76)

Par conséquent, selon le Dr Moody, certains sujets mentionnent que ces «entités» étaient leur «ange gardien». Un de ces esprits dit à un des mourants:

> Je suis venu t'aider dans cette circonstance de ta vie, mais dorénavant je vais te confier à d'autres. (p. 76)

Par contre, il faut préciser que cette situation est très rare, d'après le Dr Moody. À cela, il y a aussi ceux qui entendent des voix qui leur disent de retourner et qu'ils ne sont pas encore morts. Enfin, certains sujets ont relevé la présence «d'entités spirituelles», mais ils sont dans l'impossibilité de voir une forme quelconque.

8. L'être de lumière

> L'être de lumière est l'élément de la description le plus difficile à croire, et pourtant c'est celui qui a produit le plus d'effet sur les sujets ayant vécu l'expérience d'une «mort temporaire». Au tout début, cette lumière est «pâle», mais elle devient de plus en plus «éclatante» jusqu'à atteindre une brillance extraordinaire. Malgré l'intensité de cette lumière, elle ne «brûle pas leurs yeux». Elle ne les empêche pas de voir directement les objets environnants. (p. 78)

Les témoins sont unanimes à dire qu'il s'agit d'un «être de lumière», c'est-à-dire d'une personne. Ils voient cette lumière avec une personnalité clairement définie. Cet «être de lumière» leur transmet une douce chaleur et un amour incommensurable. Comme l'indique le Dr Moody, la présence de cet «être de lumière» fait de l'homme un être «envahi et transporté par cet amour» (p. 79). Cependant, malgré une description identique, l'identification n'est pas toujours la même; cela dépend de l'éducation et de la croyance religieuse de l'individu. Ainsi, ceux qui ont été élevés dans la tradition de la «foi chrétienne» identifient cet «être de lumière» ou cette «lueur» au Christ ou encore aux «anges», alors que ceux qui n'ont reçu aucune éducation religieuse le nomment tout simplement «l'être de lumière».

Cet «être de lumière» communique avec les agonisants par la pensée. D'après le Dr Moody:

> Ils font allusion à un transfert direct de la pensée, sans obstacle, et d'une netteté si absolue qu'aucune place n'est laissée au risque d'erreur ou de mensonge. (p. 80)

À ce niveau de communication, il n'est nullement question de la langue maternelle du sujet. Ce dialogue avec les mourants est une série de questions portant sur la préparation à la mort et sur la vie passée du mourant. Ainsi, les questions sont: «Es-tu préparé à la mort? Es-tu prêt à mourir? Ou qu'as-tu fait de ta vie, que tu puisses me montrer?» (p. 80) Une femme relate: «La première chose qu'il m'a demandée était si j'étais prête à mourir, ou si j'avais accompli quelque chose de ma vie que j'aurais aimé lui montrer?» (p. 81) Cela se fait sans la moindre «condamnation ou menace». «Ils ne ressentent que de l'amour et un sentiment de paix; il ne s'agit de faire en sorte que d'aider l'interrogé à s'avancer lui-même sur le chemin de la vérité.» (p. 81)

9. *Le panorama de la vie*

Cette étape consiste à présenter au mourant une récapitulation impressionnante de toute sa vie passée. De sa part, «l'être de lumière» semble déjà être au courant de la vie passée de la personne. Mais, le but poursuivi par l'entité est «d'éveiller le sujet à la réflexion». Ce retour en arrière n'est fait qu'en termes de «souvenirs» et de «phénomènes familiaux». «Le rythme en est extrêmement rapide.» Ainsi, «les souvenirs se succèdent alors à une vitesse vertigineuse dans leur ordre chronologique» et instantanément. Le tout est représenté en un seul regard mental et dans un «court instant terrestre» (p. 84-85).

> Cette évocation presque toujours décrite comme une profusion d'images «visuelles, est incroyablement vivante et réaliste». Certaines apparaissent en «couleurs très vives, en relief et même en mouvement» selon les dires des témoins. Chaque image est nettement «perçue, reconnue» et les émotions associées à chaque scène «renaissent également au passage» et ceci «de la plus insignifiante à la plus décisive». (p. 85)

> Qui plus est, cette remémoration touche d'une part, pour certains sujets, une partie de leur existence terrestre et, d'autre part pour d'autres sujets, elle représente la totalité de leur vie.

En plus, certains agonisants ont souligné l'effet éducatif de la part de «l'être de lumière». Ainsi, comme l'indique si bien le Dr Moody:

> Car, tout au long de cette rétrospective, l'être ne cesse de souligner l'importance de deux devoirs fondamentaux: *apprendre à aimer le prochain et acquérir la connaissance.* (p. 85)

Puis, il termine cette étape en précisant qu'il arrive parfois, dans ce «panorama de la vie», que «l'être de lumière» n'apparaisse pas ou que ce «panorama de la vie» apparaisse bien avant «l'être de lumière».

10. *Frontière ou limite*

Les mourants se sont souvenus d'avoir été arrêtés par une «frontière ou limite» dans leur expérience de «mort temporaire». Selon le cas, cette «frontière ou limite» est désignée par «une étendue d'eau, un brouillard gris, une porte, une haie, un champ, ou tout simplement une ligne de démarcation» (p. 92). Dans ce sens, le Dr Moody nous fait part d'un témoignage où la personne déclare ceci:

> J'ai succombé à un arrêt au cœur et à cet instant je me suis brusquement trouvé dans un pré vallonné... je regardais devant moi, à travers champ et je vis une clôture... (p. 92-93)

Cette «frontière» est comme la dernière étape de la mort; cela implique que s'il l'a franchie c'est qu'il est mort définitivement et sinon, l'heure n'est pas encore arrivée, alors le mourant n'arrive pas à dépasser cette limite et revient à la vie. Mais, il y a une certaine sensation que les mourants ont éprouvée avant le retour à la vie. Ce qui les différencie, c'est l'interprétation, la formulation ou encore les souvenirs particuliers à chaque individu, à partir de la même expérience fondamentale.

11. *Le retour*

Ce «retour» à la vie terrestre est expliqué de différentes façons. Il est venu un moment où toutes ces personnes ont dû retourner dans leur corps physique, de plein gré ou avec regret. Certains ont même opposé une résistance. Cette résistance est surtout survenue lorsque le sujet a rencontré «l'être de lumière». Comme le rapporte le Dr Moody: «Jamais je n'aurais voulu quitter la présence de cet être.» (p. 97) Certaines s'en sont retournées car elles sentaient le devoir de terminer leur travail éducatif, c'est-à-dire d'élever leurs enfants. D'autres étaient heureux(ses) de pouvoir retourner à la vie physique afin d'être en mesure de terminer ce qu'ils (elles) avaient commencé (par exemple terminer des études).

Quant aux moyens de retour, plusieurs ne savent ni comment ni pourquoi ils sont revenus. Quelques-uns sont persuadés qu'ils sont revenus parce qu'ils n'étaient pas prêts. Il y a aussi ceux qui affirment que c'est «Dieu» ou «l'être de lumière» qui les a autorisés à revivre, ou bien ce sont les prières et l'amour de leurs proches qui les ont ramenés à la vie.

Pour ceux qui ont un léger souvenir de leur retour, ils se rappellent avoir été ramenés à travers le même tunnel sombre qui les avait conduits là. Très peu, par contre, se souviennent de leur retour dans leur corps physique. Ceux qui s'en souviennent disent avoir été réintégrés d'une façon quasiment brutale dans un sursaut. À ce sujet, je vous cite un extrait tiré du livre du Dr Moody qui se lit ainsi:

> J'étais là-haut près du plafond et je les observais en train de me donner des soins. Quand ils ont posé leurs électrodes sur ma poitrine, et que mon corps fit un saut, je me vis retomber comme un poids mort; l'instant après, j'étais dans mon corps. (p. 101)

Par contre, la plupart des gens ne se souviennent pas comment ils se sont retrouvés dans leur corps physique. Cette réintégration s'est faite comme la transition d'un doux sommeil à l'état d'éveil. Cependant, il est très important de noter que cette expérience de «retour» laisse des séquelles psychologiques. Le sujet éprouve un vif regret d'être de retour, après un certain temps.

12. *Le problème du témoignage*

Les témoignages causent quelques problèmes d'authenticité. Ces gens sont certains qu'ils ont vécu et non rêvé. Le problème du témoignage est souvent mis en doute par l'incrédulité de notre société contemporaine, qui n'est pas toujours disposée à accepter de telles déclarations. Par conséquent, ils aiment mieux taire ces événements que de se voir taxer de folie ou de mensonge. Il y a aussi les limites du langage humain qui rendent difficile pour eux d'exprimer clairement par des mots cet événement extraordinaire. Toutefois, il reste pour eux un soulagement quand ils apprennent du Dr Moody que d'autres ont déjà vécu une même expérience.

13. *Répercussion sur la conduite de la vie*

La plupart des gens qui ont visité les abords de la mort en sont revenus grandis, plus ouverts d'esprit, plus compréhensifs. Certains insistent sur l'importance de la recheche philosophique. Ainsi, d'après un exemple cité par le Dr Moody:

> Tout ce que je savais, c'est que, à la suite de cette affaire, j'avais brusquement mûri, un monde tout nouveau pour moi venait de s'ouvrir, dont je ne savais même pas qu'il pût exister. [...] Et j'ai commencé à me poser des questions sur les limites de l'humain et de la conscience. Tout un univers inconnu s'offrait à mes recherches. (p. 110)

Par là, ils apprennent à mieux comprendre les humains et les choses de la vie. Il s'opère aussi un changement profond dans l'attitude générale envers la vie et ses bienfaits. Certains recherchent davantage l'amour du prochain.

Donc bien des gens savaient que leur vie physique, qui leur a été rendue, est maintenant plus précieuse et ils conçoivent mieux l'importance relative du corps physique par rapport à l'esprit:

> À partir de ce moment, j'ai été plus conscient de posséder un esprit que je ne l'avais été d'avoir un corps physique. C'est l'esprit qui est devenu pour moi la partie la plus essentielle de moi-même, au lieu de la forme de mon corps. (p. 111)

Leur aventure leur a assigné de nouveaux buts à poursuivre. Certains disent que, depuis, ils ont des facultés d'intuition voisines de la «médiumnité».

Cependant, aucune de ces personnes ne s'est sentie plus «purifiée ou améliorée». Elles ressentent seulement le besoin de renforcer leur vie. Toutefois, ce qu'il y a de certain, c'est que chaque personne qui est sortie vivante de cette expérience s'est sentie grandie et ayant encore beaucoup de choses à apprendre et à réaliser sur la terre.

14. *Nouvelles perspectives sur la mort*

Depuis cette expérience pratique, tous les témoins ont dit qu'ils n'avaient plus peur de la mort, mais qu'ils ne la recherchaient pas pour autant et qu'ils ne feraient rien de volontaire pour la retrouver. Car ils sont convaincus qu'ils ont des tâches à remplir et que ces mêmes tâches se continueront dans l'après-vie. Ils n'ont aucun doute de leur survie après la mort corporelle. Ils conçoivent la mort comme «un changement d'état, l'accession à un degré de conscience supérieur, à un supplément d'être.

> D'autres l'ont assimilée à d'autres états psychologiques favorables tels qu'un «réveil», une «promotion» ou encore une sortie de prison. (p. 117)

Tous sont convaincus que les notions de «récompense-châtiment dans l'après-vie n'existent pas». Malgré des actes qui ont été considérés comme blâmables, «l'être de lumière» leur a témoigné une grande compréhension. Enfin, tous ont confié que «l'évolution de l'âme, en ce qui concerne particulièrement l'amour et la connaissance, ne prend pas fin avec la mort» (p. 118).

15. *Confirmation*

La dernière étape est celle de la «confirmation». Dans cette étape, on se demande s'il est possible de prouver tout cela:

> Est-il possible d'acquérir des preuves formelles de la réalité de ces expériences, indépendamment des descriptions fournies par les sujets? (p. 113)

La réponse qu'apporte le Dr Moody ici semble être positive.

Le Dr Moody répond oui à cela en se basant sur le fait que les personnes qui témoignent peuvent raconter ce qui s'est passé à la lettre durant les moments suivant leur mort. Parfois il peut s'agir de nouvelles méthodes de réanimation que le docteur emploie et alors la personne qui est morte assiste à cela, et lorsqu'elle revient, elle peut expliquer en détail ce qui s'est passé. Cette expérience peut être corroborée par de nombreux témoins de mort clinique temporaire.

C'est ainsi que prend fin le survol révélant les différentes étapes de l'expérience de la «mort temporaire».

III
Les similitudes

Dans cette partie du livre, le Dr Moody fait des rapprochements importants entre les témoignages des personnes qui ont expérimenté la mort et différents textes d'ouvrages très anciens à saveur souvent ésotérique empruntés à l'histoire. Ces principaux textes sont: la *Bible*, les ouvrages de Platon, le *Livre des morts tibétain* et les œuvres d'Emmanuel Swedenborg.

1. *La* Bible

D'après le Dr Moody, la *Bible* ne représente qu'une source assez limitée sur les faits qui entourent la mort et sur la nature précise de l'autre monde. Il cite deux passages de l'*Ancien Testament* à savoir:

Isaïe 26, 19:

> Les morts revivront, leurs cadavres se relèveront; réveillez-vous et criez la joie, hôtes de la poussière [...] car la terre redonnera vie aux Ombres. (p. 132)

David 12, 2:

> Et beaucoup de ceux qui dorment au pays de la poussière se réveilleront, ceux-ci pour la vie éternelle, et ceux-là pour l'opprobre, pour l'horreur éternelle. (p. 132)

En plus, l'auteur nous fait part de quelques passages de saint Paul qui ont certaines ressemblances avec les témoignages qu'il a entendus. En voici un extrait des Actes des Apôtres 26, 13-36:

> Vers le milieu des jours, Roi, je vis venant du ciel, plus brillante que le soleil, une lumière resplendir autour de moi et de tous ceux qui faisaient route avec moi. Et comme nous étions tombés à terre, j'entendis une voix qui me disait en langage hébraïque: — Saoul, Saoul, pourquoi me persécutes-tu? Il est dur pour toi de regimber contre l'aiguillon. Je répondis: — Qui es-tu, Seigneur? Et le Seigneur dit: — Je suis Jésus, que tu persécutes. (p. 133)

Cet extrait comporte certaines ressemblances avec «l'être de lumière» dont les témoins du Dr Moody ont parlé.

Enfin, Moody parle de la forme que le corps peut avoir à la mort. Il nous cite encore saint Paul dans un passage aux *Corinthiens* 15, 35-52:

> Tout d'abord, on attribue à l'être une personnalité bien qu'aucune forme ne soit perçue, et la «voix» qui en émane pose une question et prodigue ensuite des instructions.

Lorsque Paul tente de communiquer sa version à d'autres on se moque de lui et on le traite de «fou». Néanmoins, l'apparition a modifié le cours de sa vie: il devient, à partir de ce moment, le principal propagateur du christianisme, en tant qu'engagement vital dans l'amour du prochain (p. 134). De telle sorte, Paul parle d'un corps qui se transforme à la résurrection des morts. Ainsi comme il dit:

> On est semé méprisable, on se relève glorieux; on est semé faible, on se relève fort; on est semé corps psychique (naturel), on se relève corps spirituel [...] (p. 135)

On constate certaines concordances avec les récits de la «décorporation».

2. *Platon*

Platon vécut de 428 à 348 avant Jésus-Christ. Plusieurs de ses dialogues, entre autres: *Le Phédon, Gorgias* et *La République*, traitent en partie des sujets relatés par les témoins sur la «mort temporaire».

Platon considérait qu'il existait d'autres plans, d'autres dimensions de la réalité que ceux du monde physique. Il ne «voyait dans le corps que le véhicule temporaire de l'esprit» (p.136). Ainsi, Platon définissait la mort comme la séparation entre le corps et l'âme. Platon assure que l'âme, une fois délivrée du corps, pense et raisonne avec une clarté accrue et avec une plus grande profondeur sur les choses. Il nous entretient de ce qui suit: une fois séparée du corps, l'âme rencontre d'autres esprits défunts, converse avec eux, et se laisse guider à travers cette transition entre ce monde-ci et l'autre par des esprits gardiens. De plus, l'âme est soumise à un jugement, au cours duquel un personnage divin fait défiler devant elle toutes les actions qu'elles a faites durant son existence terrestre.

Toutefois, Platon affirme que l'autre monde ne constitue qu'une probabilité tout au plus. Il dit aussi que le langage humain est difficilement capable d'exprimer correctement des réalités terrestres; il en sera d'autant plus difficile pour ce qui se situe au-delà de notre monde physique.

3. *Le* Livre des morts tibétain

D'après les dires du Dr Moody, ce volume, qui est en fait une sorte d'anthologie des enseignements dispersés au cours des siècles par les sages de l'Antiquité tibétaine, comporte des similitudes presque troublantes avec les écrits qu'il relate. On relève la présence de la «décorporation», de la «chute dans un vide» la présence de «sons», la possibilité de suivre l'action mais l'impossibilité de communiquer, l'impression d'avoir toujours un corps mais autre que celui qu'on vient de quitter; on retrouve aussi «l'être de lumière» et le «contact avec d'autres» puis finalement la «rétrospective» de la vie. Sans toutefois tenter de nous les rapporter, le Dr Moody note que ce livre va beaucoup plus loin dans sa description des étapes à franchir pour passer d'une vie à une autre vie. Mais étant donné que lui-même ne peut pas attester, prouver ces faits, ils s'abstient de parler.

4. *Emmanuel Swedenborg*

Swedenborg vécut de 1688 à 1772. Il fut d'abord orienté vers l'anatomie, la physiologie et la psychologie. C'est après une expérience religieuse qu'il se mit à faire part d'expériences spirituelles. Il aurait été un communicateur avec des entités spirituelles de l'autre monde. D'après le Dr Moody, il est étonnant de constater certaines similitudes entre les expériences relatées par Swedenborg et celles rapportées par ses sujets. Ce dernier parle de la cessation des fonctions corporelles «de la respiration et de la circulation»:

> Néanmoins, l'homme ne meurt pas, mais est seulement séparé de la partie corporelle qui servait dans ce monde-ci [...]. L'homme, quand il meurt, ne fait autre chose que passer d'un monde à un autre. (p. 143)

Il prétend lui-même avoir vécu des expériences de «décorporation», où il a rencontré des «anges». Le dialogue n'est ni humain ni terrestre, c'est un «transfert direct de pensées». Il fait également allusion à «la lumière du Seigneur», comme «une lumière d'un éclat ineffable, c'est une lumière de vérité et de bonté».

IV
Questions

Depuis que le Dr Moody s'intéresse à ce genre de problèmes, de nombreuses questions lui ont été adressées. Par contre, la plupart des interrogations sont toujours les mêmes. Cette partie a pour but de répondre le plus adéquatement à ces différentes questions. Ces questions portent surtout sur la crédibilité des témoignages qu'il a recueillis.

Plusieurs personnes, au cours de ses entrevues, conférences, causeries, lui ont posé des questions. Les questions les plus importantes sont: Les témoins ont-ils menti? Se sont-ils arrangés pour former un complot? Ou tout simplement ont-ils enjolivé leur aventure? (p. 151 et 168)

Le Dr Moody ne croit pas qu'ils ont pu mentir, car ceux qui ont témoigné pouvaient ressentir en eux une vive émotion. Cette émotion était présente dans leurs yeux. De plus, les gens interrogés sont équilibrés; ils racontaient leur histoire avec tant de compassion qu'on ne pouvait douter d'eux. Psychologiquement, on a souvent tendance à enjoliver nos histoires au cours des années, mais on ne constatait aucune différence entre un témoignage récent ou ancien. En ce qui concerne le complot, d'après le Dr Moody, il est impossible. Les gens venaient de différents endroits et la plupart ignoraient qu'ils n'étaient pas seuls à avoir connu une expérience similaire.

Cependant, la question fondamentale et essentielle à laquelle le Dr Moody a répondu est: «Est-ce que tous ces gens étaient vraiment morts?» Selon le Dr Moody, chacun d'entre nous a une définition différente sur le sens attribué au mot «mort». Pour répondre à cette question, le Dr Moody nous propose trois définitions: 1) Lorsque le cœur s'arrête de battre nous sommes morts; 2) Si au niveau des ondes cérébrales il y a arrêt d'activité et qu'il est détecté avec la lecture de l'électro-encéphalographe, nous sommes morts (cette méthode n'est pas encore employée pour déceler la mort); 3) Si le corps, en tant qu'ensemble de cellules biologiques, se détériore au point de non-retour à la vie, nous sommes morts. Le Dr Moody affirme par ceci que nous pouvons dire que la réponse à cette question dépend surtout de ce que l'on entend par «mort».

V
Explications

Devant ce phénomène de «la vie après la vie», l'auteur a voulu fournir aux lecteurs, dans cette cinquième partie, des explications complémentaires qui pourraient venir démentir la véracité de ces témoignages. Les explications supplémentaires se regroupent en trois catégories: surnaturelles, naturelles (scientifiques) et psychologiques.

1. *Surnaturelles*

   Des gens auraient pu être influencés par les forces du mal, mais les serviteurs de Satan n'auraient pas dégagé de l'amour pour tromper les gens mais de la haine. Cette hypothèse semble, pour le Dr Moody, peu fondée et peu valable (p. 175).

2. *Naturelles (scientifiques)*

   Au niveau de cette catégorie d'explications, on parle de pharmacologie, de physiologie et de neurologie:

   a) *Pharmacologie*

   Le pharmacologue affirme que les drogues injectées aux mourants seraient à l'origine de ce phénomène. Les médicaments causeraient des hallucinations et donneraient l'impression de mourir. L'expérience des patients sous anesthésie présente une ressemblance avec les personnes victimes d'une «mort temporaire». Le Dr Moody réplique en disant que certains témoins avaient vécu une mort avec ou sans anesthésie sans pourtant avoir ressenti une différence. Et ceux qui sont drogués n'ont jamais raconté d'histoires logiques ou équilibrées (p. 176 et 181).

   b) *Physiologie*

   Les physiologues soutiennent que, lors de la mort clinique, le cerveau, privé d'oxygène, brille dans un ultime effort d'imagination débridée, puisque l'alimentation du cerveau en oxygène est interrompue pendant la mort clinique correspondant à une sorte de spasme compensatoire de la conscience qui s'éteint. Le Dr Moody prétend que la plupart des témoins avaient eu leur expérience avant ce choc physiologique (p. 181 et 182).

   c) *Neurologie*

   Les neurologues expliquent le phénomène par des transformations subies par le système nerveux, provoquant des hallucinations ou

encore, chez d'autres, la vue de séquences rapides d'images repré-
sentatives de leur vie. Cependant les différences sont énormes: les
images ne sont pas perçues dans l'ordre chronologique, ne sont pas
embrassées d'un seul regard, elles sont banales, le patient ne
conserve pas le souvenir des événements avec plus de clarté et de
détails qu'auparavant, le corps est perçu comme vivant. Le Dr Moody
dit en terminant que «remplacer les voyages hors du corps en les
assimilant à des hallucinations autoscopiques ne ferait que remplacer
une obscurité par une énigme». (p. 187)

3. *Psychologiques*

Les psychologues prétendent que les morts temporaires ne sont que
des phénomènes psychiques engendrés par l'abus de drogues, soit
par le manque d'oxygène soit par l'effet de l'isolement. Cet
isolement donne l'impression de quitter son corps et de rencontrer
des entités spirituelles. Pourtant le Dr Moody nous dit que les
psychologues se disputent entre eux sur les méthodes à employer;
alors ils ne peuvent pas vraiment apporter de faits révélateurs sur
l'après-vie. L'auteur affirme que ses témoins étaient des personnes
équilibrées et tous vivaient dans un foyer stable (p. 187 et 195).

4. *Conclusion*

J'aimerais terminer cette partie en citant le Dr Moody qui conclut
très bien dans le sens de ce que nous venons d'expliquer: Selon que
l'on a l'esprit tourné vers la psychologie, la pharmacologie ou la
neurologie, l'on sera tenté de tirer de chacune de ces sources des
arguments qui, intuitivement, paraîtront décisifs, alors même que
les cas exposés semblent exclure toute interprétation de cet ordre.
Donc, à chaque explication, le Dr Moody effectue des liens avec les
témoignages de «morts temporaires». Il trouve des points communs ainsi que des différences mais on arrive toujours à conclure
que les explications sont à tout le moins contestables.

VI
Impressions

Le Dr Moody avoue sincèrement qu'il n'a pas effectué une étude
scientifique dans le vrai sens du mot et qu'il n'a pas apporté la preuve
tangible et concrète de ce qu'est la mort ou une vie après la mort. Il
prétend que les témoignages recueillis présentent une valeur significa-

tive, donc qu'il ne faudrait pas les rejeter en bloc, à cause d'un manque de preuves scientifiques ou logiques, ou tout simplement les accepter vu leur caractère sensationnel.

Selon le Dr Moody, cette étude sur la «mort temporaire» lui a donné la certitude que les événements racontés par les témoins sont réels. En plus, cette étude sera sûrement un document très utile aux membres de bien des branches académiques et d'autres professions... Mais cette recherche du Dr Moody a fait surgir dans tout homme la grande question fondamentale: Existe-t-il une conscience en dehors du corps pour ainsi minimiser la peur entourant le phénomène de la mort?

Additif concernant le suicide

Le suicide, c'est manquer à notre mission sur terre. Lorsque vous vous suicidez c'est que vous êtes tourmenté et sans défense devant vos difficultés; alors, dans l'après-vie, votre esprit sera pour l'éternité dans une obscurité remplie de tourments et dans l'incapacité de les régler. Par ailleurs, comme le dit Kant:

> Le suicidé agit à l'encontre des intentions de Dieu; parvenu dans l'autre monde, il sera jugé en tant que rebelle à son Créateur. (p. 204)

Conclusion

Le résumé du livre du Dr Moody (*La vie après la vie*) n'a pas pour but de vous faire accepter ou refuser ce qu'il nous a révélé. Ce travail a comme but principal de vous éveiller au phénomène de la mort temporaire, de vous faire prendre conscience que ce phénomène existe et que cette situation est réelle. Le Dr Moody nous a fait prendre connaissance de témoignages de gens qui ont vécu une «mort temporaire». Il a très bien cerné les différents points communs de ces témoignages et nous les a présentés d'une manière simple et facile, sans qu'on se sente obligés de penser comme lui. En bref, le Dr Moody a su créer un climat proprice et favorable sur un sujet qui touche chaque être humain de très près.

AUTO-ÉVALUATION

de la compréhension du texte

Vous pouvez évaluer la qualité de votre compréhension objective du texte selon que vous êtes capables de comprendre sans hésitation la *signification* et la *fonction logique* de chaque terme au sein du texte.

Cochez tout terme qui ne vous paraît pas clair:

❑ mort temporaire

❑ euphémisme

❑ modèle théorique

❑ incommunicabilité

❑ l'audition du verdict

❑ sentiment de calme et de paix

❑ les bruits

❑ le tunnel

❑ décorporation

❑ contacts avec d'autres

❑ entités

❑ l'être de lumière

❑ frontière ou limite

❑ le retour

❑ le problème du témoignage

❑ répercussion sur la conduite de la vie

❑ nouvelles perspectives de la mort

❑ confirmation

❑ similitude

❑ naturelle

❑ pharmacologie

❑ physiologie

❑ neurologie

❑ psychologie

❑ suicide

Identifiez la cause:

Si votre performance est faible ou moyenne, il vous faut déterminer quelle en est la cause:

• lecture trop superficielle? (le relire)

• lecture attentive non assimilée? (en faire l'analyse)

• lecture et analyse faites mais les liens logiques demeurent difficiles à préciser? (faire un schéma d'ensemble à partir de l'analyse)

BIBLIOGRAPHIE

Voici un certain nombre d'ouvrages qui vont vous donner des informations supplémentaires sur le phénomène des N.D.E. (*Near-Death Experiences* ou expériences de mort temporaire) présenté dans le texte de Moody qui précède:

ANDRAU, M. *Franchir la mort*, Paris, Robert Laffont. (Les Énigmes de l'univers)

EBON, Martin. *La vie au-delà de la mort*, 5ᵉ éd., Montréal, Quebecor, 1989.

GROF, S. et Halifax, J. *La rencontre de l'homme avec la mort*, 2ᵉ éd., Monaco, Éd. du Rocher, 1982.

KÜBLER-ROSS, Dʳ E. *La mort, la dernière étape de la croissance*, Montréal, Québec/Amérique, 1975.

KÜBLER-ROSS, Dʳ E. *Les derniers instants de la vie*, Genève/Montréal, Labor/Fides, 1975, 279 p.

KÜBLER-ROSS, Dʳ E. *La mort est un nouveau soleil*, Monaco, Éd. du Rocher, 2ᵉ éd., 1988, 139 p.

LORIMER, D. *L'énigme de la survie*, Paris, Robert Laffont. (Les Énigmes de l'univers)

MISRAKI, Paul. *L'expérience de l'après-vie*, Paris, Robert Laffont, 1974. (Les Énigmes de l'univers)

MOODY, Dʳ R. *Lumières nouvelles sur «La vie après la vie»*, Paris, Robert Laffont. (Les Énigmes de l'univers)

MOODY, Dʳ R. *La lumière de l'au-delà*, Paris, Robert Laffont. (Les Énigmes de l'univers)

OSIS, K. et Haraldsson, E. *Ce qu'ils ont vu au seuil de la mort*, 2ᵉ éd., Montréal, Québec/Amérique, 1981, 347 p.

PISANI, I. *Mourir n'est pas mourir*, Paris, Robert Laffont. (Les Énigmes de l'univers)

PISANI, I. *Preuves de survie*, Paris, Robert Laffont. (Les Énigmes de l'univers)

RENARD, H. *L'après-vie, croyances et recherches sur la vie après la mort*, Paris, Éd. Philippe Lebaud, 1985.

RING, Dʳ K. *Sur les frontières de la vie*, Paris, Robert Laffont. (Les Énigmes de l'univers)

RING, Dʳ K. *Heading toward Omega, in search of the Meaning of the Near-Death experience*, New York, William Morrow and Co.

SABON, M.B. *Souvenirs de la mort*, Paris, Robert Laffont. (Les Énigmes de l'univers)

SIEMONS, J.-L. *Mourir pour renaître, l'alchimie de la mort et les promesses de l'après-vie*, Paris, Albin Michel, 1987, 377 p.

STERLING, Dr M. *Les morts sont toujours vivants, après la mort... la vie*, Paris, Éd. Dangles.

VAN EERSEL, P. *La source noire, révélations aux portes de la mort*, Paris, 1988, 438 p. (Le Livre de poche)

AUTO-ÉVALUATION
de votre démarche intellectuelle
durant la deuxième étape

Il serait très utile pour vous, à ce moment-ci du cours, de faire une réflexion sur la *démarche autonome de réflexion* que vous venez de terminer afin d'évaluer vos attitudes et comportements et tirer, pour les semaines à venir, les conclusions pratiques qui vont favoriser la croissance de votre autonomie et de votre pouvoir mental. Voici des questions importantes à se poser:

- Ai-je travaillé *en planifiant mon action*, c'est-à-dire en me donnant un rythme de travail constant à chaque semaine ou ai-je travaillé seulement à la toute fin?

- Ai-je travaillé *méthodiquement* seulement après avoir lu et considéré avec grande attention et précision les instructions du travail?

- Ai-je travaillé à ma recherche *de manière rigoureuse*, c'est-à-dire en utilisant de façon lucide et méthodique les instructions destinées à cet effet (dans les notes de cours) ?

- S'il y a eu difficulté, ai-je eu l'attitude de me préciser la nature du problème sans perdre mon calme et ensuite, quand la situation le réclamait, *ai-je rencontré mon professeur* pour être assisté...?

TROISIÈME
ÉTAPE

*Qui suis-je pour avoir
une opinion personnelle?*

Choisir sa conception personnelle de l'être humain

Remarques pédagogiques préliminaires

Cette étape consiste à vous proposer de rédiger votre conception de l'homme sous forme d'essai, c'est-à-dire à pousser plus loin votre entreprise de réflexion philosophique sur l'homme.

Ce défi est rendu d'autant plus nécessaire que vous avez pu constater, à la fin de l'étape précédente, que vous êtes confrontés à trois puissantes traditions de pensée qui s'affrontent depuis longtemps sur la scène philosophique. Cette confrontation met en lumière les *limites idéologiques* de chacune et les *différents problèmes* non résolus qui résultent de leur comparaison; ces problèmes sont autant d'ambiguïtés concernant le sens à donner à l'existence humaine.

De plus, on constate que chaque fois qu'on tente de *nommer explicitement* nos états psychologiques (pensées, sentiments, etc.) sur quelque chose, il en résulte pour soi un éclairement plus ou moins important dans sa vie psychologique et qu'il s'agit là d'un *progrès intérieur* peut-être incomplet mais certain.

Pourquoi faire cette démarche sous forme d'essai? Parce que vous ne considérez pas votre conception de l'homme comme permanente, complète et finale mais plutôt comme étant susceptible de changer éventuellement. De là, ce sera un «essai» pour préciser votre réflexion philosophique sur l'homme, tel que vous pouvez le faire, actuellement... sans engager votre avenir.

Mais pourquoi faire un «essai» alors? Parce qu'une pensée incomplète, claire et consciente de ses limites est infiniment plus «profitable psychologiquement» qu'une pensée incomplète, floue, imprécise et indéfinie. La première rend possible une évolution personnelle éventuelle, la seconde: non!

Au plan pédagogique, vous vous apercevez évidemment que l'occasion qui vous est offerte ici consiste à développer vos capacités de synthèse sur une base plus étendue.

Dans les pages qui suivent, nous allons tenter de vous définir ou décrire tous les aspects dont on doit tenir compte pour faire un essai philosophique sur l'être humain, essai qui soit à la fois personnel et rigoureux, mais en même temps ayant une portée universelle.

Voici les aspects dont on doit tenir compte pour faire ce travail:

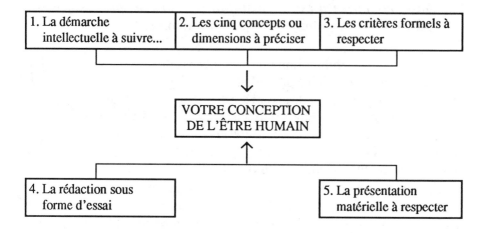

1. *La démarche intellectuelle à suivre...*

Puisqu'il s'agit de rédiger *votre conception de l'homme*, il faut nécessairement tenir compte de deux aspects indispensables à celle-ci:

a) Votre conception de l'être humain doit posséder les *trois caractéristiques* propres à toute conception de l'homme:

- celle-ci doit pouvoir s'appliquer à tout être humain normal en tout temps et en tout lieu, c'est-à-dire avoir une *portée universelle*;
- celle-ci doit être formée à la suite d'une démarche d'analyse dépourvue de toute émotion négative ou positive, à la suite d'une démarche libre de tout préjugé non fondé sur des faits;
- celle-ci doit décrire tous les aspects importants de l'être humain (c'est-à-dire les cinq concepts).

b) Votre conception de l'être humain doit comporter au moins les cinq *concepts ou dimensions* dont on a constaté la présence dans les conceptions de l'homme déjà étudiées, à savoir:

- structures internes;
- sens du développement individuel;
- intersubjectivité;
- historicité;
- destinée absolue.

2. *Les cinq concepts ou dimensions à préciser*

On commence d'abord par préciser la dimension des *structures internes*; ce concept est *le plus important* des cinq car c'est celui-ci qui va déterminer dans une grande mesure le contenu des quatre concepts subséquents.

Ici vous devrez vous situer dans l'une ou l'autre des trois traditions de pensée que nous avons analysées durant la première étape; vous devrez alors vous demander si vous faites partie de:

- la tradition de l'*homo faber*: vitaliste? (Les positions de base se trouvent au début du texte de Marx et sont développées dans les textes de Marx, de Freud et plus loin dans le résumé d'Adler.)
- la tradition de l'*homo sapiens*: rationaliste? (Les positions de base se trouvent au début du texte de Sartre et développées en partie par le texte de Sartre et plus loin dans le résumé de Fromm.)
- la tradition spiritualiste? (Les positions de base sont développées avant le texte concernant le personnalisme et plus loin dans les résumés de Bucke et de Moody.)

On répondra pour son propre compte à la question suivante: laquelle des structures internes prédomine sur les autres et par quel(s) argument(s) le prouver?

Pour les *quatre derniers* concepts, on devra s'assurer de les développer de façon *conséquente* au concept précédent.

Pour chacun de ces concepts, on devra tenter de préciser les éléments suivants:

- Le sens du *développement individuel*

  De quelle façon (à partir de quelle force dynamique) l'être humain se développe-t-il de l'enfance à l'âge adulte? Identifiez-vous des étapes? Si oui, quelles sont-elles?

- L'*intersubjectivité*

  À l'âge adulte, lorsqu'on est en présence de tous ses moyens, quel *degré d'union psychologique maximal* peut être atteint avec autrui (c'est-à-dire toute autre personne prise individuellement)? Si vous aboutissez à parler de *l'amour* et de *l'amitié*, il est essentiel que vous définissiez clairement ces termes car ils peuvent être pris en plusieurs sens possibles.

• L'*historicité*

a) Vers *quelle sorte de société future*, l'humanité se dirige-t-elle ou devrait-elle se diriger (vous pouvez donc adopter ici un point de vue réaliste ou idéal); plus précisément, quelles en seront ou devraient en être les structures telles que:

• les structures politiques;
• les structures économiques;
• les structures sociales;
• les structures culturelles (facultatif);
• les structures religieuses (facultatif).

b) *Quel(s) rôle(s) ou action(s) collective(s)* les individus ou les sous-groupes actuels (à préciser) joueront-ils à partir de maintenant (point de vue réaliste) ou devraient-ils jouer (point de vue idéal) pour amener l'humanité vers la société future que vous entrevoyez. Prévoyez-vous ce rôle dans toutes les structures de la société (décrites en a) ou seulement dans une structure qui aurait un effet d'entraînement sur les autres?

• La *destinée absolue*

Étant donné ce qu'est l'être humain (décrit dans le premier concept ou dimension des structures internes), celui-ci a-t-il une existence après la mort corporelle ou non? Si oui, quelle sorte d'existence l'attend-il? Si non, dites pourquoi il n'y a rien.

Nous vous suggérons de répondre d'abord à ces questions de façon schématique ou au brouillon et, une fois ceci fait, de vérifier ces données par rapport aux critères de qualité (spécifiés dans le plan de cours) exigés pour un travail philosophique que nous allons commenter dans la section qui suit.

3. *Les critères formels à respecter*

Les critères que nous allons commenter sont les mêmes que nous utiliserons dans la correction de ce travail. Ces critères vous permettent d'exercer votre liberté de penser mais donnent à votre texte, lorsqu'ils sont appliqués, une très grande qualité de communication intellectuelle.

La clarté

Cette qualité s'applique aux termes importants que vous employez dans votre texte tels que «conscience», «liberté», «inconscient», «amour» et bien d'autres. Lorsque vous utilisez des concepts importants, il est nécessaire de les définir ou de les expliciter suffisamment car en général ces termes sont souvent utilisés en plusieurs sens. Une bonne qualité du français (telles les expressions françaises bien utilisées, bonnes grammaire et syntaxe, etc.) aide grandement à la clarté de votre texte.

La cohérence

La crédibilité intellectuelle de votre conception de l'homme viendra de sa cohérence, c'est-à-dire des liens logiques de continuité qui relient les uns aux autres les différents concepts qui constituent votre conception de l'homme.

Si vous êtes dans la tradition de pensée «vitaliste», il ne sera pas cohérent de définir certains concepts subséquents de façon rationaliste ou spiritualiste.

EXEMPLE:

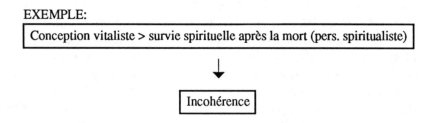

Conception vitaliste > survie spirituelle après la mort (pers. spiritualiste)

↓

Incohérence

Si, par contre, vous avez des positions contradictoires dans quelques concepts, contradictions que vous ne parvenez pas à élucider après l'avoir mentionné au lecteur, vous vous devez de clarifier les causes ou les raisons qui provoquent en vous cette ou ces contradictions.

La richesse du contenu

Pour réussir à rencontrer ce critère, il suffit de décrire de façon suffisamment étoffée et documentée les cinq concepts ou dimensions de la condition humaine tels que proposés dans les sections précédentes.

Pour ce faire, vous pouvez trouver beaucoup d'éléments pertinents à votre tradition de pensée et à votre conception de l'homme dans les textes des première et deuxième étapes du présent *Guide*. Vous pouvez aussi consulter certains livres qui sont suggérés dans les bibliographies qui figurent à la fin de ces textes. Vous pouvez aussi consulter des livres qui n'apparaissent pas dans ce *Guide*, mais qui vous semblent appropriés pour «étoffer» votre texte, livres que vous possédez déjà ou que vous trouvez à la bibliothèque.

Le caractère argumentatif

En philosophie, on considère que toute affirmation qui n'est pas suivie d'un argument ou d'une justification ne vaut rien. On doit donc choisir le sens à donner à nos concepts en rapport avec *notre capacité à les justifier*. C'est là-dessus que doit porter l'effort central du travail intellectuel.

Lorsqu'on parle d'«arguments», on doit faire certaines distinctions. À notre avis, il existe en philosophie – si l'on se situe au-dessus des diverses doctrines épistémologiques – trois sortes d'arguments possibles: 1) les arguments inductifs fondés sur des faits physiques et psychiques concrets tirés de notre expérience quotidienne ou des sciences expérimentales: ce sont en général seulement ces arguments que les *vitalistes* et les *scientistes* considèrent valables; 2) les arguments fondés sur des déductions rationnelles et logiques qui prouvent l'existence ou certaines propriétés de certains types de phénomènes, ceci même en l'absence d'expériences directes: ces arguments sont en général recevables, lorsqu'ils sont faits rigoureusement, par les *rationalistes* et les *spiritualistes*; enfin, 3) les arguments fondés sur des témoignages nombreux qui se corroborent les uns les autres: ces arguments sont considérés valables même en l'absence d'expériences personnelles par les *spiritualistes* (exemples: la conscience cosmique, la vie après la mort). Il est amusant de constater que ce type d'argument est très utilisé devant les tribunaux même dans le cas de la peine de mort.

De nos jours, sans doute à cause de l'influence que les sciences exercent sur notre culture, vous êtes spontanément portés à valoriser seulement les arguments inductifs fondés sur l'expérience directe. Vous devez résister à cette pression culturelle et adopter un point de vue plus large sur la validité de l'argumentation si vous vous situez dans les traditions rationaliste et spiritualiste.

Il est bon aussi de fournir des exemples ici et là qu'on se contente d'évoquer sans explication afin de donner un support additionnel à ses justifications.

Le caractère original

C'est la capacité de cerner ce qu'est l'être humain au niveau fondamental, en dessous des apparences superficielles mais le faire non en copiant bêtement l'une ou l'autre des conceptions déjà exposées dans le *Guide*. On devra innover *dans la synthèse*, ceci en prenant en considération toutes les idées valables et compatibles développées dans les première et deuxième étapes du cours.

4. *La rédaction sous forme d'essai de synthèse*

Dans un essai, l'auteur entend livrer l'état de ses présentes réflexions sur le sujet, tente de les organiser pour en former un tout compréhensible. Chacun tente d'expliquer le contenu des concepts et surtout de les justifier par des arguments et des faits de façon à convaincre le lecteur de leur validité.

Ce type de texte comporte peu de structures telles que «sections», «chapitres», etc., contrairement au «traité» ou à la «dissertation». C'est le genre de texte qui se rapproche le plus d'une «réflexion à voix haute» que l'on ferait de façon écrite. La forme immédiate d'un essai sera donc celle d'un *texte suivi*; par contre, il est possible et acceptable d'inclure dans ce texte, si on le désire, des *sous-titres* comme on en voit souvent dans les articles de revue. L'important dans ce cas, c'est de faire attention à ce que ceux-ci ne viennent pas briser la continuité et la fluidité intellectuelle du texte. En ce sens, on pourra même utiliser comme sous-titres la désignation des cinq concepts qui doivent être explicités dans le cadre de votre conception de l'homme.

5. *La présentation matérielle à respecter*

La longueur du texte intellectuel proprement dit (l'essai) devrait se situer minimalement entre six et sept pages pour être significatif. Cependant, il est à noter que la page de titre et celles de la bibliographie (s'il y a lieu) et des schémas ne sont pas calculées dans ce nombre de pages.

Écrire sur des feuilles standard

Les feuilles devront être écrites sur un seul côté et brochées. Nous exigeons que le travail soit fait à la *machine à écrire* ou *traité par ordinateur*, à double interligne. Assurez-vous que les caratères soient assez foncés pour être lisibles. Évitez les erreurs de frappe pour que votre texte soit le plus compréhensible possible.

Il comprendra une *page de titre* où le nom de l'auteur apparaît avec le numéro de son groupe, le titre du travail et le nom du destinataire (le prof).

Ensuite viendra une *table des matières* (au choix de l'étudiant); prenez comme modèle la table des matières du présent *Guide*.

Les *citations* devront être écrites en retrait du texte, à simple interligne avec référence à la suite de la citation. Celles-ci ne devraient être ni trop longues ni trop nombreuses.

Introduction
Celle-ci a pour but d'indiquer sous forme de questions ou de commentaires ce que vous allez entreprendre dans votre travail. Vous pouvez indiquer brièvement dans quelle tradition de pensée vous vous situez. Celle-ci ne devrait pas dépasser une demi-page.

Corps ou exposé central
Vous déployez votre description en un texte suivi entrecoupé de *sous-titres* (si vous le désirez) que vous avez déjà trouvés lors de l'organisation de votre documentation. Vous pouvez utiliser par ailleurs les cinq concepts que vous devez exposer comme sous-titres.

Si vous utilisez un ou des schémas, ceux-ci doivent être *intercalés* dans votre texte et doivent *être suivis* d'une explication écrite qui lui succède immédiatement. Un schéma inexpliqué est habituellement incompréhensible pour le lecteur.

Conclusion
Comme dans tout travail de recherche, une *conclusion* viendra mettre un *point final* à votre essai. Cette conclusion pourra faire l'objet d'une synthèse globale de votre démarche; elle pourra également faire l'objet de commentaires ou de critiques sur certains aspects de votre conception; elle peut consister enfin à signaler jusqu'à quel point cette conception est en évolution vers l'avenir, et cela, dans quelle direction. Celle-ci ne devrait pas dépasser une demi-page.

Bibliographie (s'il y a lieu)
En dernière page, donner – si c'est un travail documenté – sa bibliographie numérotée et par ordre alphabétique...

EXEMPLE:
1. FREUD, Sigmund. *Malaise dans la civilisation*, Paris, P.U.F., 1967, 167 pages.
2. HUXLEY, Aldous. *Le meilleur des mondes*, Paris, Gallimard, 362 pages. (Livre de poche)
3. NIETZSCHE, F. *Par-delà le bien et le mal*, Paris, Union générale du livre, 214 pages. (10/18)

Indiquer les références à l'intérieur du travail et immédiatement à la suite de la citation.

EXEMPLE:

> «La femme apprend à haïr dans la mesure où elle désapprend de charmer.» (3, 94)

Dans la référence qui vient d'être citée, l'expression «(3, 94)» réfère aux détails suivants:

- le *premier chiffre*, «3», renvoie à votre bibliographie numérotée. C'est le *numéro du livre* cité dans celle-ci en troisième lieu;
- le *deuxième nombre*, «94», indique la page de l'ouvrage consulté.

AUTO-ÉVALUATION
de votre démarche intellectuelle
durant la troisième étape

Il serait très utile pour vous, à ce moment-ci du cours, de faire une réflexion sur la *démarche autonome de réflexion* que vous venez de terminer afin d'évaluer vos attitudes et comportements et tirer, pour les semaines à venir, les conclusions pratiques qui vont favoriser la croissance de votre autonomie et de votre pouvoir mental. Voici des questions importantes à se poser:

- Ai-je travaillé *en planifiant mon action*, c'est-à-dire en me donnant un rythme de travail constant à chaque semaine ou ai-je travaillé seulement à la toute fin?

- Ai-je travaillé *méthodiquement* seulement après avoir lu et considéré avec grande attention et précision les instructions du travail?

- Ai-je travaillé à ma recherche *de manière rigoureuse*, c'est-à-dire en utilisant de façon lucide et méthodique les instructions destinées à cet effet (dans les notes de cours)?

- S'il y a eu difficulté, ai-je eu l'attitude de me préciser la nature du problème sans perdre mon calme et ensuite, quand la situation le réclamait, *ai-je rencontré mon professeur* pour être assisté...?

ANNEXES

ANNEXE I

Le modèle du Dr Palkiewicz et son application dans la démarche du présent guide

Comme nous l'avions annoncé dans notre avant-propos, nous allons résumer ici les grandes lignes de ce modèle qui fut d'abord exposé lors du 10ᵉ colloque annuel de l'Association québécoise de pédagogie collégiale qui eut lieu en mai-juin 1990. L'auteur en a repris la présentation lors d'une conférence donnée aux professeurs du collège Ahuntsic à Montréal la même année, soit le 22 novembre. Sa conférence s'intitulait: «Développement de la pensée et de l'action responsable dans une perspective d'acquisition de compétences au collégial[62]».

À la suite de ce modèle, nous décrirons de quelle façon la démarche du présent guide permet à quiconque d'acquérir les compétences cognitives générales nécessaires au développement de sa formation fondamentale.

Nous croyons que l'étudiant retirera plus de profit en compréhension s'il lit cette annexe après avoir réalisé ladite démarche, puisqu'il conscientisera à un deuxième degré (de façon réflexive ou métacognitive) ce qu'il aura déjà expérimenté directement chaque semaine dans le cadre du cours.

Le modèle du Dʳ Palkiewicz

Citant Beyer, Palkiewicz définit d'abord la pensée comme «un phénomène mental dans lequel des opérations cognitives et métacognitives (réflexives) produisent différents niveaux de connaissances selon certaines conditions et dispositions[63]».

Ces opérations psychologiques sont, en tant que telles, intériorisées et réversibles, c'est-à-dire qu'elles peuvent aller jusqu'au bout de l'intériorisation ou être inversées pour retourner vers le milieu ambiant pour vérification. De plus, celles-ci «se coordonnent en systèmes caractérisés par des lois applicables à la structure de l'ensemble[64]». Il faut se rappeler qu'à tout moment ces opérations se déroulent dans un sujet conscient de lui-même et que, à ce titre, elles peuvent donner lieu à des expériences métacognitives.

L'auteur nous avise que «son modèle prend appui sur les données les plus récentes des sciences neuro-biologiques et des sciences cognitives[65]». Cette affirmation est suivie d'une description physiologique structurale et dynamique du système nerveux central dont je vous fais

---

62. Nous utiliserons comme document de référence le texte écrit de la conférence qu'il a donnée au collège Ahuntsic.

63. Conférence, p. 1.

64. Conférence, p. 1.

65. Conférence, p. 2.

grâce à cause de sa technicité. Qu'il suffise de dire que le cerveau consiste en une structure fonctionnelle à plusieurs niveaux, laquelle comporte «l'existence de fonctions distinctes, en interaction et coordonnées. Quatre fonctions cognitives sont identifiées dans les opérations mentales (Angers, 1985; Lonergan, 1978). Les produits de ces fonctions opérationnelles sont des connaissances (Beyer, 1998)[66]».

À ces opérations cognitives s'ajoutent des opérations métacognitives de planification, de gestion et d'autoévaluation. À cet effet, tout étudiant produit ces opérations métacognitives, soit seul lorsqu'il réfléchit à sa capacité d'exécuter certaines opérations, soit à l'aide du guide, lorsqu'il comprend et utilise les instruments de travail, les instruments d'autoévaluation et les examens prévus tout au long de la démarche et qu'il évalue ses capacités d'exécution et envisage ses stratégies d'action.

L'auteur nous expose ensuite le schéma de son modèle qui vise à présenter les relations existant entre les quatre composantes du système cognitif. Ce schéma – que nous ne présenterons pas en raison de sa complexité – démontre trois choses:

1. Il y a un ordre hiérarchique dyamique entre les quatre fonctions cognitives («saisie des données empiriques, pensée conceptuelle, pensée rationnelle, pensée décisionnelle[67]»;

2. Chaque fonction comporte un «type de mémoire constitué en boucles de rétroaction (Paillard, 1985), **mémoire épisodique** pour la connaissance empirique, **mémoire sémantique** pour la connaissance conceptuelle, **mémoire procédurale** pour la connaissance rationnelle et **mémoire des stratégies** pour la connaissance décisionnelle[68]»;

3. Le passage d'un niveau à l'autre traduit une «intégration de l'information[69]», c'est-à-dire à la fois une intériorisation et une transformation de celle-ci. Cette intégration se fait, selon nous, de la façon suivante: à partir des connaissances concrètes que l'on a accumulées, on va discerner, par l'abstraction, des formes, des structures ou des dynamismes plus profonds et de portée plus générale. Avec cette nouvelle connaissance, on se crée un savoir intellectuel organisé, ce qui nous permet de nous situer à distance par rapport à soi et au monde environnant. Ainsi, on peut prendre des décisions dans un contexte de compréhension très large et dans une perspective temporelle à moyen ou à long terme.

---

66. Conférence, p. 3.

67. Conférence, p. 4.

68. Conférence, p. 4.

69. Conférence, p. 4.

Mais revenons de façon plus précise sur les quatre opérations cognitives hiérarchisées (organisées de façon fonctionnelle) et leur produits: les connaissances. Nous nous permettrons de commenter les propos de l'auteur:

PREMIER NIVEAU: LA SAISIE DES DONNÉES EMPIRIQUES

Il s'agit ici de la foule de connaissances concrètes que nous enregistrons par nos facultés perceptives externes et internes, par rapport à la réalité ou par des lectures qui nous les décrivent. Ce sont les connaissances des phénomènes individuels. Cette fonction consiste à **définir**, à **nommer** et à **décrire** ceux-ci.

DEUXIÈME NIVEAU: LA PENSÉE CONCEPTUELLE

Par la comparaison des données perceptives présentes et passées, on tente de formuler des concepts. Ceux-ci représentent des caractéristiques, des significations, des formes ou des dynamismes **communs** à des groupes plus ou moins grands de phénomènes ou d'êtres individuels. C'est le processus de l'abstraction intellectuelle qui effectue cette transformation. Ce processus de généralisation est typique des sciences expérimentales et de nombreuses méthodes philosophiques. Les activités déployées ici sont l'analyse inductive, l'interprétation, la définition.

TROISIÈME NIVEAU: LA PENSÉE RATIONNELLE

Ici on commence à travailler avec les concepts: on les comparera pour les relier (synthèse), les distinguer (problématisation) ou les mettre en ordre hiérarchique (classification ou évaluation). Selon l'opération faite, on fera de l'analyse déductive, des assemblages conceptuels synthétiques ou hiérarchiques, ce qui nécessite l'usage du jugement et du raisonnement. On pourra comprendre ou produire des savoirs conceptuels très complexes et fortement organisés.

QUATRIÈME NIVEAU: LA PENSÉE DÉCISIONNELLE

Particulièrement en philosophie – lorsque la matière du cours n'est pas dogmatique –, l'étudiant est placé devant plusieurs théories rationnelles portant sur le même phénomène (la nature, l'homme, l'Absolu, le sens de l'existence, etc.). Après avoir fait les opérations précédentes, il en arrive au moment de décider de la meilleure théorie ou hypothèse à adopter et de la meilleure stratégie à appliquer par la suite dans la vie concrète. Les activités à déployer ici consistent à résoudre des problèmes, à prendre des décisions.

Palkiewicz conclut en disant: «La formation [de l'étudiant] relève donc des opérations mentales. Leur diversification et leur différenciation constituent l'essence même de la formation. C'est la compétence fondamentale que pousuit toute formation[70]». Comment définit-il «formation»?

«Schème normatif d'opérations mentales récurrentes, reliées entre elles, donnant des résultats progressifs et cumulatifs (Lonergan, 1982, p. 118)[71]».

Ainsi, ce dont il est question ici, c'est d'une «méthode qui vise les opérations mentales […] Les opérations mentales dont il s'agit sont celles dont il a été question aux quatre niveaux de la connaissance[72]».

Ce qui nous amène à la conclusion de l'exposé; la finalité visée par ce modèle, c'est **développer la compétence de l'étudiant au niveau cognitif**. À ce propos, l'auteur nous dit ceci:

> Un étudiant peut être considéré comme compétent quand, dans un domaine donné, il est capable de traiter ce dernier aux quatre niveaux de connaissance […] La compétence n'est donc pas une simple habileté, mais un ensemble d'habiletés hiérarchiquement ordonnées dans un domaine donné. Pour assurer une formation fondamentale, le programme doit donner à l'étudiant la possibilité de développer des compétences de pensée et d'action dans un champ de savoir[73].

ANALYSE
du guide selon ce modèle

À la suite de ce texte, nous retenons de façon centrale que le mouvement en spirale de l'activité intellectuelle se fait selon les quatre étapes que nous avons décrites dans la section précédente de ce texte. On vit, pour un temps, avec ces acquis de «façon responsable» jusqu'à ce que des données empiriques (concrètes) nouvelles apparaissent. Et le mouvement recommence... Regardons ce qu'il en est à cet égard dans le déroulement du guide.

---

70. Conférence, p. 7.

71. Conférence, p. 7.

72. Conférence, p. 7.

73. Conférence, p. 8.

Première étape

Premier cycle

1. CONNAISSANCE EMPIRIQUE DES DONNÉES (TEXTE 1)

Dans la vie quotidienne, tout être humain crée, dès la première enfance, des **images de l'homme**, pour s'identifier clairement, en se distinguant des autres. Ces processus s'accompagnent du besoin de se valoriser.

Le texte décrit plusieurs de ces images tant dans leur contenu que dans l'image contrastante que chacune engendre (garçon/fille, blanc/noir, francophone/anglophone, adulte/adolescent-punk, etc.).

Le lecteur prend conscience des limites significatives de ces images concrètes. Celles-ci, créées à partir de la conscience perceptive, engendrent en chacun une grande insatisfaction intellectuelle parce qu'elles comportent trois lacunes importantes: 1) elles ne peuvent pas décrire tous les êtres humains; 2) le contenu de chacune est incomplet parce qu'elle exclut toujours son image contrastante; 3) chaque image comporte, outre son contenu représentatif, une composante affective négative ou positive qui réduit plus ou moins son objectivité.

2. OPÉRATIONS CONCEPTUELLES (TEXTE 1)

Voyant les limites de ces représentations de l'homme, la raison philosophique va chercher un mode de connaissance supérieur; elle jettera son dévolu sur les **conceptions de l'être humain**.

L'étudiant est amené à comprendre que toute conception est une représentation «comportant plusieurs concepts produits par la raison; ceux-ci se complètent l'un l'autre de façon à former un tout organisé et cohérent» (p. 19).

Les concepts qui les composent possèdent les caractéristiques qui manquent aux images: 1) ils ont une portée universelle; 2) ils sont formulés à partir d'une démarche inductive ou déductive rigoureuse; 3) ils se complètent les uns les autres afin de décrire entièrement l'essentiel de la condition humaine.

Les concepts principaux présents dans toute conception de l'homme sont alors définis de façon formelle: ce sont les **structures internes** (de l'individu); le **sens du développement individuel**, l'**intersubjectivité**, l'**historicité**, la **destinée absolue**.

3. OPÉRATIONS RATIONNELLES (TEXTE 1)

À l'aide d'un schéma approprié (p. 20), l'étudiant est invité à comprendre la fonction significative originale et complémentaire de chaque concept par rapport aux autres. Cette opération de synthèse permet à chacun de comprendre, de façon abstraite, le fait de la coexistence en tout homme des trois dimensions existentielles personnelle, interpersonnelle et sociale et le fait que celles-ci sont en changement.

4. OPÉRATIONS DÉCISIONNELLES (TEXTE 1)

L'étudiant constate que, pour atteindre une compréhension approfondie de l'être humain, on doit chercher à connaître et à approfondir des modèles de conception de l'être humain.

On décide qu'on tentera dorénavant de comprendre toute conception en l'analysant avec les cinq concepts déjà décrits.

Deuxième cycle

1. CONNAISSANCE EMPIRIQUE DES DONNÉES (TEXTE 2)

Le guide situe **historiquement** le premier courant de pensée, le courant **vitaliste**, dans lequel l'homme est considéré comme *homo faber*.

2. OPÉRATIONS CONCEPTUELLES (TEXTES 2 ET 3)

On décrit les thèses principales de cette tradition: l'être humain est décrit prioritairement en référence à son système nerveux: c'est un animal plus complexe, etc.

On invite l'étudiant à faire l'**analyse conceptuelle** d'un premier prototype de conception de l'homme dans cette tradition à l'aide des cinq concepts définis formellement à la fin du premier texte: c'est ici la **conception marxiste**.

On demande ensuite à chacun de réaliser une nouvelle analyse conceptuelle, celle d'un deuxième prototype du même courant de pensée; cette fois, c'est la **conception freudienne**.

3. OPÉRATIONS RATIONNELLES (TEXTE 3)

À l'aide d'un instrument de travail approprié, l'étudiant va faire l'**analyse comparative** des deux conceptions déjà analysées conceptuellement. Il va pouvoir préciser les rapports logiques entre les concepts de chaque conception: rapports d'identité, de contradiction ou de divergence.

4. OPÉRATIONS DÉCISIONNELLES

L'étudiant va établir certaines conclusions à la suite de cette analyse comparative: il va constater qu'il existe, malgré certaines similitudes de base, un certain nombre de **problèmes** entre ces deux conceptions, notamment sur le plan du développement individuel, de l'intersubjectivité et de l'historicité.

Troisième cycle

1. CONNAISSANCE EMPIRIQUE DES DONNÉES (TEXTE 4)

Le guide fait la présentation **historique** d'un second courant de pensée, celui de l'*homo sapiens*. C'est la **tradition rationaliste**. Dans ce courant de pensée, on indique que celui-ci se divise vers le XVIIe siècle en deux branches: à côté de la tendance orthodoxe fidèle aux fondateurs va apparaître la tendance prométhéenne, plus radicale.

2. OPÉRATIONS CONCEPTUELLES

On décrit les thèses principales de cette tradition de pensée et celles de ses deux tendances. On invite l'étudiant à faire l'analyse conceptuelle d'un prototype actuel choisi dans la tendance prométhéenne: c'est la **conception sartrienne**.

3. OPÉRATIONS RATIONNELLES

L'étudiant fait l'**analyse comparative** de la conception sartrienne en fonction – successivement – des conceptions marxiste et freudienne.

4. OPÉRATIONS DÉCISIONNELLES

L'étudiant va constater l'existence de **problèmes** qui viennent s'ajouter aux problèmes précédents. Ici les problèmes concernent toutes les facettes formelles de la conception de l'homme.

Quatrième cycle

1. CONNAISSANCES EMPIRIQUES DES DONNÉES (TEXTE 5)

Le guide situe historiquement la troisième tradition de pensée: le **courant spiritualiste**.

2. OPÉRATIONS CONCEPTUELLES

On invite l'étudiant à faire l'**analyse conceptuelle** du prototype de conception choisi pour représenter ce courant de pensée, à savoir la **conception personnaliste** de l'être humain.

3. OPÉRATIONS RATIONNELLES

L'étudiant fait l'**analyse comparative** de la conception personnaliste (qui vient d'être analysée) et des trois conceptions précédentes.

4. OPÉRATIONS DÉCISIONNELLES

À la suite de l'analyse, l'étudiant trouve et formule une série de **problèmes** qui s'ajoutent aux précédents.

Parvenu au terme de cette réflexion, il constate l'ampleur des problèmes non résolus jusqu'ici. Il reconnaît dès lors la nécessité d'approfondir la recherche et la réflexion philosophiques.

Avant d'amorcer celle-ci, l'étudiant est invité à se donner une **conclusion temporaire**, c'est-à-dire à se choisir une tradition de pensée, à titre d'**hypothèse de recherche**, hypothèse qu'il tentera par la suite de confirmer ou d'infirmer successivement à quatre reprises, ce qui sera fait après la lecture critique de quatre résumés de livre (dans l'étape qui suit).

Deuxième étape

Cinquième, sixième, septième et huitième cycles

Ici commence la recherche d'approfondissement de l'étudiant en fonction de sa conception de l'homme à partir de son hypothèse temporaire. En d'autres mots, c'est maintenant que commence vraiment la démarche de réflexion philosophique personnelle de chaque étudiant.

Les quatre résumés de livre qu'il aborde successivement comportent trois caractéristiques communes qu'il est important de décrire pour comprendre la démarche intellectuelle de ces cycles.

• Ils représentent des démarches inductives de type scientifique réalisées par des psychothérapeutes: J.M. Bucke, A. Adler, E. Fromm et R. Moody.

• Ces quatre auteurs ont été choisis parce qu'ils représentent des courants de pensée différents en psychologie; en ce sens, J.M. Bucke et R. Moody représentent la psychologie transpersonnelle (ouverte aux phénomènes extra et supramentaux), A. Adler représente un type de psychologie positiviste ou vitaliste; E. Fromm est un représentant de la psychothérapie humaniste; celle-ci peut être rapprochée des convictions du courant rationaliste et existentiel.

• Ces auteurs ont été aussi choisis, ainsi que leur ouvrage correspondant, pour le fait qu'ils traitent prioritairement – mais non exclusivement – d'un aspect différent de la condition humaine. Le concept prioritaire dans l'ouvrage de Bucke est «les structures internes»; celui de Adler est «le sens du développement individuel»; celui de Fromm est «l'intersubjectivité» et celui de Moody, «la destinée absolue».

Examinons maintenant de façon schématique les quatre niveaux opérationnels parcourus intellectuellement à chaque résumé de livre par l'étudiant:

1. CONNAISSANCE EMPIRIQUE DES DONNÉES

Chaque auteur élabore de façon argumentative, **à partir du regroupement inductif de nombreux faits,** les caractéristiques essentielles du concept prioritaire qu'il entend exposer dans son ouvrage (et de certains autres concepts traités indirectement). L'étudiant prend note de ces informations.

2. OPÉRATIONS CONCEPTUELLES

À l'aide d'un instrument de travail pertinent, l'étudiant chemine vers une **compréhension claire** du concept prioritaire de même que des concepts complémentaires qui font l'objet de l'ouvrage de chaque auteur.

3. OPÉRATIONS RATIONNELLES

À chaque ouvrage résumé, l'étudiant est ensuite invité à comparer le ou les concepts compris dans l'étape précédente avec le concept correspondant de son **hypothèse de travail.**

Chaque fois, cette **activité critique** le conduira à constater une confirmation ou une contradiction de ces nouvelles informations en fonction de son hypothèse de départ.

S'il y a confirmation de son hypothèse, l'étudiant examinera en quoi les apports nouveaux complètent celle-ci.

S'il y a contradiction entre les concepts rencontrés dans le résumé de livre et ceux de son hypothèse de travail personnelle, il devra examiner le **degré de véracité** de chacun: chaque concept est-il fondé sur un ensemble de faits suffisants ? Ces faits sont-ils similaires ou différents entre eux ? La base inductive d'un concept est-elle supérieure à la base de l'autre concept ? Les concepts sont-ils vraiment contradictoires ou peuvent-ils être considérés comme complémentaires ? Etc.

4. OPÉRATIONS DÉCISIONNELLES

À la suite de ces questions, l'étudiant-philosophe devra décider, à chaque nouveau résumé, s'il est justifié de maintenir son hypothèse de travail ou s'il juge préférable de la modifier, de la nuancer en un modèle plus complexe, de l'abandonner et de choisir une nouvelle hypothèse de recherche (c'est-à-dire une tradition de pensée) plus englobante.

Troisième étape

Vue dans son ensemble, la troisième étape peut être considérée comme l'«activité décisionnelle» du cours puisqu'elle consiste, pour l'étudiant, à établir ses conclusions cognitives générales concernant la question initiale: Qui sommes-nous, en tant qu'êtres humains ?

Par contre, si nous considérons l'ensemble des activités intellectuelles exigées de la part de l'étudiant pour créer sa synthèse philosophique personnelle sur la question, nous pouvons voir l'intervention des quatre modes d'opérations intellectuelles présentes dans les cycles antérieurs. Toutefois, nous ne pouvons pas définir ici un cycle unique et simple de ces activités, en raison de nombreuses activités de rétroaction qui sont réalisées dans le déroulement de la démarche.

Nous ne pouvons pas établir une quelconque configuration des processus intellectuels à l'œuvre ici puisqu'il y en a plusieurs; par contre, nous pouvons indiquer comment l'étudiant met à contribution ses quatre niveaux d'activité intellectuelle.

Afin de comprendre ce qui se passe en lui, il sera utile de rappeler la nature de la tâche demandée dans cette étape ainsi que les critères de qualité exigés pour le travail de synthèse. D'abord, on demande à l'étudiant de définir l'être humain en utilisant, pour son compte, les cinq concepts formels utilisés précédemment dans les analyses conceptuelles. À ce moment, ces concepts sont des structures formelles vides de signification.

On invite de plus l'étudiant à conduire sa pensée philosophique de façon à tenir compte à tout moment des critères de clarté, de cohérence logique, de richesse du contenu, du caractère argumentatif de son discours et d'originalité.

Nous allons maintenant expliquer comment l'étudiant active ses diverses opérations intellectuelles lorsqu'il applique ces instructions et ces critères:

CONNAISSANCES EMPIRIQUES

Avant de définir l'un ou l'autre des concepts, l'étudiant doit se demander quels sont les phénomènes présents chez tous les êtres humains, phénomènes qui lui permettent de choisir l'une ou l'autre des caractéristiques générales qui vont constituer celui-ci. C'est le fondement inductif qui lui permettra d'argumenter la véracité de chaque concept. C'est là que réside le **caractère argumentatif** du texte.

OPÉRATIONS CONCEPTUELLES

À partir de ces phénomènes, l'étudiant va pouvoir choisir les caractéristiques ou les éléments essentiels à chaque concept, en considérant toutes les possibilités qu'il a rencontrées dans les textes des première et deuxième étapes du cours. Il y a donc ici une véritable création conceptuelle. En définissant ainsi les concepts, l'étudiant assure à son texte une **clarté** et une **richesse du contenu** optimales.

OPÉRATIONS RATIONNELLES

Dans la présente démarche, l'activité rationnelle – laquelle consiste à établir des relations entre des concepts – est une activité de **synthèse**.

Le premier concept (les structures internes) est le concept fondamental de la conception. C'est ce concept qui détermine à quelle tradition de pensée son auteur appartient. L'étudiant va devoir établir une **continuité logique** entre ce concept et tous les autres concepts sans sacrifier la complexité interne de chacun. En faisant cela, il applique le critère de la **cohérence logique**.

OPÉRATIONS DÉCISIONNELLES

Parvenu au terme de cette démarche, l'étudiant a réalisé sa conception philosophique personnelle de l'être humain. Celle-ci représente l'ensemble de ses conclusions philosophiques concernant la nature profonde de tout être humain.

Cette conception va constituer pour chacun son point de référence fondamental qui va lui permettre de comprendre l'existence humaine en profondeur.

De plus, cette conception va faire en sorte, s'il le désire, qu'elle prolongera sa réflexion philosophique sur le plan éthique. En effet, s'il entreprend de se poser le problème du sens de l'existence (dans le cours suivant) et de traiter cette question de façon philosophique, il pourra compter sur sa conception de l'être humain pour fonder radicalement une théorie morale générale ou une échelle de valeurs qui aura, elle aussi, une portée universelle (philosophique).

ANNEXE II

Les corrigés

Corrigé du premier texte

Voici, de façon abrégée, les réponses aux questions suggérées dans l'instrument de travail du premier texte.

a) Il veut répondre aux besoins de se comprendre, de se sécuriser et de se valoriser.

b) Le texte décrit les images en couples d'opposés suivants: garçon/fille; homme/femme; Noir/Blanc; Québécois/Anglais; fils d'ouvrier/fils de gens en moyens; punk/plus de trente ans.

c) Celles-ci permettent à chacun de se former une identité en soi et de se différencier des autres, ce qui complète le processus.

d) Lorsqu'un groupement d'images comporte un nombre plus grand d'images, ceci donne un grand nombre de caractéristiques concrètes à un groupe d'individus semblables; plus on en ajoute d'autres, plus il y a des individus qui sont éliminés du groupe initial parce qu'ils ne possèdent pas ces qualités. L'inverse est vrai pour des raisons contraires.

e) Ceci se produit «lorsque la personne commence à dépasser par la conscience le monde de la vie quotidienne, c'est-à-dire le monde des soucis immédiats, des habitudes journalières, des plaisirs concrets; donc dépassement de la conscience perceptive».

f) La *première lacune* est qu'aucune image ou qu'aucun groupement d'images n'est capable de désigner ou décrire tous les êtres humains; en d'autres mots, elles n'ont pas de *portée universelle*.

g) La *deuxième lacune* est qu'aucune image ou groupement d'images ne parvient à décrire tous les aspects essentiels de la condition humaine; leur contenu est incomplet.

h) La *troisième lacune* est le fait qu'elles véhiculent certains aspects émotionnels associés à leur contenu représentatif, ce qui réduit leur exactitude et leur validité par rapport à la réalité humaine.

i) Parce qu'elles sont formées de données sensorielles venant de la *conscience perceptive* et non créées par la raison selon ses procédés et exigences qui sont supérieurs à la perception.

j) Le terme «conception» réfère à un ensemble de concepts qui forment un tout organisé parce qu'ils se complètent l'un l'autre.

k) Tout concept, en tant que produit de la raison, a 1) une portée universelle; 2) un contenu objectif (non déformé par l'émotivité) et 3) une signification complète sur l'aspect qu'il désigne.

l) Le concept de «structure interne» *peut comporter au maximum* l'existence complémentaire de trois structures: 1) la structure physiologique (cerveau et système nerveux); 2) la structure psychologique (conscience du *Je*); 3) et la structure spirituelle (âme, ou le Soi ou l'Esprit).

m) Le concept du «sens du développement individuel» réfère au fait que tout être humain évolue psychologiquement de la naissance jusqu'à la maturité à partir de l'activité d'un principe dynamique qu'il faut préciser.

n) Le concept «intersubjectivité» désigne le fait que tout être humain entretient durant toute son existence des relations psychologiques avec d'autres personnes (c'est-à-dire des subjectivités) de profondeur et d'intensité différentes.

o) Le concept «historicité» réfère à la dimension sociohistorique de tout homme, c'est-à-dire au fait que tout individu est relié, à différents paliers, à la totalité humaine(c'est-à-dire l'humanité); que celle-ci évolue culturellement dans le temps.

p) Le concept «destinée absolue» réfère à «ce qui arrive à l'être humain lorsque celui-ci est mort physiquement».

Corrigé du deuxième texte

L'instrument de travail de ce présent texte vous demandait d'effectuer une analyse conceptuelle suivie d'un résumé conceptuel.

Nous vous exposerons les solutions concernant le résumé conceptuel.

Résumé conceptuel

Avertissement

Marx, étant un auteur socialiste, considère que la perspective que l'on doit adopter en priorité pour décrire l'être humain doit être le *point de vue collectif* ou *social*, non le point de vue individuel. De là son discours porte davantage sur «l'humanité» ou la «société» ou les «classes sociales» que sur les êtres humains considérés individuellement. Cela n'est pas grave lorsqu'on se rappelle que les réalités collectives sont tout de même composées d'individus ou de personnes: en ce sens, ce qui s'applique aux unes s'applique aux autres.

PREMIER CONCEPT: LES STRUCTURES INTERNES

L'humanité est une espèce biologique plus évoluée physiologiquement (c'est-à-dire cerveau + système nerveux) que les autres espèces animales mais elle en fait partie. Ces structures physiologiques expliquent tous les phénomènes psychiques chez elle.

DEUXIÈME CONCEPT: LE SENS DU DÉVELOPPEMENT INDIVIDUEL

L'humanité se développe dans le sens de sa *tendance nutritive*: à chaque génération, on développe chez tous les individus leur capacité à devenir des travailleurs compétents, capables de «gagner leur vie»; plus précisément, on développe leur intelligence technique afin de transformer la nature par le travail, ceci pour la survie primordialement nutritive de l'espèce.

TROISIÈME CONCEPT: L'INTERSUBJECTIVITÉ

Note: cette catégorie est très peu développée chez Marx car pour lui ces considérations sont bourgeoises et décadentes...

À l'intérieur de sa classe sociale, il est possible d'entretenir des rapports de collaboration pratique limités avec autrui. Ces rapports sont essentiellement de «nature économique», fondés sur l'intérêt et l'échange.

QUATRIÈME CONCEPT: L'HISTORICITÉ

Nous respectons ici la subdivision de cette catégorie en deux aspects comme nous le conseille le *Guide*:

a) Avenir ou société future?

Ce sera une société communiste, société entièrement nouvelle où la dictature des prolétaires forcera la formation d'une économie gérée par l'État, l'avènement d'une société sans classes (sans inégalités et sans aliénation) et l'abolition de la religion et des philosophies bourgeoises.

b) Rôle des individus dans l'histoire

C'est la classe prolétaire, opprimée, qui, ayant pris conscience de sa situation aliénée, comprend que la seule voie de changement efficace possible est le recours à la *révolution armée*, passage violent vers la société communiste finale.

CINQUIÈME CONCEPT: LA DESTINÉE ABSOLUE

Les êtres humains n'étant que des animaux plus complexes disparaissent totalement lorsque le corps meurt. Le fait de proposer un paradis après la mort est un «opium» pour faire se résigner les humains à leurs malheurs actuels; donc un tel paradis n'existe pas.

AUTO-ÉVALUATION

Comparez votre résumé conceptuel avec le corrigé... il n'est pas nécessaire que votre texte personnel coïncide exactement avec le texte du corrigé: ce qui est nécessaire c'est une coïncidence au plan de la signification.

Si vous voyez une différence de sens entre les deux, demandez-vous si cette différence s'explique soit parce que vous n'avez pas bien compris le sens des concepts à utiliser («structures internes», etc.)? Revoir ceux-ci à la fin du premier texte... Vous les avez bien compris, mais vous les avez mal utilisés dans le texte, parce que vous n'avez pas bien compris le texte de la conception?

Corrigé du troisième texte

À la suite de l'analyse conceptuelle, du résumé conceptuel, on vous demandait de réaliser une analyse comparative à deux termes et une problématisation.

Voici donc, dans un premier temps, le corrigé du résumé conceptuel. Par la suite, nous vous offrons le corrigé qui va vous permettre de suivre les opérations intellectuelles allant du résumé conceptuel des deux conceptions en présence jusqu'à la problématisation.

Résumé conceptuel

PREMIER CONCEPT: LES STRUCTURES INTERNES

L'humanité est une espèce biologique plus évoluée physiologiquement (c'est-à-dire cerveau + système) que les autres espèces animales mais elle en fait partie. Ces structures physiologiques expliquent tous les phénomènes psychiques chez l'être humain. La structure psychique se compose des processus tels le *ID* (ça), l'*EGO* (moi) et le *SUPEREGO* (le surmoi).

DEUXIÈME CONCEPT: LE SENS DU DÉVELOPPEMENT INDIVIDUEL

Le développement de l'être humain se fait dans le sens de sa tendance *sexuelle*: cette croissance est donc primordialement affective ou libidinale; elle passe par les phases orale, anale, phallique (période de latence) et phase génitale pour atteindre la maturité affective et sociale de l'adulte.

TROISIÈME CONCEPT: L'INTERSUBJECTIVITÉ

La nature de toutes les interactions humaines et de toutes les formes d'amour est fondamentalement *d'ordre libidinal*. La profondeur ultime se trouve dans l'amour défini comme l'attirance physique et psychique globale pour la vie, donc profondeur psychophysiologique.

QUATRIÈME CONCEPT: L'HISTORICITÉ

a) L'avenir de l'humanité

Le rôle de la société future (la civilisation) sera comme maintenant; elle réprimera l'expression des pulsions de la libido et de l'agressivité chez ses citoyens car sa fonction est de toujours assurer l'ordre social (instable), lequel provoque toujours un certain malaise chez les individus.

b) Rôle des individus dans l'histoire

À chaque génération, c'est aux parents et aux éducateurs qu'il importe de former le surmoi individuel et collectif par l'éducation.

Ce sont eux qui inculqueront les mêmes interdits mais d'une façon nouvelle: en utilisant une justification scientifique qui engendre moins de malaise (culpabilité) que l'ancienne éducation religieuse. Donc *action idéologique...*

CINQUIÈME CONCEPT: LA DESTINÉE ABSOLUE

La conception freudienne, définissant l'homme comme un être biologique plus complexe (tradition *homo faber*), considère que la mort est une fin totale; il n'y a pas d'au-delà après la mort... (La religion est une «névrose obsessionnelle» collective: c'est-à-dire un réconfort illusoire devant la puissance démesurée de la nature et la peur de la mort.)

ANALYSE
comparative et problématisation

Note: ces activités sont faites à partir des formules de résumés conceptuels des deux conceptions de l'être humain qui viennent d'être analysées.

PREMIER CONCEPT: LES STRUCTURES INTERNES
Résumé conceptuel

Conception marxiste	Conception freudienne
Espèce biologique plus complexe que les autres espèces animales...	Espèce biologique plus complexe que les autres espèces animales...

Analyse comparative
Rapport de signification:
Les deux positions sont *identiques* l'une par rapport à l'autre sur ce point.

Problématisation
Donc: il n'y a pas de problème entre les deux conceptions.
Formulation du problème: (il n'y a pas de problème à formuler).

DEUXIÈME CONCEPT: LE SENS DU DÉVELOPPEMENT INDIVIDUEL
Résumé conceptuel

Conception marxiste	Conception freudienne
Le développement humain se fait à partir de la *tendance nutritive* (priorité sur les autres tendances).	Le développement humain se fait à partir de la *tendance sexuelle*, laquelle est prioritaire sur les autres.

Analyse comparative
Rapport de signification:
Les deux positions sont ici en rapport de *divergence* l'une par rapport à l'autre.

Problématisation
Donc: il y a problème ici.
Formulation du problème:
Le marxisme et la conception freudienne s'entendent pour dire que le développement humain se fait à partir d'une tendance biologique,

par contre il y a divergence parce que l'une et l'autre accordent la priorité à une tendance différente (tendance nutritive par rapport à tendance sexuelle).

TROISIÈME CONCEPT: L'INTERSUBJECTIVITÉ

Résumé conceptuel

Conception marxiste	Conception freudienne
Celle-ci est constituée de relations de coopération pratique limitées au sein de la classe sociale (relations économiques).	Celle-ci engloble des relations variées allant de la coopération pratique jusqu'à l'amour passionné; toutes ces relations sont fondées sur la libido (principe de plaisir).

Analyse comparative

Rapport de signification:

Les deux positions sont ici en rapport de *divergence* l'une par rapport à l'autre.

Problématisation

Donc: il y a problème ici:

Formulation du problème:

Les relations interpersonnelles sont dans les deux cas de nature psychobiologique mais il y a *divergence* entre les deux car le marxisme ne voit que des rapports *utilitaires* entre les individus alors que Freud considère une gamme beaucoup plus étendue de rapports humains de *nature affective* ou libidinale.

QUATRIÈME CONCEPT: L'HISTORICITÉ

A) L'AVENIR DE L'HUMANITÉ

Résumé conceptuel

Conception marxiste	Conception freudienne
Marx propose une société *entièrement nouvelle*: une société où l'économie est gérée par un État prolétaire dictatorial qui imposera par la force une organisation communiste aux plans économique, social et idéologique (égalité, fraternité).	La civilisation est toujours en équilibre instable entre les nécessités sociales et les instincts individuels; il y a des progrès techniques mais pas de progrès social, politique et économique mondial. La société future continuera à assumer *l'ordre social actuel*.

Analyse comparative

Rapport de signification:

Les deux positions sont *contradictoires* l'une par rapport à l'autre sur ce point.

Problématisation

Donc: il y a ici un problème.

Formulation du problème:

La contradiction entre les deux conceptions vient du fait que Marx propose *une société entièrement renouvelée dans son esprit et ses institutions* alors que Freud observe que la société tend à *demeurer toujours la même au fond*: un équilibre instable qui tend à se maintenir tel qu'il est maintenant.

B) LE RÔLE DES INDIVIDUS DANS L'HISTOIRE

Résumé conceptuel

Conception marxiste	*Conception freudienne*
C'est le Parti communiste qui entraînera les prolétaires à la *révolution*: passage violent nécessaire vers la société communiste.	Les parents et les professeurs devront former la conscience morale des nouvelles générations par une *nouvelle éducation scientifique-humaniste* (pour faire mieux accepter les restrictions de la civilisation).

Analyse comparative

Rapport de signification:

Les deux positions sont dans un rapport de *contradiction* l'une par rapport à l'autre.

Problématisation

Donc: il y a un problème ici.

Formulation du problème:

Le rôle assigné aux individus est ici *contradictoire*: Marx assigne un rôle révolutionnaire, de critique et de *rupture violente* alors que Freud constate un rôle conformiste, de soutien, d'adaptation pacifique des individus au contexte social où ils vivent, donc un *rôle idéologique non violent*.

CINQUIÈME CONCEPT: LA DESTINÉE ABSOLUE

Résumé conceptuel

Conception marxiste	*Conception freudienne*
Les êtres humains n'étant que des animaux plus complexes disparaissent totalement lorsque le corps meurt.	Les êtres humains n'étant qu'une espèce biologique plus complexe disparaissent totalement lorsque le corps meurt.
(La religion est «l'opium du peuple», une consolation illusoire pour les prolétaires afin qu'ils se résignent à leurs misères concrètes.)	(La religion est une «névrose obsessionnelle collective»: réconfort illusoire de type infantile devant les souffrances et la fragilité des humains face à la nature.)

Analyse comparative

Rapport de signification:

Les deux positions sont dans un rapport *d'identité* l'une par rapport à l'autre.

Problématisation

Donc: il n'y a pas de problème entre les deux conceptions.

Formulation du problème:

Il n'y a pas de problème à formuler.

BIBLIOGRAPHIE GÉNÉRALE

ADLER, A. *Studie über Minderwertigkeit von Organen* (Étude sur l'infériorité des organes).

ADLER, A. *Die Technik der Individualpsychologie* (La technique de la psychologie individuelle).

ADLER, A. *Heilen und Bilden* (Guérir et instruire).

ADLER, A. *The Science of Living* (La science de la vie).

ADLER, A. *Problems of Neurosis* (Problèmes de la névrose).

ADLER, A. *The Patterns of Life* (Le style de vie).

ADLER, A. *Pratique et théorie de la psychologie individuelle comparée*, Paris, Éd. Payot. (Bibliothèque scientifique).

ADLER, A. *La compensation psychique de l'état d'infériorité des organes* (suivi de: *Le problème de l'homosexualité*), Paris, Éd. Payot. (Petite Bibliothèque Payot).

ADLER, A. *L'enfant difficile*, Paris, Éd. Payot. (Petite Bibliothèque Payot).

ADLER, A. *Le tempérament nerveux*, Paris, Éd. Payot (Petite Bibliothèque Payot).

ADLER, A. *Connaissance de l'homme*, Paris, Éd. Payot (Petite Bibliothèque Payot).

ADLER, A. *Religion et psychologie individuelle comparée*, Paris, Éd. Payot. (Bibliothèque scientifique).

ADLER, A. *Le sens de la vie*, 2ᵉ édition, Paris, Éd. Payot, 1972, 217 p. (Petite Bibliothèque Payot).

ANDRAU, M. *Franchir la mort*, Paris, Robert Laffont. (Les Énigmes de l'univers).

ASSAGIOLI, Dʳ R. *Psychosynthèse, principes et techniques*, Paris, Éd. de l'Épi, 1953, 286 p. (Hommes et Groupes).

BATAILLE, Georges. *L'érotisme*, Paris, U.G.E. 1957, 310 p. (10-18).

BENJAMIN, R. *Notions de personne et personnalisme chrétien*, Paris, Mouton, 1972.

BERDIAEFF, N. *Cinq méditations sur l'existence*, Paris, Aubier/Montaigne, 1936, méditations troisième et quatrième.

BROSSE, Dʳ T. *La «conscience-énergie», structure de l'homme et de l'univers, ses implications scientifiques, sociales et spirituelles*, Éd. Présence, 1978, 431 p. (Le Soleil dans le coeur).

BUCKE, R.M. *La conscience cosmique, Une étude de l'évolution de la conscience humaine*, 3ᵉ éd., Sherbrooke, Les Éditions du IIIᵉ millénaire, 1989, 349 p.

CLAVEZ, J. Y. *La pensée de K. Marx*, Paris, Seuil, 1956, 663 p.

COHEN-SOLAL, *Anne, Sartre, 1905-1980*, Paris, Gallimard, 1985, 721 p.

DAVY, M. M. *L'Homme intérieur et ses métamorphoses*, Paris, Éd. Épi, 1978, 158 p.

DE ROUGEMONT, E. *L'amour et l'Occident*, Paris, U.G.E. (10/18).

DE ROUGEMONT, E. *Les mythes de l'amour*, Paris, Gallimard. (Idées).

EBON, Martin, *La vie au-delà de la mort*, 5ᵉ Éd., Montréal, Québécor, 1989.

EVOLA, J. *La métaphysique du sexe*, Lausanne, Éd. l'Âge d'homme, 1989, 367 p.

FERGUSON, M. *Les enfants du verseau, pour un nouveau paradigme*, Paris, Éd. Calmann-Lévy, 1981, 338 p.

FREUD, Sigmund. *Trois essais sur la théorie de la sexualité*, Paris, Gallimard. (Idées)

FREUD, Sigmund. *Essais de psychanalyse*, Paris, Éditions Payot, 1966, 280 p. (Petite Bibliothèque Payot).

FREUD, Sigmund. *Introduction à la psychanalyse*, Paris, Éditions Payot, 1966, 426 p. (Petite Bibliothèque Payot).

FREUD, Sigmund. *Totem et Tabou*, Paris, Éditions Payot, 1975, 186 p. (Petite Bibliothèque Payot).

FREUD, Sigmund. *Malaise dans la civilisation*, Paris, P.U.F., 1976, 110 p. (Bibliothèque de psychanalyse).

FREUD, Sigmund. *L'Avenir d'une illusion*, Paris, P.U.F., 1976, 80 p. (Bibliothèque de psychanalyse).

FROMM, E. *L'art d'aimer*, Paris, Éd. de l'Épi, 1968, 157 p.

GABOURY, Placide. *Le voyage intérieur*, Montréal, Éd. de Mortagne, 1979, 254 p.

GROF, S. *Psychologie transpersonnelle*, Monaco, Éd. du Rocher, 2ᵉ Éd., 1984, 314 p. (L'Esprit et la Matière).

GROF, S. *Les nouvelles dimensions de la conscience*, Monaco, Éd. du Rocher, 2ᵉ Éd., 1989, 269 p. (L'Esprit et la Matière).

GROF, S. *Royaumes de l'inconscient humain*, Monaco, Éd. du Rocher, 1983, (L'Esprit et la Matière).

GROF, S. *La thérapie holographique*, Monaco, Éd. du Rocher. (L'Esprit et la Matière).

GROF, S. et HALIFAX, J. *La rencontre de l'homme avec la mort*, 2ᵉ Éd., Monaco, Éd. du Rocher, 1982. (L'Esprit et la Matière).

GUITTON, J. *L'amour humain*, Paris, Seuil. (Livre de vie).

HALL, C.S. A *Primer of Freudian Psychology*, New York, Mentor Books, M 271, 1954, 126 p.

JEANNIÈRE, Abel. *Anthropologie sexuelle*, Paris, Aubier/Montaigne, 1964.

KÜBLER-ROSS, Dʳ E. *La mort, la dernière étape de la croissance*, Montréal, Québec/Amérique, 1975.

KÜBLER-ROSS, Dʳ E. *Les derniers instants de la vie,* Genève/ Montréal, Labor/Fides, 1975, 279 p.

KÜBLER-ROSS, Dʳ E. *La mort est un nouveau soleil*, Monaco, Éd. du Rocher, 2ᵉ Éd. 1988, 139 p.

LACROIX, J. *Personne et amour*, Paris, Seuil, 1955, 146 p.

LEFEBVRE, H. *Le matérialisme dialectique*, Paris, P.U.F., 1957, 153 p. (Nouvelle encyclopédie philosophique)

LEFEBVRE, H. *Le marxisme*, Paris, P.U.F., 1966, 127 p. (Que sais-je?)

LEPP, I. *Psychanalyse de l'amour*, Paris, Grasset, 1959.

LORIMER, D. *L'énigme de la survie*, Paris, Robert Laffont. (Les Énigmes de l'univers).

MARCEL, G. *Le mystère de l'être*, Paris, Aubier/Montaigne, t. I.

MARCEL, G. *Être et avoir*, Paris, Aubier/Montaigne, 1935, 357 p.

MARCUSE, Herbert. *Éros et civilisation*, Paris, Éd. Minuit, 1969, 239 p.

MISRAKI, Paul. *L'expérience de l'après-vie*, Paris, Robert Laffont, 1974. (Les Énigmes de l'univers)

MOODY, Dʳ R. *Lumières nouvelles sur «La vie après la vie»*, Paris, Robert Laffont. (Les Énigmes de l'univers)

MOODY, Dʳ R. *La lumière de l'au-delà*, Paris, Robert Laffont. (Les Énigmes de l'univers)

MOODY, Dʳ R. *La vie après la vie*, Paris, Robert Laffont, 1977, 206 p. (Les Énigmes de l'univers)

MORRIS, D. *Le couple nu*, Paris, Grasset, 1972, 306 p.

NELLI, René, *Érotique et civilisation*, Weber, 1972, 245 p.

MARX, K. *Œuvres choisies*, t. I et II, Paris, Gallimard, 1963. (Idées)

MARX, K. *Manifeste du Parti Communiste*, 1962, 189 p. (10/18)

MARX, K. *L'Idéologie allemande*, Paris, Éd. Sociales, 1966, 154 p.

MOUNIER, E. *Le Personnalisme*, Paris, P.U.F., 1959. (Que sais-je?)

MOUNIER, E. *Manifeste au service du personnalisme*, Œuvres de Mounier, t. I, Paris, Seuil.
   I. Le monde moderne contre la personne (civisis, bourgeoise, fascisme, marxisme, p. 489-520)
   II. Qu'est-ce que le personnalisme? (p. 521-542)
   III. Structures maîtresses d'un régime personnaliste (p. 543-634)
   IV. Principe d'action personnaliste (p. 635-652)

ORAISON, Marc. *Le mystère humain de la sexualité*, Paris, Seuil, 1966.

OSIS, K. et Haraldsson, E. *Ce qu'ils ont vu au seuil de la mort*, 2ᵉ Éd., Montréal, Québec/Amérique, 1981, 347 p.

PELLETIER, Pierre. *«Freud, le juif infidèle», Critère*, Montréal, Collège Ahuntsic, nº 30, 1981, p. 195 à 211.

PESCH, E. *La psychologie affective*, Paris, Bordas, 1947, 476 p.

PISANI, I. *Mourir n'est pas mourir*, Paris, Robert Laffont. (Les Énigmes de l'univers)

PISANI, I. *Preuves de survie*, Paris, Robert Laffont. (Les Énigmes de l'univers)

RENARD, H. *L'après-vie, croyances et recherches sur la vie après la mort*, Paris, Éd. Philippe Lebaud, 1985.

RING, Dʳ K. *Sur les frontières de la vie*, Paris, Robert Laffont. (Les Énigmes de l'univers)

RING, Dʳ K. *Heading toward Omega, in search of the Meaning of the Near-Death experience*, New York, William Morrow and Co.

SABON, M.B. *Souvenirs de la mort*, Paris, Robert Laffont. (Les Énigmes de l'univers)

SARTRE, Jean-Paul. *La transcendance de l'Égo*, Paris, Vrin, 1966, 134 p.

SARTRE, Jean-Paul. *L'Être et le Néant*, Paris, Gallimard, 1957, 722 p.

SARTRE, Jean-Paul. *L'existentialisme est un humanisme*, Paris, Nagel, 1964, 141 p. (Pensées)

SCHELER, Max. *Nature et formes de la sympathie*, Paris, Éd. Payot, 1971, 360 p. (Petite Bibliothèque Payot)

SCHELER, Max. *L'homme et l'histoire*, Paris, Aubier/Montaigne, 1955, 183 p. (Philosophie de l'esprit)

SIEMONS, J.-L. *Mourir pour renaître, l'alchimie de la mort et les promesses de l'après-vie*, Paris, Albin Michel, 1987, 377 p.

STERLING, Dʳ M. *Les morts sont toujours vivants, après la mort... la vie*, Paris, Éd. Dangles.

TOURENNE, C. *Vers une science de la conscience*, Paris, Éd. de l'Âge de l'illumination, 1981, 276 p.

VAN EERSEL, P. *La source noire, révélations aux portes de la mort*, Paris, 1988, 438 p. (Le Livre de poche).

VOLCHER, Robert. *L'érotisme*, Éd. Universitaires.

WALSH, R.N. et VAUGHAN, F.E. *Au-delà de l'ego, le tout premier bilan en psychologie transpersonnelle*, 2ᵉ Éd., Paris, Éd. La table ronde, 1984, 378 p. (Champ psi).

WATTS, A. *Amour et connaissance*, Paris, Gonthier. (Méditations)

WEIL, P. «Vers une approche holistique de la nature de la réalité», *Question de*, nº 64, Paris, Albin Michel, 1986, 213 p. (Médecines nouvelles et psychologies transpersonnelles)

WEIL, P. *La conscience cosmique*, Paris, Éd. L'homme et la connaissance, 1982.

WEIL, P. *L'homme sans frontières,* Paris, Éd. L'Espace bleu, 1988.

WEIL, P. «Anthologie de l'extase», *Question de*, nº 77, Paris, Albin Michel, 1989, 156 p.

WILBER, K. *Les trois yeux de la connaissance, la quête du nouveau paradigme*, Monaco, Éd. du Rocher, 2e Éd., 1987, 329 p. (L'Esprit et la Matière)

WILLY, A. *La sexualité*, 2 vol. Marabout Université, nos 59-60.

ZWANG, D.G. *La fonction érotique*, Paris, Robert Laffont, 1972.

PUBLICATIONS

Les éditions Le Griffon d'argile

7649, boulevard Wilfrid-Hamel
Sainte-Foy (Québec)   G2G 1C3

Téléphone :(418) 871-6898
1 800 268-6898
Télécopieur :   (418) 871-6818
http://www.griffondargile.com

Liste établie en avril 1997

BIOLOGIE, CHIMIE

Biochimie clinique
Denis Doré

Biochimie descriptive et métabolique
Dominique Eymery

Biochimie générale
Marc-Antoine Tremblay

Biologie générale 101-301
Robert Breton

Chimie des eaux
Monique Tardat-Henry, Jean-Paul Beaudry

Chimie des solutions
(*corrigé disponible*)
Gaston J. Beaudoin, Marius Julien

La chimie et le monde moderne
Eddy Flamand, René-P. Tremblay

Chimie organique. Apprentissage individualisé
Gérard Roy

Chimie organique moderne
(*corrigé disponible*)
Jacques Bilodeau, Eddy Flamand

Équilibres en solution
Jean-Charles Cotnam, Richard Taillon

Traité de chimie des solutions
(*corrigé disponible*)
Gaston J. Beaudoin, René-P. Tremblay

Traité de chimie générale
(*corrigé disponible*)
Jean-Charles Cotnam, René Gendron

ENVIRONNEMENT

L'amiante
Réjean Nadeau

Chimie des eaux
Monique Tardat-Henry, Jean-Paul Beaudry

Dessin spécialisé en assainissement de l'eau
René Larocque

Éléments d'hydrologie
André Champoux, Claude Toutant

Guide d'échantillonnage à des fins d'analyses environnementales
Ministère de l'Environnement et de la Faune du Québec

Cahier 1 : Généralités

Cahier 2 : Échantillonnage des rejets liquides

Cahier 3 : Échantillonnage des eaux souterraines

Cahier 4 : Échantillonnage des émissions atmosphériques
en provenance de sources fixes

Cahier 5 : Échantillonnage des sols

Traitement des eaux
Jean-Paul Beaudry

ESPAGNOL, FRANÇAIS

Apprendre à communiquer en public
Francine Girard

Un paso adelante en gramática española
Étienne Poirier

20 grands auteurs pour découvrir la nouvelle
Vital Gadbois, Michel Paquin, Roger Reny

L'anapoème. L'analyse de la poésie strophique
(*corrigé disponible*)
Paul Beaudoin

**Comment écrire des histoires.
Guide de l'explorateur**
Élisabeth Vonarburg

**Du chevalier Roland à maître Pathelin.
Introduction à la littérature française du Moyen Âge
par l'analyse littéraire**
Francine Favreau, Nicole Simard

La communication écrite au collégial
Jean-Louis Lessard

Consulter pour apprendre. Initiation à la fréquentation efficace de quatre grands dictionnaires (corrigé disponible)
Paul Beaudoin

La dissertation. Outil de pensée, outil de communication
Pierre Boissonnault, Roger Fafard, Vital Gadbois

Écrire avec compétence au collégial. L'analyse littéraire, la dissertation explicative, l'essai critique
Vital Gadbois

L'essai. Unicité du genre, pluralité des textes
Yolaine Tremblay

Figures et jeux de mots
(cahier d'exercices et corrigé disponibles)
Richard Arcand

Imaginaire et représentations du monde.
Romantisme, réalisme et naturalisme, symbolisme, fantastique : littérature française et québécoise
Vital Gadbois, Michel Paquin, Roger Reny

Une langue pour communiquer et vivre en société
Marie Demers-Ouellet

La lecture du roman. Une initiation
Michel Paquin et Roger Reny

Littérature et société québécoise
Marie-Claude Leclercq et Claude Lizé

Les médias et vous
Marie Demers-Ouellet et Louise Dupont

Morphologie et syntaxe du français
Charles-Henri Audet

Petite grammaire pas comme les autres
Claude Viel

Poésie. Introduction
Viateur Beaupré

Précis de rédaction et de grammaire
(corrigé disponible)
Thérèse Belzile

Le récit de fiction. 15 textes à découvrir
Pauline Beaudoin et Lucie Forget

Technique de dissertation. Comment élaborer et
présenter sa pensée
Thérèse Blain, Danielle Frattaroli, Jean-Yves Quesnel, Yvon Théroux

Le texte argumenté
Benoit Renaud

Le théâtre. La découverte du texte par le jeu dramatique
Denis Girard et Daniel Vallières

La voie du lecteur
Marcel Fortin

ESSAIS

Scènes de genres ou Faire parler, faire entendre la différence sexuelle
Textes réunis et présentés par Mireille Calle-Gruber

En coédition avec les Presses universitaires de Grenoble :
Claude Simon. Chemins de la mémoire
Mireille Calle

Du féminin
Collectif

L'interstice figural
Bernard Vouilloux

Les métamorphoses-Butor
Sous la direction de Mireille Calle

Mises en scène d'écrivains
Collectif

La poésie comme avenir
Jean-Pierre Moussaron

Le poids d'une pensée
Jean-Luc Nancy

Un trait d'union
Jean-François Lyotard

L'enseignement collégial public et privé. Une alliance qui tarde à venir
Jean-Paul Gélinas

Paroles allant droit. Faut-il encore penser, lire, écrire ?
Viateur Beaupré

En coédition avec la Librairie Nizet :
Jean-Pierre Camus : théorie de la contre-littérature
Max Vernet

MATHÉMATIQUES

Algèbre linéaire (corrigé disponible)
Gilles Ouellet

Algèbre, géométrie analytique, trigonométrie
(corrigé disponible)
André Ross

Calcul 1 (*corrigé disponible*)
Gilles Ouellet

Calcul 1 pour les sciences humaines et les techniques de gestion
André Ross

Calcul 2 (*corrigé disponible*)
Gilles Ouellet

Calcul 3 (*corrigé disponible*)
Gilles Ouellet

Calcul différentiel avec applications en sciences humaines
Gilles Ouellet

Calculatrice et mathématiques financières
Sylvie Bourque Picotte

Compléments de mathématiques pour les techniques de gestion
Gilles Ouellet

Éléments de biométrie
André Mercier

Mathématiques appliquées à l'électronique 1 et 2
(*corrigés disponibles*)
André Ross

Mathématiques au collégial
I: calcul différentiel, II: calcul intégral
Gilles Ouellet

Mathématiques pour les techniques de l'informatique (*corrigé disponible*)
André Ross

Mathématiques pour les techniques du bâtiment et du territoire
(*corrigé disponible*)
André Ross

Mathématiques pour les techniques industrielles
(*corrigé disponible*)
André Ross

Méthodes quantitatives en sciences humaines
Gilles Ouellet

Méthodes quantitatives en sciences humaines
Christiane Simard

Modèles mathématiques en gestion
(*corrigé disponible*)
André Ross

Modèles mathématiques I et II. Technologies du génie électrique
(*corrigés disponibles*)
André Ross

Statistique 201-337, notes de cours
Guy Brousseau

Statistiques
Gilles Ouellet

Vecteurs et matrices
Gilles Ouellet

PÉDAGOGIE

Simulations en classe-bureau
(*maître et élève*) (*formulaires disponibles*)
Jacqueline Michaud, Florent Tremblay

Typologie des formules pédagogiques
Michèle Tournier

PHILOSOPHIE

L'actuel et l'actualité
Jean-Paul Desbiens

Ambiguïté et contradiction
Jacques Marchand

Analyse critique du concept de nature
René Pellerin

Appel à la justice de l'État. Pierre du Calvet
Jean-Paul de Lagrave, Jacques-G. Ruelland

Apprendre à argumenter
Nicole Toussaint, Gaston Ducasse

L'apprentissage philosophique
G.-Magella Hotton, Jean-Claude Clavet

Approches pour une philosophie éthique et politique
Maurice Burgevin

Concept, représentation, raisonnement
Jean Michelin, Damien Plaisance

Les conceptions de l'être humain
Bernard Proulx

Condition humaine et mise en condition
Jacques Marchand

De l'être humain
Guy Brouillet

Discuter. Introduction à la philosophie
Rodrigue Blouin

L'évolution de l'homme en morale
Fernand Lafleur

Initiation à la logique conceptuelle
Jacques Laberge

Initiation philosophique en quatre leçons
Claude Collin

Introduction méthodique à la réflexion personnelle
Jacques Marchand

Itinéraires philosophiques
Michel Guertin

Le jeu de la réussite
Jacques Marchand

La Boétie et Montaigne sur les liens humains
Gérald Allard

La logique du raisonnement I et II
Gilles Doyon, Pierre Talbot

Machiavel sur les princes
Gérald Allard

Méthode de recherche philosophique
Claude Collin

La méthode socratique
Georges Frappier

La nouvelle histoire de la science
Robert M. Augros, Georges N. Stanciu, trad. Georges Allaire, Serge Tisseur

Philosopher au cégep
Jean-Claude Clavet, G.-Magella Hotton

Philosopher sous le règne du spectacle
André Baril

La philosophie marxiste. Pour une approche globale didactique
G.-Magella Hotton

La philosophie pour enfants. L'expérience Lipman
Louise Marcil-Lacoste

Le problème de Dieu
Jean-Claude Clavet

La rationalité vivante. Essai sur la pensée hégélienne
Jean-Luc Gouin

Réflexions sur l'agir. Personne et modernité
Jean-Claude Clavet, G.-Magella Hotton

Le rendez-vous humain
Jean Saucier

Rousseau sur le cœur humain
Gérald Allard

Rousseau sur les sciences et les arts
Gérald Allard

Le thème de notre temps. José Ortega y Gasset
Trad. David Benhaim, Francisco Bucio, Jean Trudel

Les valeurs et le sens de l'existence
Bernard Proulx

La voie de la sagesse selon Aristote
Georges Frappier

PHYSIQUE

Astronomie. Premier contact
Gaétan Morissette

Cinématique. Applications en génie mécanique
Michèle Côté

Électricité et magnétisme
Maurice A. Côté, Carol Ouellet

Physique mécanique (corrigé disponible)
André Auger

Physique mécanique. Exercices plus
Gaétan Morissette

Vibrations, ondes, optique et physique moderne
(corrigé disponible)
André Auger, Carol Ouellet

POÉSIE, NOUVELLES, RÉCIT, THÉÂTRE

Amours au cœur du pays (poésie)
Jean-Yves Chouinard

L'arbre et la roche (poésie)
Yvon LeBlond

Archipel, tome I (nouvelles)
Collectif

Un cri dans le désert (récit)
Gérard Blais

De grand-mère à Cupidon (théâtre)
François Beaulieu

Exister jusqu'à l'aube (poésie)
Marjolaine Marquis

La nuit est en avance d'un jour (poésie)
Michel Guay

La pipe dans le mur (nouvelle)
Jean-Claude DesChênes

SANTÉ

Appareillage de radiologie
D.N. Chesney, M.O. Chesney

Biochimie clinique
Denis Doré

Hygiène du travail
Collectif

Image radiographique
D.N. Chesney, M.O. Chesney

Santé et sécurité en laboratoire médical
Robert Richards

Thérapie respiratoire
Donald Egan, Richard Sheldon,
Charles Speaman

Les névroses
François Sirois

TECHNOLOGIE

Carburants, lubrifiants et plastiques. Matières organiques employées en aéronautique
Richard Jolicœur

Cinématique. Applications en génie mécanique
Michèle Côté

Les composants de circuits
Denis Pétrin

Défi. Jeu d'entreprise informatisé
(maître et élève)
Marc Blais, Hélène Montreuil

Le dessin de patrons
Lee Gross, Ernestine Kopp, Vittorina Rolfo,
Beatrice Zelin,
trad. Michèle Langlois-Nethersole

Dessin spécialisé en assainissement de l'eau
René Larocque

Drainage et alimentation en eau potable des bâtiments
Michel Bolduc

Électronique industrielle
Hai Vo Ho, Ralph Mullen

Éléments de biométrie
André Mercier

Les enrobés bitumineux
André Lelièvre

La gestion documentaire
Joël Raiffaud

Le guide du rembourrage
Richard Côté, Roland Henry

Instrumentation et automation dans le contrôle des procédés
Abdalla Bsata

Marketing industriel. Approvisionnement
Gaétan Gobeil, Ginette Jobidon

Métrologie en thermique
René Beaulieu, Pierre Bilodeau,
René Conte, André Girardey

Moteurs : équipements et véhicules de loisirs et d'entretien (maître et élève)

Moteurs : hors-bord et semi-hors-bord (maître et élève)

Moteurs : scie à chaîne et outils de jardinage
(maître et élève)
Série Small Engines. Réparation et entretien.
Collection Mid-America Vocational Curriculum Consortium

Technologie des granulats
Pierre-Claude Aïtcin, Guy Jolicœur,
Michel Mercier

Traitement des eaux
Jean-Paul Beaudry

CULTURE GÉNÉRALE

Apprendre à communiquer en public
Francine Girard

Comprendre le GATT
Ismaël Camara

Initiation à la littérature musicale
(livre et album de 4 disques compacts)
Hélène Paul, Louise Bail Milot,
Louise Hirbour

Parcours de la musique baroque
François Sirois

La photographie. Approche pratique
Francine Girard

Réussir et s'épanouir au bureau
Nicole Fecteau-Demers

Réussir son diaporama. Un guide d'apprentissage
Francine Girard

Valentin Jautard
Jean-Paul de Lagrave, Jacques-G. Ruelland